卡尔·威特
教育羊皮卷

华 业/编著

国家行政学院出版社
全国百佳出版社
中央编译出版社
Central Compilation & Translation Press
CCTP

图书在版编目（CIP）数据

卡尔·威特教育羊皮卷 / 华业编著 . —北京：
国家行政学院出版社，2012.1
ISBN 978-7-5150-0229-3

Ⅰ . ①卡…　Ⅱ . ①华…　Ⅲ . ①家庭教育
Ⅳ . ① G78

中国版本图书馆 CIP 数据核字（2012）第 009027 号

书　　名	卡尔·威特教育羊皮卷
作　　者	华 业
责任编辑	田领红
出版发行	国家行政学院出版社　中央编译出版社
电　　话	（010）66122478
编 辑 部	（010）68929356
经　　销	新华书店
印　　刷	天津冠豪恒胜业印刷有限公司
版　　次	2012 年 2 月第 1 版
印　　次	2020 年 5 月第 2 次印刷
开　　本	710mm×1000mm　1/16 开
印　　张	17.5
字　　数	240 千字
书　　号	ISBN 978-7-5150-0229-3
定　　价	48.00 元

前 言
PREFACE

"一个天才的头脑是一片沃土和乐园，而且享受着永恒的春天。创造性的作品就是这个春天最美丽的花朵。"

对于每一位父母来说，从孩子呱呱坠地的那一刻起，就希望他能成为一名旷世奇才。然而，面对着如何把孩子教导成一名"天才"，他们却一筹莫展，束手无策。纵然寻遍名师先圣，览阅浩渺书海，却依旧收效甚微。为了解决父母们的这种教子之忧，我们特意把德国19世纪的一位神童——卡尔·威特的受教育过程整理编译为此书，使父母能从中得到教导孩子的良方。这是一部贴近现实生活，指导父母培养孩子的经典之作。

小卡尔·威特八九岁时就精通德语、法语、意大利语、拉丁语、英语和希腊语六种语言，并且通晓动物学、植物学、物理学、化学，尤其擅长数学；十岁时他进入哥廷根大学；年仅十四就被授予哲学博士学位；十六岁获得法学博士学位，并被任命为柏林大学的法学教授；二十三岁时他发表了《但丁的误解》一书，成为研究但丁的权威。与那些后劲不足的神童不同，小卡尔·威特一生都在德国的著名大学里授课，传播他的思想和智慧。

　　小卡尔·威特取得这些惊人的成就，并不是由于他的天赋有多么高，恰恰相反，他出生后被认为是个有些痴呆的孩童，而成就的取得全赖他父亲教育有方。此书中包含着老卡尔·威特教育方法的精髓，足以让普天下的父母们茅塞顿开，受益匪浅。

　　"天才"、"神童"，百分之一是天生的，百分之九十九是后天教育的结果。老卡尔·威特不仅仅教授孩子如何学习科技知识、文化知识，更重要的是教孩子如何做人，如何做一个正直、勇敢、自信的社会人，培养孩子完美的人格，树立孩子正确的世界观、人生观和价值观。

　　看了这本《卡尔·威特的教育》后，你就会明白，普通的孩子可以成为"天才"；普通的家长也可以把自己的孩子教育成"神童"，只要你们有足够的爱心和耐心。

　　但愿每一位看过这本书的父母都能把自己的孩子教育成"神童"，也希望每一位孩子通过品读此书后，能够摸索出走向"天才"的捷径。

目 录
CONTENTS

第一章
父母都渴望生出天才的孩子

　　自己在下一代身上的再现，使孩子成为比自己更完美的化身，这就是做父母最高尚的创作。而其中母亲的个性和受教育程度对孩子的健康成长起着重要作用。

1. 我有一位好母亲

一个生命在诞生之前是从母体获得所需要的一切养分，可以说，母亲在各方面的优秀与否和一切行为举止对孩子都有着重要的影响。我所获得的一切，母亲有着举足轻重的作用。所以我应该感谢我的父亲，感谢他为我选择了一个好母亲。我的父母都明白，每个孩子都是按照上帝的意思来到这个世界上，面对纷繁复杂而又陌生的世界，孩子是软弱无力的。在我小的时候，父母就想使我尽量具备人性的美德和健康的体魄。

我的父母都是非常有远见的，在我未出生之前他们就意识这样做的重要性，并且制订出了行之有效的方案。但若要圆满地完成这一计划，则必须有个重要的前提条件，那就是，他们必须生出一个合乎上帝要求的，健康、合格的孩子。

社会上可能流传着这样一种不合乎逻辑的说法："驴和马如果近亲结合可以生出最好的品种"，经过科学实验证明，这根本就是无稽之谈。对于人类来说，这种说法更不适用。这是发生在我身边的一个例子：邻村的泥瓦匠威廉跟他表妹结婚后一共生了9个孩子，其中3个夭折，其他6个都患有不同的疾病。威廉和他的妻子两个家族在我们这地方世代人丁兴旺，但威廉居然没有健康的后代来延续他的血脉。现在已进老年的威廉常常因此伤心落泪，但为时已晚。

我之所以要举这个例子，是想说明近亲结婚生下的孩子往往弄得人们焦头烂额，忧心忡忡，使整个家庭笼罩在痛苦之中。

有些人在寻找自己的婚姻伴侣时，常常根据自己的情况，暗藏不同的动机。有的人认为自己的家庭条件不佳，随随便便找一个就可以了，根本没有资格挑三拣四的；有的人为了婚后能够过上富裕的生活，非得找一个拥有万贯家财人家的姑娘为妻不可；有的人为了自己将来能飞黄腾达，仕途坦荡，在人世间有一个让人顶礼膜拜的地位，必须娶一个出身名门的姑娘为妻；也有人说，"我是对我妻子的舞蹈着了迷才向她求婚的"；还有人说，"由于妻子长得漂亮，我才和她结婚的。"

要知道，这些都是错误的。这种带着私心和片面的做法，能保证你的家庭会幸福吗？这样的家庭氛围能保证孩子健康成长吗？为了自己和孩子的幸福，我们一定要选择身体健康、内秀、善良的女人做妻子。我认为，只要对方没有家族病史和众所周知的缺陷，大可不必为了某种目的去选择配偶。

我父亲在这方面做得非常好，他选择妻子时不带有任何特殊目的和偏见，只要能和他建立幸福快乐的家庭，勤劳、善良，能正确地培养教育孩子就足以了。我的母亲不算是那种非常漂亮的女人，但她和父亲非常相爱。父亲之所以选择她，就是因为她有一颗善良的心。她勤劳、知书达理，并且在任何情况下都能理解和支持父亲。虽然父亲是一个清贫的牧师，没有丰裕的物质生活，但母亲从来不曾对父亲有过任何的抱怨。在有了我之后，她把自己的母爱毫无保留地倾注在我身上。我经常这样想：我之所以有今天的辉煌，与母亲那一颗天生善良的爱心是分不开的。

2. 妊娠期不要有任何过失

所有的父母都渴望生下天才，希望他出人头地，我的父母也不例外。在我未出生之前父亲和母亲都沉醉在即将为人父母的激动之中。当沉浸在让人难以控制的喜悦中时，他们并没有忘乎所以，而是要努力生出一个聪明、健康的孩子。

为了能使我健康，在母亲还未怀孕之时，他们就开始充分注意自己的精神和体质。

父亲认为奢华往往容易使人易于沉溺于享乐的心情之中，不易做到神清气爽。所以他和母亲在衣、食、住上都非常朴素、节俭。为了呼吸到新鲜的空气，不应该老是整天待在屋子里，所以他和母亲时常到户外散步走动，在田野之中享受大自然的美丽，那样很容易使他们的心胸开阔。他和母亲的性格都很好，对身边任何琐事始终是心平气和，很少有感情冲动的时候。在那段日子里，他们的生活是安宁和称心如意的。所以，他们想在这种情况下生下来一个身心健康的我。

饮酒对每一个人来说，可能都会觉得是一件非常惬意的事情，尤其是对男人而言，少则一两杯，多则对瓶吹。在德国，几乎每一个男人都喜欢饮酒，但父亲对自己没有这方面的嗜好而感到庆幸。他认为饮酒对孩子的健康有害，尤其是想要生孩子的夫妇，必须放弃饮酒的习惯。曾经有位医生告诫过想要孩子的夫妇，如果酒后受孕，胎儿往往发育缓慢，智力也较为低下，特别是妇女饮酒，后果尤为严重。因此，夫妻双方至少应在受孕前三个月开始戒酒。

我的父母在母亲怀孕之前都非常注意这一点。

从父亲的育儿日记中我得知，在那段时间里，他们经常运动，无论到哪里都是步行着去，不到非常必要的时候绝对不坐马车。那时他们都对未来的我充满信心，而母亲的性格也变得更开朗了。他们时常到田野散步，或者去周围的山坡上徒步爬山，父亲有时为了让母亲高兴，还经常给她摘些野花，体味一下大自然的纯朴与恬静。这样不仅对将来的我有利，也增进了他们之间的感情。

夫妻之间应该举案齐眉、和睦相处，这不仅可以增进夫妻感情，有利于建立一个幸福家庭，更有利于孩子的健康成长。父亲和母亲就充分认识到这一点，平时他们的感情非常好，在母亲怀了我之后，他们几乎没有争吵过。他们认为，为了即将出生的我，什么事情都可以谦让对方。

在我出生之前，他们一切都做得很好，唯有一点过失，使父亲感到非常遗憾。医生曾告诉过他，有一种钩形的寄生虫对胎儿的危害特别严重，这种寄生虫常常出现在猫狗的粪便及其生肉中。但当时他们都没有对此引起重视。为了让母亲心情愉快，除了原有的猫，父亲还从邻居家抱养了一只小狗，供母亲解闷。后来我出生后身体不太健康，父亲就怀疑是这个原因造成的。

3. 要注意优生优育

我出生时，父亲已是年过半百的年龄，那时他的头发已开始发白。在我出生几天后，在我们村里，有一个与我父亲年纪相当的农夫伯尔姆斯家也诞生了一个小孩，但那个婴儿不是伯尔姆斯的儿子，而是他的孙子。后来，当我与伯尔姆斯的孙子一起受洗时，伯尔姆斯对我的父亲说："威特牧师，我与你之间的差距就好比是马和驴子之间的差距。""在速度上可能是马快于驴子，但在最后到达目的地时可能却正好相反，你相信这一点吗？"我的父亲微笑着说。"你这话是什么意思？"伯尔姆斯不解地问道。"哦！我的意思是说，你就像马一样，能够快速地生养儿子，但是，你只会盲目地让他们出生，却不会教育他们，你的儿子和你一样，你的孙子将来也同样会和你一样，是一个目不识丁的农夫。但是我和你不同，我知道应该怎样教育我的儿子，怎样使他成为一个对社会有用的人。将来，我的儿子将会成为一匹骏马，而你的孙子将只会同驴子一样，这就是他们最终的区别呀！"

从这番话中，就能充分看出父亲教育孩子的基本思想——在孩子出生前就做好对孩子教育的准备。我的父亲不赞同那种只为了传宗接代而生养小孩的做法，也不同意孩子是男人放纵之结果的说法。他认为，孩子是上帝赐予的，不应该是父母的私有财产，因此孩子应该受到公正、平等的对待。

在我的孩子还未出世前，父亲就告诉我，对孩子的教育应该做一个详细的、有系统的计划。等他出生之后，就按计划教育、抚养他，把他培养成对社会有用的人。这就是我父亲对幼儿教育的观点，他对我实施早期教育的第一个阶段也是遵循这一观点来进行的。

我出生尚未满月时，身体瘦弱、反应迟钝，看起来呆头呆脑；而伯尔姆斯的孙子则身体健康，反应灵敏。谁都看得出来，伯尔姆斯的孙子像一匹骏马，而我则像一头驴子。因此，当伯尔姆斯听了我父亲的话后笑着说："是吗？小卡尔这样的傻瓜能成为一个天才吗？如果他都能成为一个天才，那么公鸡也能下蛋、公牛也能产奶了。"然而随着时间的推移，我在父亲的精心培养下，奇迹出现了，父亲的教育就好像一把金钥匙一样打开了我智慧的大门，使我一步一步走向人类知识的殿堂，确实变成了一匹骏马。而伯尔姆斯的孙子正如我父亲所料，果然和他的父亲、祖父一样，成为一个平庸的农夫。

"生养无数个平庸无能的人，不如培养一个天才。这才是人类的真正贡献。"这是我父亲的育人哲学，也是他的育人目标。父亲在结婚前就一直为这个目标做准备。

在对待婚姻上，我的父亲是一个很有见解的人。他不像别人一样为了情欲或其他原因而草草地结婚。他认为，婚姻是为了培养出合乎标准的下一代。因此，他对婚姻很慎重。经过许多年耐心仔细的挑选，最后他才与母亲走进了婚姻殿堂。这时的他已完全没有年轻时的冲动、激情和活力，而是一个成熟、稳重的中年人了。在常人看来，我的母亲并不是很有吸引力，她的家庭不是很富裕，长得也不算美丽，但是我的父亲却选择了她，因为他看出了我母亲的不凡之处。她的父亲是一个乡村教师，由于受到家庭环境的熏陶，她具有其他女子所不具有的丰富知识和文化水准。特别是她具有善良、仁慈、宽厚的品德，这些在当地都是很有名的。因为我的父亲只是一个乡村牧师，所以我们的家境并不富裕，但母亲却总是快乐地辛勤劳动，总是教我们要勇敢地面对生活。

我幼年时期被人们称为"神童"，之后成为全球孩子学习的楷模，大家都把我取得的所有成绩归功于我的父亲。其实，如果没有这样一位伟大的母亲，我同样不可能取得这些成绩的。

事实证明我的父亲对婚姻所持的观点是非常正确的，但是世上能像我父亲这样明智的人却很少。一般情况下，许多人对婚姻的态度都十分慎重，但却很少有人会先考虑到有关下一代的问题。其实，婚姻对下一代的影响是非常巨大的，而许多的婚姻悲剧的酿成就是因为没考虑到这一点。我的堂兄凯因斯就是一个典型的例子。

凯因斯娶了一位银行家的女儿。这位姑娘是一个大美人，在当地的社交界很有名气；她的家庭也是数一数二的富裕之家。在他们结婚之前，我的父亲极力反对这门婚事。他对凯因斯说："她的缺点很多，难道你一点都没看出来吗？""哦！她是那么的完美，怎么会有缺点呢？我是多么的喜欢她！"凯因斯回答我的父亲。"哎！你是让她的美丽遮住了双眼，你只看见她美丽的外表，以致这么明显的缺点都看不见。她是一个虚荣、骄傲、自私的女人，听不进别人的意见，这样的人，以后怎么能成为一个好的母亲呢？""哦！我亲爱的叔叔，我有多么的荣幸才能被这么美丽、富有、高贵的女子看上，我怎么可能还去挑剔她的缺点呢？我是如此的爱她，我能容忍她所有的缺点。"

凯因斯没有听从我父亲的劝告，固执己见地和这位美丽的女子结了婚。婚后，他们生了3个孩子。然而，他的妻子并没有担当起做母亲的责任，她把孩子扔给了保姆，自己仍是整天忙于梳妆打扮，参加各种社交活动。她从不理会我父亲的劝告，不但不照顾孩子，反而认为孩子耽误了她的时间，影响了她的生活。由于她与孩子相处时间少，孩子对她没有感情，十分陌生。而凯因斯也因为整天忙于银行的工作，很少有时间照顾孩子。

孩子们就成长在这种冷漠的、无人照料的环境中。其中有一个孩子，由于无人照顾，以至于生了病后而未得到及时的治疗，最后病重死去；另一个长大后，因失手伤人而进了监狱；还有一个成天只知游手好闲、吃喝玩乐，后来因为赌博而输光了全部的家产。

这时，凯因斯的妻子才悟出自己犯下了多么大的错误，但为时已晚。孩子们都不与她相认，更不愿见她，最后她终因忧郁成疾而过世，而凯因斯也跌入了悔恨的深渊。他痛苦地对我父亲说："我曾经认为珍贵的东西其实一文不值。而我所忽略的，才是人生中最珍贵的东西。"

可能是为了防止我步凯因斯的后尘，在我长大后，父亲常把凯因斯的故事讲给我听，并告诫我："为了你和你下一代的幸福，在选择伴侣时千万要慎重，不要被她的美貌、财富、门第这些外在东西所迷惑。美貌、财富、门第有时固然重要，但更重要的是她的内心，一个诚实善良的女子才是最好的人生伴侣。"其实，我选择伴侣、教育子女的观点和我父亲的一样，可以这样说，想建立幸福家庭和培养健康子女的人们也都应该这样，因为，凯因斯这样的家庭就是我们的前车之鉴。

4. 胎教是培养天才最重要的一步

孩子在未出生以前，在母亲体内受到的那种潜移默化的教育非常重要，在这期间夫妻除了要排除一些影响孩子健康的因素和戒掉影响孩子健康的不良习惯外，最重要的就是对孩子进行胎教，对孩子进行早期的智力开发。我父亲就非常注重胎教，在我母亲没怀我时，他就做好了一系列对我进行胎教的准备，在母亲怀上我后，他就把他的准备付诸行动了。

由于当时德国对儿童教育并不重视，于是他自己开始寻找一种教育孩子的有效方法。他查阅了大量的教育学论著，包括古希腊哲学家柏拉图的《理想国》、意大利教育家威尼斯的《儿童教育论》、西班牙教育家比维斯的《基督教女子教育论》、北欧教育家伊拉斯谟的《幼儿教育论》、英国哲学家洛克的《家庭学校》、法国思想家卢梭的《爱弥儿》等等，甚至包括后来成为他知己的瑞士杰出教育家裴斯泰洛齐所写的《母亲必读》。我想，这些论著可能就是构成父亲教育思想体系基本框架的基础。

父亲在他的日记中曾写道："我越对时下的教育做反省，就越对这样权威式的教育信条反感！什么太早教育会影响儿童的健康、一个人后天的一切都是由先天的智力决定的，我认为这些说法都是非常错误的。其实我觉得，教育开始得越早越好。我们从古代留下的记录中可以发现，远在古希腊时代，雅典人就奉行早期教育了，而雅典出现许多天才的原因也就在于此。因此，我决定寻找一套科学的、真正有益于孩子成长的教育方法。我不愿意我的孩子被目前这些不合时宜的教育方式所耽误。"

在这么多教育理论当中，我父亲最推崇的是早期教育。为了能够更加深入地进行研究，父亲寻找了许多古希腊、古罗马记载雅典人早期教育的书籍。经过努力研究之后，父亲逐渐地形成了自己独特的一套教育理论。他公开倡导：教育孩子应从婴儿时期开始。他曾说过："孩子生下来的第一声哭泣就宣告了他学习能力已经开始，这时就应该对他进行教育。如果所有的父母都能这样做的话，那么任何孩子都有成为天才的可能。"

因为当时的教育观点与我父亲的观点是完全相反的，所以，没有人相信他的理论，也没有人支持他，为此他常常与别人争辩。他对母亲说："真希望我们能马上有一个孩子，我可以用我的理论来教育他，让事实证明我的理论是正确的。"也许是上天被我父亲的虔诚所感动，不久，我的哥哥出世了。这时，我的父亲已经制定好详细的教育计划，只等付诸实践。可是，没多久，我的哥哥却夭折于流行性疾病，父亲的计划流产了。不过，父亲却从中得到了很大的启发，那就是妊娠期的教育问题。当听说我的妻子怀孕时，父亲特地写了一封信给我，告诉我应注意的问题。

"现在是最重要、最关键的时期。在人们的脑子里都认为'天才是天生的'，我认为天才应该是在母亲怀孕的这个时期决定的。当你母亲怀你哥哥的时候，我们没注意这个问题。在怀你的时候，我们注意了，但有些地方还是没做好。现在你也快有孩子了，我认为你知道这些会有好处的。

当你母亲怀了你之后，我们就制定了周详的计划，使生活有规律，早睡早起。为此，我还放弃了深夜读书的习惯。我常陪你母亲去郊外散步，呼吸新鲜空气。为了让你更健康，我们节省开支，以使你母亲能吃到足够的营养食品。孕妇怀孕时，因为心理的不适，常会导致心情不愉快。在你母亲心情烦躁时，为了让她一直保有好心情，我会尽量给她更多的关怀、体贴和爱。那时，你的母亲也明白，孕妇的心情会影响胎儿的发育，所以，不管遇到多么难过的事，她都尽量保持乐观开朗的心情，从不哭泣。你的母亲嗓音很好，大家都知道，她的歌也唱得很好。在怀你时，不管是在做饭时、睡觉前、休息还是散步时，她都会为你唱歌，让你随时都能听到她优美的歌声。哪怕是在5英里之外开音乐会，她也会去参加。每天回家时，我都会给她带上一些美丽的鲜花和图画，并向她介绍一些好看的书。晚上睡觉前，我会为你朗诵一首诗。我们所做的这一切，都是希望你——我们的孩子，在母亲的体内就能感受到美。

你在信中说，你的妻子喜欢狗，打算在家里养几条狗。我认为这不好。平时爱狗倒没什么，但怀孕期间不行，因为狗身上带有细菌，这种细菌对胎儿危害很大。你的母亲在怀你和你哥哥时也养了狗，后来你与你哥哥的身体都不好，我认为这应该与养狗不无关系。因此，你一定要告诉你妻子这件事。养育孩子是一件非常繁琐的事，你就快要有孩子了，我希望把我的经验教给你，使你可以更顺利教养你的孩子。"

我依照父亲的经验来培养儿子，果然，儿子一出世就很聪明，也非常健康可爱。

5. 从低能儿到天才

在一切准备工作就绪之后，我的父母就怀着不安的心情，盼望着我的出世。因为哥哥的早夭，我的父母还没有从痛苦的阴影中走出来，而我的出世给他们带来了极大的欢乐。替我接生的医生告诉我，当他把刚刚出世的我抱给父亲看时，父亲非常激动，连连说"感谢上帝"。他非常珍爱我，并且将我也取名为"卡尔·威特"。

但是，事情总不是那么一帆风顺，因为母亲摔了一跤，使我早产了一个月，出生时我又被脐带勒到脖子，差点窒息而死。那时，医生把我倒提着又拍又打，好不容易我才哭出声来，但仍然四肢抽搐，呼吸急促。面对这种情况医生都打算放弃了，对我父亲说："这孩子先天不足，就算治好恐怕也是一个呆子，你们再生一个好了。"我的母亲却不同意："不，我已失去一个孩子了，这个孩子无论如何我都要养活他，决不能再失去了。"

我勇敢而伟大的母亲为了照顾我，不顾产后的疲劳与虚弱，日夜把我抱在怀里，以便感受我的需要。由于当时我不会吃奶，母亲就把奶挤出来喂进我的嘴里。经过父母的艰辛努力，奇迹终于出现，我居然不可思议地活了下来。

但是这也意味着灾难才刚刚开始，因为我的身体太弱，三天两头生病，人们都说这孩子将和他哥哥一样养不活。但是我的父母不肯放弃，他们四处为我请医找药，后来，还是格拉彼茨牧师推荐的一位医生把我的病给治好了，父母的灾难总算结束了。

为了表示我对父母的衷心感谢，我写下了上面这些与教育无关的事。对这些事，尽管没有在我的记忆中留下任何痕迹，但是我完全能感受到父母的那种艰辛。现在我有了自己的孩子，感受就更深了，更感到他们的伟大。在培养我成长的过程中，他们受到了许多打击，但由于他们的坚强毅力，使他们始终没有放弃对我的教育，我有今日的成就，皆来自于他们对我的教育和鼓励。

在我痊愈之后，大家发现我很迟钝，反应又很慢，经过多次测验，人们断定我是一个低能儿。现在我想这大概是因先天不足，后天又生病造成的吧！父亲的教育计划看来又将落空了。这时母亲再也无法接受这个现实，由于承受不了这种打击，她几乎要崩溃了。她责问上帝："我们做了什么坏事？您为什么惩罚我们？我们的第一个儿子死了，第二个孩子又这样傻。"

起初父亲也很绝望，但很快他便振作起来，他劝我母亲："就算是上帝的惩罚吧！我们必须接受。我想上帝对孩子做这样的安排一定有他的道理，这是谁也改变不了的。但是我们不能放弃，一定要尽力将他教育好。""什么？你还要培养他？他这样呆头呆脑，你有什么办法教他呢？现在我们能做的，就只有好好照料他的饮食起居而已了。"母亲回答道。"不！不行！这几天我仔细想过，这孩子在出生前，我们就给了他很好的教育，他不可能痴呆，只不过是早产和生病对他的大脑产生了一些不利的影响。只要我们进行正确的教育，以后他一定可以超越别人的。"父亲看着母亲不信任的目光，坚定地说，"放心，这孩子现在看来是不太灵敏，但我一定能把他教育成功的。"

后来我懂事后，我们家的老佣人多次把这事讲给我听，讲完之后，她总是感慨地说："你父亲真是一个伟大的人啊！他的做法真值得你骄傲。就拿你来说吧，你现在的确成了一个了不起的人，可是，当时你父亲预言你会成为一个了不起的人时，却没有一个人相信他的话。"确实如此，许多人会因别人的反对而放弃自己的主张，但父亲对我早期教育计划的决心，却因为我不太健康的身体状况而变得更加坚定。

当时村里很多人认为，父亲根本是抱有不切实际的妄想，因为他居然想把一个白痴教成天才，他们有的甚至开始为父亲将面临的失败而叹息。母亲为此而深受打击，她常常暗暗地流泪。

为了建立母亲的信心，父亲不断告诉母亲他的教育理论，到海德堡出差时也不例外，他写信给母亲说："我在52岁时才得到这唯一的儿子，我是如此爱他。当我看见他这样子，我比你更伤心着急。但是，他出生时，你不就这样说过，不论怎样都不会放弃吗？我仍然决定按照计划进行早期教育，这样可以避免他在以后的成长过程中落后于别人。这种教育非常需要你的配合和支持，而这更需要极大的耐心和毅力，所以，你一定要从绝望中站起来。我跟你说过很多次，依照我们的方法，生下来的孩子绝对不会是痴呆的，虽然他现在反应比别人稍微慢一点，但可以通过我们的教育培训来弥补这些。其实，天才是人人内心中都拥有的能力，并不是极少数人特有的天赋，只不过有的人多一些，有的人少一些而已。如果能用适当的方法去教育他，那么，他的天资就不会被局限住。在今天这种不科学的教育制度下，孩子们就连他们一半的能力都无法发挥出来，如果不进行有效教育，那么，即使智商一百分的孩子，他们发挥的能力也只能有二十或三十分。

你还记得一个非常聪明的小孩子吗？他是裁缝贝克尔的儿子。从小他就天资聪颖，不论教他什么，只要教一遍他就能记住，还不到一岁时他就会算数，当时大家都把他当做一个天才。我们劝贝克尔送他的儿子去上学，他却不听，现在那孩子也跟贝克尔一样成了一个普通的裁缝。因此我认为，如果教育能把孩子九成的潜能开发出来，那么即使生来智商只有五十分的孩子，他也会比生下来智商就有八十分的孩子更优秀。当然，如果我们能生下智商一百分的孩子，那是我们的幸运，但毕竟，这幸运是极少数人才能碰上的。大多数人生下的都是普通的孩子。我们虽然生下了天分不是很好的儿子，却不用悲伤痛苦，现在我们要做的就是——尽量把孩子的潜力开发出来，使他的潜能发挥出八十分、九十分，甚至更多。请相信，对孩子来说最重要的不是天分，而是后天的教育。零至五岁的教育将决定孩子最终是天才还是蠢才，这并不是由天分的多少所决定的。"

经过父亲耐心的劝导，母亲终于不再绝望，积极地投入到父亲对我的教育工作中。就这样，在希望与怀疑的交替之中，教育我的工作开始进行了。

第二章
让孩子从小就有一个健康的身体

健康不是人生的目的，而是基本的条件。离开了健康就不能工作，至少不能像健康时那样生气勃勃地工作。

1. 良好的饮食习惯对健康的重要性

由于我出生时体弱多病，因此父母对我早期教育的第一个目标就是让我有一个健康的身体。这是非常明智的做法，因为只有身体健康才是做好其他事情的前提，才会让生活变得美好。强壮的身体也是我们成就事业的基础，这是所有人都知道的道理，但却不容易做到。许多父母常常有意无意地在生活中纵容孩子，有许多原本健康的孩子就这样被父母惯坏了身体。父亲明白我的体质天生就差，所以在生活上更没有任意纵容我，为了让我以后能有健康强壮的身体，在我小的时候他就从未马虎过，给我打下了健康身体的底子。

营养丰富的食物是获得健康身体的根源。父母为我的饮食费了不少心思。他们培养我规律的饮食习惯，当我病情好转，他们就定时给我吃东西，即使我饿得直哭，时间不到仍不会给我喂奶。到我能自己吃东西时，在两餐之间也不能吃任何食物，只能喝水。这样做的目的是为了让胃得到充分休息，避免血液常在胃里而影响大脑的发育。慢慢地，我的身体开始变得健壮起来。

我从出生4个月开始，每次在吃奶以前，母亲都先喂我柳橙汁，后来又添加香蕉泥、苹果泥、胡萝卜泥、青菜粥等辅助食物。不久之后，她又开始喂我汤，给我吃煮熟的鸡蛋、马铃薯等。

父亲为了使我能够吃到最有营养、对身体最有益处的食物，他与母亲精心设计了我成长中每一阶段的食谱。他像生物学家一样对每样食品都进行深入研究。父亲在他的育儿日记里，记得最多的就是我小时吃东西的事。"今天，喂卡尔吃了一碗青菜稀饭，看来他很喜欢吃，吃完了一碗，还意犹未尽地舔着小嘴。对于小孩子来说，谷类食物应该算是比较好的食物，但卡尔却不喜欢。我请教了一些经验丰富的妈妈，她们告诉我，只要宝宝爱吃，那就是最好的食物，不要勉强他去吃他不喜欢的东西。我认为很有道理，他能从喜欢的食物中得到足够的营养。"我觉得父亲在饮食上的态度是很好的，这不仅针对身体虚弱的孩子，对待身体健康的孩子也应该如此。

我小的时候，有一段时间跟着赛肯德伯爵学习天文。为了方便借用他的工具和书，赛肯德伯爵大方地请我去他家别墅住了一段时间。

我在伯爵家一天仅吃两餐，饮食简单得出奇，他的6个孩子也如此。早餐只有一片面包，有时加一点黄油奶酪，有时则连奶酪都没有。因为，早晨要是吃得太多，血液会集中在胃里，大脑就得不到足够的血液，不能保持清醒，影响读书效果。晚餐也常常是相同的东西，一般是牛奶、米粥等大众化食物，无糖，加少许盐。当时我已5岁了，可以和大人们在一起吃一点清淡的嫩牛肉、嫩羊肉等。在伯爵家，3岁以下的孩子是不允许吃肉的，这和我父亲的做法相似，我也是满了两岁才开始吃肉的。

早晨我们有时也吃一些精心挑选的水果，如成熟的草莓、樱桃、苹果、梨，以及一些没用糖腌制过的干果，任何的糖都是不准吃的。另一些被认为较生冷的水果，如西瓜、桃子、梅子和葡萄我们也是不准吃的。伯爵自己吃得也很简单，一点也不奢侈。伯爵不像一般德国人那样喜欢喝烈酒，他从不喝那些味道浓烈且对健康有害的酒，最多偶尔喝一点点淡啤酒。

伯爵家的孩子个个身体都很健康，伯爵80高龄时仍精神矍铄，由此可以看出，这种饮食习惯对身体是很有益的。由于饮食对健康很重要，我自己在这方面受益匪浅，我对它也有颇多研究，所以我再多说一点。

我在研究古代史时发现，古代的人都有良好的饮食习惯，所以他们比现代人更健康。世界上最伟大的国王之一——奥古斯都曾说过，他每天的食物只有一点点面包，而且是和士兵们一起在兵车中吃的。加辛尼的财富可以每天提供他山珍海味，而且他的年纪也已到了该享乐的时候，但是他每天的午餐依然只是一片面包。他在叙述生活起居的信中曾谈及此事。

古罗马的贵族青年一天只吃一餐，当时的社会风气就是如此。即使在开始盛行奢侈之风的凯撒大帝时代，在天还未黑就请客或者去赴宴的人经常会受到人们的责备。

俗语说，病从口入，这是有道理的。我要感谢父亲使我养成严谨的饮食习惯，我才能从一个瘦弱的病童长成现在这么健康、能够享受各种生活乐趣的健全人。

2. 健康心理是健康身体的前提

健康的心情能陶冶一个人的情操，使人充满活力。如果一个人开朗乐观，不论他遇到什么困难或遭到什么不幸，都能过得洒脱、自如。我小时候，人们仍被"才子多病"的老观念所束缚。然而，这是毫无理论依据的。谚语说得好："健全的精神寓于健全的身体"，这是有据可查的。

可能有的时候，有的天才由于某种原因而体质较弱，但不要以偏概全，就认为所有天才都有不足之症。然而，由于身体健康往往使某些具有天才潜质的人沉迷于自身条件的先天优越，而变得平凡普通。也有一些人充分利用自己先天的优越条件又能把自己天才的潜质发挥出来，经过艰辛努力而成为天才人物。这样的人在我的记忆中也有很多，如：韦伯斯特、布莱恩特、亨利·比卡、卡尔芬、珍妮·林德、阿德里娜·巴奇、萨拉·本哈忒、朱里亚·乌德·浩、约翰·卫斯里、路易斯、阿尔科克等。

这些人不仅身体健康，而且体格魁梧，很有力气。

我的健康一再使人们感到很惊异，这是因为我从婴儿期父亲就对我进行体能训练。

乐观的生活态度和愉快的心情是健康的关键。父亲认为，要想有个愉快的心情，环境是第一重要的。所以，在我出生后，他就非常重视周围环境对我的影响。他曾对母亲说："周围的气氛阴郁，孩子必然会消化不良，身体不健康。因此，孩子居住的房间从最初起就应是令人心情愉快的。"

每当风和日丽时，父亲和母亲总是要把我带到田野里，让我眺望绿色的原野。他们尽量地让我的身体自由自在地活动，不把我包起来，以免妨碍我的手脚自由活动，也不给我围围巾，怕把我的嘴和脸蒙住。天气好时，他们经常让我在屋外睡觉，以便接受阳光沐浴，呼吸新鲜空气。

当我6周时，长得很大，像4个月的孩子，这是他们让我经常呼吸新鲜空气、进行运动的结果。我从两三周那么大时，父亲就让我开始运动，最开始是让我在光滑的木棍上作悬垂运动。生物学的理论说："个体发育是整体发育的短暂重复。"所以，婴儿是可以像猿猴那样在木棍上作悬垂运动的。当然，不可勉强地去做。

父亲对我进行的另外一种训练是让我抓住他的手指，由于婴儿与生俱来的"把握反射"能力，我就像吊单杠一样用力拉起自己的上身。等到两个月后反射消失时，我的胳膊已经练得相当有力，为下一步进行爬行训练创造了条件。

小孩子勤洗澡，这不仅有利于干净卫生，还有利于增强体质促进健康。我父亲和母亲每天都给我洗澡，按摩手脚，这样既能发展我的触觉，又能促进血液循环和肢体的灵活。从我一岁时起，他就教我洗脸、洗手、刷牙，一天要洗几次，早起和晚上睡觉之前都要刷牙。

这样，经过营养和体能两方面的精心培育，我就从出生时体弱多病的婴儿长成了一个健康活泼的孩子。

3. 开发出五官的能力

一个人在婴儿时期，就有许多超常的能力，而这些能力随着年龄的增长，由于没有被及时开发，就会逐渐消失。为了开发和利用我婴儿时期的能力，父亲决定首先从训练我的五官（眼、耳、口、鼻、皮肤）以刺激我的大脑发育开始。因为视觉、听觉、味觉、嗅觉、触觉是人类感知外部世界的生理基础，充分刺激孩子的感觉器官，能够促使大脑的各个部分积极活动。如果孩子大脑的各个功能区都能发挥出最大效能，那么，这个孩子就会成为一个聪明伶俐的人。

在五官中，要把发展耳朵的听力放在首位，因为婴儿听力的发展要早于视力的发展。早期训练听力时，母亲的悦耳歌声极其重要。在这方面，我很幸运，我的母亲拥有很不错的嗓音，我经常能听到母亲唱的美妙动听的民间歌曲。父亲不会唱歌，但他却经常给我朗诵诗歌。

在我出生不久后，父亲就对我轻轻地朗诵诗歌，他感到效果最好的一首是威吉尔的《艾丽绮斯》。他曾跟我说，每当他朗读这首诗时，我便能马上静下来并很快入睡。随着他朗读的语调的变化，我的反应也在变化。当他朗读马克利的《荷拉秋斯在桥上》时，我就兴奋起来；而当他朗读坦尼森的《他的梦想》时，我又安静下来。

培养孩子记忆东西，千万不要让孩子死记硬背，而要让他们对此产生兴趣，主动地去阅读。我之所以能把《他的梦想》全部都背下来，就是因为我非常喜欢这首诗，对它产生了兴趣，我每天晚上都像在上帝面前看《圣经》一样背诵它，所以很快就把它熟读于胸了。

　　为了能让我对音乐产生兴趣，父亲还为我买来能发出乐谱上七个音的小钟，分别拴上红、橙、黄、绿、青、蓝、紫色的发带，给它们分别起名叫红色钟、橙色钟、黄色钟等。每当我在被喂奶前醒来，父亲就敲这些钟给我听，并把钟慢慢地左右移动，以吸引我的注意力。我还不到5个月时，就能按他说的名称——青色钟、紫色钟等准确地敲了。他认为，这是同时形成声音和颜色观念的有效方法。

　　眼睛是感知万物的窗口，有效地训练眼睛，也是开发孩子智力的重要一步。我在出生两三个星期时，父亲就为我买了一些五颜六色、鲜艳夺目的布制小熊、小狗、小猪，他把它们都摆放在我的四周，时常移动玩具来刺激我的视觉。他还经常让我看用棱镜片映在墙壁上的彩虹。我非常喜欢看，当我哭时，只要看见彩虹就不哭了。

　　在味觉方面，除了给我各种味道的刺激之外，考虑到糖和盐吃多了对身体没有好处，他们始终坚持吃清淡的食物。这样既可以保持我的感觉灵敏度，又可以避免养成多吃糖和盐的坏习惯。

　　我满月之后，在床上刚刚能够抬起头来时，父亲就用手推着我的脚丫，训练我爬行。现在，我明白了为什么父亲一定要让我尽早学会爬行的原因，因为俯卧是最适合婴儿的活动姿势。婴儿爬时，其颈部肌肉发育快，头抬得高，可以自由地看周围的东西，受到各种刺激的机会也会增多，这就会大大促进大脑发育，使孩子变得聪明。

　　孩子的视觉发达起来以后，就要培养孩子的观察能力。尤其需要通过丰富多彩的色彩来培养孩子的观察能力。父亲在我的房间四周挂上了各种名画的摹本，还陈列了大量著名雕刻的仿制品。从我小时候起，他就抱着我识别屋中的各种物品，如桌子、椅子等，并把这些物品的名称念给我听。我起初只注意画的颜色，渐渐地也懂得了画中所蕴涵的意义。

　　在父亲对我智力的开发中，画的功能也是非常重要的。画不仅可以培养孩子的视觉敏锐程度，还可以培养孩子思维方式的全面性，能在善于绘画的父母的培养下成长的孩子是非常幸福的。我父亲略精通一点绘画，所以就准备了有许多美丽的花草和鸟兽的画给我看，还让我看有美丽图画的图书，并读给我听。由于父亲读得非常有感情，所以我总是被他的朗读吸引着而仔细地听。那时，虽然我还什么也不懂，但这已表明我对父亲的声音和那些画的颜色产生了兴趣。此外，他有时还把与我谈话的内容用画的形式表现出来，一方面可以使我对谈话的内容加深认识，另一方面这种方法又可以增长我的知识。

为了发展我对色彩的感觉，父亲还买来了五颜六色的美丽的小球和木片，以及穿着鲜艳服装的布娃娃，他经常用这些玩具跟我做游戏。父亲认为，这种方法很重要，因为孩子若不从小时候就开始发展色彩感觉，那他以后对色彩的感觉将会非常迟钝。

在儿时的玩具中蜡笔占有重要位置。父亲认为，蜡笔在孩子分辨颜色方面也起着一定作用，所以他经常利用蜡笔和我进行"颜色竞赛"游戏。他事先预备好一张大纸，从某点开始，先由他用红色蜡笔画一条三厘米长的线。而后，我也用红色蜡笔画一条同样长度的平行线。接着，父亲在他画的红色线之后，用青色的蜡笔接上一条长短一样的线，我也得用青色的蜡笔在我画的红色线后边画一条青色的线。这样连续画下去，假若我使用的蜡笔与他所用的颜色不一样，这一游戏就不再继续，我就输了。

我一学会走路，父亲就经常带我去散步，并让我注意天空的颜色、树林的颜色、花朵的颜色、原野的颜色、建筑物的颜色和人们服装的颜色等等，这都是为了发展我的色彩感觉。

有时候我真佩服父亲绝妙的训练方法，他使我的每项能力都是在轻松中提开的。为了让我具有专注的能力，父亲和我玩一种叫"留神看"的游戏。每当我们走过商店后，他就问我这个商店的橱窗内陈列着哪些物品，并让我在记忆中搜列这些物品。我能说出的物品当然越多越好。如果我能记住的物品还没有他记住的多，就要被他批评了。

婴儿刚出生后，由于没有自我约束能力和自制能力，所以，他们的注意力很难集中起来。于是父亲就通过鲜活的物品教会我各种形容词。在我出生后第6周，他给我买了些红色气球，并把气球用短绳系到我的手腕上，气球便随着手的上下摆动而上下摇动。以后，父亲又每周给我换一个其他颜色的气球。通过这一游戏，父亲便能轻而易举地教给我红的、绿的、圆的、轻的等形容词，而且我对这一学习方式非常乐意接受。

在这种学习方法获得成功后，父亲便让我拿着贴有砂纸的木片和其他物品，教给我粗糙、光滑等形容词。当然，这种教育方法却有一个明显的弊端，就是婴儿往往爱把手里拿的物品往嘴里放。这是父母要非常注意的现象，要想办法不要让孩子养成往口里放物品的习惯。

多动手才能多动脑，所以尽量让孩子的手发挥多种功能，对于培养孩子的观察能力是有重要意义的。我父亲就经常不让我的手闲着。为了让我尽早发挥自己手的功能，他每天都往我手里放些东西，让我的手有事可做。

每次当我醒来、小手张开的那一刻，父亲和母亲赶紧让我抓点东西；平时他们经常活动我的手指，让我抓摸东西和拍手掌。

另外，父亲总是引诱我观察他的手，让我了解许多手的功能。我八九个月时他给我一支蜡笔和一张纸，他也拿着一支蜡笔和一张纸。他在纸上画画，我也在纸上乱画。我其实什么也画不出来，但是我通过观察已经开始发挥手的功能了。

这里值得强调的是，我父亲对我进行这样的训练时，绝不强迫我去做什么。他认为孩子是有生命的，自然要不断地发挥他的能量。他只是为了不让我的潜力白白地浪费掉，才努力进行各种有效的引导。由于实行了这样的教育，使我总有事干，我也绝不会因无事可做而去吃手指头，因无聊而沮丧，甚至哭泣，相反，这些做法使我一开始就向着健康的方向成长。

4. 冷水浴强身法

我的儿子出世后，我的妻子也与天下所有母亲一样，对儿子的身体非常在意，总怕孩子饿着、冻着。她对儿子房间的温度最关心了，总用羽绒被把小床铺得厚厚实实的，那房间就像培育娇嫩植物的温室。如果儿子外出，则更是给他穿得厚厚的，裹得紧紧的，生怕他被风吹着，甚至还专门给他做了一件小披风。对孩子一味地溺爱，这是天下父母共有的通病，我认为这对孩子的健康有许多不利的影响，有许多健康的孩子就这样被娇惯坏了。

我的父亲就没犯这种错误。我生来体弱多病，抵抗力差，父亲就每天用冷水给我洗澡，用这样的方法来训练我抵御风寒的能力、锻炼我的身体机能。我不赞同妻子那样保护孩子，就把父亲的这种方法告诉了她，希望她能接受这种方法，但我妻子却不为所动，她甚至说："什么？大冷天的，儿子的脚好不容易才暖和，便要伸进冷水里去，受得了吗？他是这样的弱小，你的心怎么这么狠毒呀？""但是这样做，对孩子是很有好处的，这是我的亲身经历。"妻子的这种态度可能是天下所有母亲的普遍反应。想一想，这样子对待孩子，简直是太残酷了！其实，这种担心是完全没有必要的。我们的脸和手在冷天也一直露在外面，为什么却不怕冷呢？这是因为，我们从小就把它们露在外面，我们已经习惯这样了。

很久以前，有人看见哲学家辛尼加赤身裸体地卧在雪地上，感到非常吃惊。辛尼加回答道："我也奇怪，你的脸和手也很娇嫩，可是为什么你的脸和手露在外面，却不觉得冷呢？"这个人回答道："因为我的脸和手一直暴露在空气中，我已经习惯了，它们已成了我身体中最坚强的一部分，当然就不怕冷了。"辛尼加回答道："那就把我的身体视为脸和手好了。"

我又抄录一段话，是近来我在某本游记中看到的，它同样说明了这个道理。"据说，欧洲最热的一个地方叫马耳他，比罗马还热，很少有风，所以更是又闷又热。但是那里的农夫却不怕热，不管天气多热，他们都不躲避阳光，直接在烈日下工作。他们也这样锻炼他们的孩子，儿童从出生到十岁，全身上下一点衣物都不穿，也不用什么遮阳，全在太阳下面晒着。他们经过这样的锻炼之后，长大后也就不怕酷热了。"其实，这对我们每个人来说都一样可行，只要从小得到锻炼，成了习惯，以后，无论多么恶劣的条件，多么不可思议的环境我们都能适应。

我把这些例子讲给妻子听并告诉她，我要用冷水给孩子洗澡，但妻子和女仆还是坚决反对，妻子哭着说我想谋杀孩子，女仆也偷偷地说我疯了。但我仍然坚持自己的做法，因为儿子已被妻子宠坏了，不这样做情况会更糟。我只有一步一步慢慢来，在春天暖和的时候，我用温水给他洗，随着天气变得越来越热，洗澡水也变得越来越冷，不久就全部用冷水了。刚开始时，儿子还不习惯，不愿洗冷水澡，那时他只会哭哭啼啼地说："爸爸坏，水冷。"我不理他，他便开始大哭，妻子也哭叫道："上帝呀！他会被冻伤的，住手吧！"我坚持劝道："想一想那些穷人家的孩子，他们在冬天都不穿鞋，甚至天天都在水里走来走去，却从不生病。如果儿子能有他们那样健康的身体，他就不会忍受病痛的折磨了，儿子的健康是最重要的呀！"

就这样，从春天到冬天，我坚持用冷水给儿子洗浴，先是洗脚，后来洗澡，即使在最冷的冬天也不曾间断，儿子慢慢地习惯了，在结了薄冰的冬天，他也毫不迟疑地把脚伸进冷水里去。这个方法确实成效显著，那以后儿子很少生病，以往常得的感冒也一次都没得过。

5. 不会休息就不会工作

"健康的身体是上帝赐予的一笔财富，但是要让这笔财富能被自己终生拥有，就必须付出终生的努力。"这是父亲曾说过的话，他认为，有规律的生活是保持身体健康的基本元素。历史上那些长寿的人，他们都是生活很有规律的人，在这方面有两个很典型的例子可做比较：歌德的生活很有规律，他制定了严格的作息时间表，吃饭、工作、睡觉、休息全部按时间表进行。他活得很长寿；但是回头看看他的朋友——席勒，生活则一点也没有规律，所以年纪轻轻就去世了。我的父亲对这方面很重视，从小他便让我养成规律生活和严格遵守作息时间的习惯。

前面我已说过，在婴儿时期我的饮食规律就已经形成，那时父亲就定时给我吃奶；至于睡眠方面，只有在我还是个婴儿时，可以想睡多久就睡多久，稍微大一点后，父亲就不允许我睡懒觉了。父亲最不能容忍的一个毛病就是睡懒觉，他认为要想身体健康，必须早睡早起。因此，养成早睡早起的好习惯是很重要的一件事。父亲给我制定了严格的作息时间表，早上六点起床，然后锻炼身体，七点钟开始学习、休息和玩耍。什么时间吃点心，什么时间休息，都是规定好的，晚上九点就必须上床睡觉。现在来看这份时间表可能会觉得太过僵化了，当时我也常常不愿遵守，觉得要彻底执行实在很困难，父亲并不强迫我执行，他只是用让我自己承担后果的方式要求我自动遵守。

记得有一天，叔叔他们一家人来我家做客，见到很久未见面的四位堂兄堂姐，我非常兴奋快乐。晚饭后，我们一起玩捉迷藏，我们玩得非常高兴，以至于到了九点钟，该是我睡觉的时间，我都忘记了。父亲见我没去睡觉，便提醒我。可是我正玩得高兴，哪里愿意走，于是我仗着有客人便央求父亲："爸爸，让我再玩一会儿，好吗？""不行！马上去睡觉！"父亲一口把我给回绝了。"哦！爸爸，拜托啦！让我再玩一会儿嘛！"这时叔叔也帮我求情："看他玩得这么高兴，哪里能睡得着，他们能在一起玩的机会也不多，让他再玩一会嘛！""客人来了也不能改变定好的作息时间。"父亲还是拒绝道。叔叔看见我苦苦哀求、可怜兮兮的样子，又劝道："对小孩子这么严格干什么，我们也不常来，破例一次吧！"父亲严肃地说："好吧！卡尔，你自己决定吧！你可以不去睡觉，但是明天还是必须六点钟起床，我不会让你多睡一分钟的。"我知道父亲是说到做到的，但是看见大家都在一起热热闹闹，高高兴兴的，我还是舍不得走。那一晚因为太高兴，我们玩得完全忘记了时间，直到十一点钟才去睡觉。第二天一大早，父亲到了六点钟真的就准时叫醒我了。可想而知，我有多疲倦，我根本没睡够。我闭着眼睛说："爸爸，我太困了，现在就是走路我也会睡着的。"可是不管我怎么说，父亲都坚决要我起床，"昨晚我就对你说过，你要自己承担后果。昨晚，是你自己选择了少睡两个小时的觉。""可是，我……""不管你怎么说都不行，早晨六点起床的规矩是不可能更改的，这是你自己的选择，我知道你难受，但还是必须起床。"父亲坚持不肯让步。我迷迷糊糊地起了床，那一天我脑子里想的完全都是睡觉，学习也没有效果。到了晚上八点钟，表姐们又叫我一起玩游戏，但我实在提不起精神，独自回房间睡觉去了。

由于我没有遵守作息时间表，尝到了苦头。从那以后，我再也没有随便违反作息时间了。

一般人看来，严格遵守作息时间是很枯燥又难以持久的。但因为我从小就养成了习惯，所以并不觉得有多困难。我从不把宝贵的时间白白地浪费在床上，这让我得到很大的好处。另外，因为要早起，所以就必须早睡，这样也避免了去参加那些费时的、无用的、不健康的夜生活。父亲常说，睡觉是上帝给人们的恩赐，到了夜晚睡觉的时间，不要说玩乐，就是工作学习也是不允许的，睡觉是夜晚唯一能做的事。

法拉第年轻时对科学很着迷，工作起来常常到夜里一两点钟，完全不顾休息和睡觉。他的父亲认为这并不是好事，常常劝诫他：要想把自己的一生都奉献给科学，就一定要懂得休息、锻炼的重要性，因为这些都是保证身体健康的重要因素，如果失去健康的身体，也就没有了工作的资本。父亲很赞同这种说法，他也常用这种话来告诫我。在一次聚会上，我的一个朋友说他们学校有一个数学天才，工作很勤奋，他常常是分秒必争、废寝忘食地工作，甚至连生了病，都因为怕耽误时间而拒绝去看医生，结果33岁时就英年早逝。最后这个朋友居然说："这种努力工作的精神真是让人佩服呀！""我倒不这样想，我认为他太笨了！"父亲反驳道。接下来，父亲便把法拉第的故事讲给了大家听。

很久以后，父亲仍经常拿这事来提醒我。"那位先生如果有良好的生活习惯，拥有健康的身体，他将有一辈子的时间来进行数学研究，可是他太不明智了。他怎么就不会算一下这笔账？所以，我可不愿意你年纪轻轻就和这位先生一样，即使你是一个天才，又有什么用呢？我希望你能健康而长寿，做任何事都不要用自己的健康来换取。"

我现在的工作很繁重，既要在大学上课，做学生的导师，还要进行法学研究，常常忙得一分钟都不敢浪费，可是我还是能抽出时间来同家人一起享受天伦之乐。我能做到这些，都是得益于我有健康的身体。这些都是父亲的功劳。

以上这些健康教育，就是父亲给我早期教育的第一课，它归纳起来主要有以下几点：

多呼吸新鲜空气，多做运动，食物要清淡有营养，多洗冷水澡，保证充足的睡眠，让生活有规律。其实，这些都是很简单易行的。

第三章
襁褓中的智力开发

所有人的智慧加在一起也不能帮助一个没有智慧的人，正如失去视力的人不能用周围人的视力来弥补自己的缺陷一样。

1. 独特的语言教授方式

为了能尽早地开发出我的潜能，父亲研究了许多教育著作，尤其是涉及早期教育方面的，他认为儿童虽然具备潜在的能力，但这种潜能是有着递减法则的。所以据儿童潜能的递减法则，每个人在成长过程中，都有自己某种智力发展的最佳时期。这个最佳时期非常关键，它对人一生的智力发展都起着决定性作用，千万不能错过。对儿童早期智力开发的关键，就是抓住这个最佳时期。幼儿在3岁以前，是语言发展的最佳时期，能够尽早教孩子语言是非常重要的。因为语言既是进行思维的工具，也是接受知识的工具，没有这个工具我们就不会得到任何知识。我们人类之所以优于其他动物而达到今天的文明程度，就是因为使用了其他动物所不具备的语言。因此，如果孩子不能及早掌握语言，就不能很好地发挥其能力。而如果能在孩子6岁以前准确地掌握语言，那么这个孩子的发展就一定会很快，而且其速度是其他孩子无法赶上的。

许多父母千方百计地注重孩子的身体发育，可是，我父亲既注重我的身体健康，也重视挖掘我的头脑。但当他提出这种观点后，有很多父母却感到非常惊异，认为这怎么能办得到呢？而我父亲却认为，其实做父母的只要略加留意就会发现，婴儿从小时起就对人的声音和物品的响声特别敏感。这表明，早期开始教孩子语言是可行的。那么早到什么时候呢？他主张从孩子15天大就开始灌输词汇，在孩子刚会辨别事物时就教他说话。

父亲曾给我讲过在我15天时他教我学单词的一段经历：

"在你15天大时，我们在你的眼前伸出手指头，你看到后就要捉它。刚开始时由于看不准，所以你总是捉不到。最后终于捉到了，你非常高兴，把手指放到嘴里吃起来。这时我就用和缓而又清晰的语调反复发出'手指、手指'的声音给你听。"

"就在这种情况下，在你刚刚有了辨别能力时，我们就拿很多东西给你看，同时用和缓清晰的语调重复东西的名称。没多久，你就能清楚地发出这些东西名称的音来了。"

语言是用来沟通和交流的符号。"如果学习语言，不用来表达，这样是学不好的。"父亲曾这样说。所以，他非常重视孩子学习语言时的听说能力，提倡父母要为孩子学习语言提供听的环境，提供说的机会。父母应该尽早与孩子进行交谈，因为6周大的婴儿就会对谈话的声音有所反应。在这期间，如果照顾婴儿的人不爱说话，不去理会孩子或者和其他大人说话，那么这个孩子说话的时间就会减少。孩子也并非与大人说话时他才说话，有很多时候他都会"自言自语"。父母应该抓住这个关键时期尽量跟他交流，让他的听力更能芝麻开花节节高。

每当我从睡梦中醒来时，父亲和母亲或者跟我说话，或者轻声给我唱歌。当我眼光停留在床上吊着的彩色纸花上时，父亲会不厌其烦地重复着："红纸花、黄纸花……"如果父亲在做事，他也会用亲切的语调对我说话，告诉我他正在干什么。

在学语言方面父母是孩子的第一位教师，孩子所说的语言规不规范，发的音标不标准，在很大程度上取决于父母的最初培训。我父母在教我语言时，他们所说的话就非常准确、清楚，为了能让我逐渐掌握，他们每说一句都很缓慢，并且还要重复好几次。父母还应该鼓励孩子多说，这样就便于孩子能快速而大量地掌握单词、短语和句子。我父亲就经常让我保持一种说话的热情，甚至全力鼓励我去表达，有些时候他还给我制造一定的说话环境，比如有时引导我念儿歌、讲故事，到我能说双音词、短语时，他还要尽量说简短的句子，以便能让我去理解和掌握。

父亲从教我学语言的过程中，总结出了一套十分行之有效的方法。这套学语言的方法让我轻松愉快地掌握语言，而且在我9岁时就能精通六国语言。所以，我也用这套学语言的方法来教导我的儿子。这套方法不仅是父亲在教导我的实践中总结出来的独创，而且也是他对人类语言学方面的一大贡献。现在，我就把这套方法介绍那些想让孩子学语言并且想要孩子学好语言的父母们：

（1）语音纯正

当我发出一个声音，比如"ka—ka—ka"，父亲就立即回应，跟着我"ka—ka—ka"。而当他教我发"ma—ma—ma"时，如果我回应了，尽管不是很清晰，他仍给予充分的鼓励。不过使用这个方法时必须听清楚孩子的发音。比如孩子发"mo—mo—mo"，你却听成了"ma"并加以鼓励，久而久之，孩子会出现发音上的混乱。

父亲与我做这种游戏，总是在我睡醒后一小时进行，因为刚睡醒后的小孩子情绪最好，效果也更好。同时发音时要跟孩子充分交流，最好是要让孩子看着父母的脸，当然最好是能够看到嘴的动作。

教孩子发出纯正的音一定要简洁明了，千万不要啰唆。比如教孩子发一个音"a"，直接教就可以了，完全没必要说上一大段话，那样孩子听不清楚，就容易读错。

（2）从周围的实物开始

我们都有这种经验，学习外国语，前提就是要多记单词。但是却往往劳而无功，很快就忘了。有一段时期，父亲为了以后能教我英语，他曾下决心要学好它，于是他就把韦伯斯特的袖珍小词典揣在怀里从头背下去，但是随记随忘，并没有多大效果。以后，在学的过程中他又总结出一个道理：要多记单词，还应当多读有趣的书，在阅读中记住书中的单词。同样道理，为了丰富孩子的词汇，只是填鸭式地硬灌，非但达不到目的，反而会有害。

教小孩子说话，确实是很难的，如果不很好地下点工夫就教不好。父亲通过与我谈论有关饭桌上的器具、室内的摆设、院子里的花、虫等，巧妙地教我新单词的发音和词义。

在我稍大一点以后，父亲和母亲就抱着我教我饭桌上的餐具和食物、身体的各个部位、衣服的各个部分、室内的器具和物品、房子的各处、院子里的花草树木等所有能引起我注意的实物名称，总之看到什么就教什么。他们也教我动词和形容词等，使我的词汇渐渐丰富起来。

几乎每天晚饭后他们都要带我出去散步。从家里到村口的教堂，一路上父亲看到什么就讲什么，并有意识地让我注意：高高的树，矮矮的草丛，飞动的鸟儿，粗粗的木栅栏，路灯，楼房，马车，各种花草，各种人，还有忙碌的小蚂蚁……由于对外面的世界充满好奇，我被这一切深深地吸引住了。一出门就指这儿看那儿，咿呀不休，说话也进步多了。

当然，在实行这一教育时，也要注意循序渐进，先易后难。在开始时，教一些孩子容易发的音和一些非常简单的话，只要每天坚持练习，持之以恒，就必有所获。

（3）靠讲故事来增强对世界的了解

当孩子稍微能听懂话时，对于父母来说天天给他讲故事是非常必要的。在我父亲看来，对于幼儿，没有比对他讲故事更为重要的了。因为孩子对这个世界是陌生的，这个世界对他来说是一个一无所知的世界，所以应该尽早让他知道这个世界，越早越好。为了培养孩子对这个世界的亲和力，最好的做法当然就是讲故事了。讲故事还可以锻炼孩子的记忆力，启发想象，扩展知识。传授知识，死死板板地教，孩子不易记住；用讲故事的形式教，孩子就喜欢听，并且容易记住。所以，教育孩子运用讲故事的方法是最有效的。

父亲认为，听故事是小孩子获得语言知识的最有效的途径，所以，他不但给我讲故事，而且他还选择好书，清晰而又缓慢地读给我听。

还有，讲故事不能只让孩子被动地听，应该要他复述。如果不让孩子重复，就不能完全达到讲故事的效果。

我也把父亲的这些方法告诉我的妻子，在我儿子还不会说话时，我妻子就给他讲希腊、罗马、北欧各国的神话和传说。等他会说话以后，母子二人就表演这些神话。我们向儿子讲述《圣经》故事时，有的还用戏剧的形式表演。

这样不断地进行生动的教育，终于有了成果。我儿子到一岁多时就能毫不费力地记住3000多个词汇，这即便对于一个八九岁的孩子来说也是一个惊人的数字。

（4）尽力丰富词汇

培养孩子语言能力的最重要一点就是尽快丰富孩子的词汇，让他们懂得道理。对我的词汇训练一直受到我父母的重视。凡是我还不认识的事物，他们都要求女佣不用"这个、那个"的说法，只有对我已经记熟了的事物，才教我用代词称呼。另外，在给我讲道理时，其中总会遇到一些我不懂的词汇，这时，他们都是随时给我解释，决不稀里糊涂地绕过去。

不要以为孩子这么小，那些难的词汇解释了他也听不懂。实际上这一行为的意义并不是让他立刻就记住或听懂，而是用解释生词的行为本身，教给他学习的态度和方法。如果大人在传授知识的时候遇到难点就绕过去，孩子就会养成"不求甚解"的坏习惯。

德国有许多通俗易懂的童谣，我们当然不会视这些优秀的文化遗产而不见。父亲从我小时就给我讲这些童谣，并且让我记住了它们。因为这些童谣的语调好听易记，所以大大有利于丰富我的词汇。不仅如此，我的智力也在阅读这些童谣的过程中很快地发展起来。我不到4岁就开始读书，这些书主要是以歌词形式写成的。

（5）反对教孩子不完整的话和方言

不完整的话和方言不仅可以造成孩子的思维模糊，还会造成孩子交流上的障碍等等。我父亲非常反对教给孩子不完整的话和方言，比如教孩子

"咪咪"（猫）、"丫丫"（脚）、"汪汪"（狗）之类的。这些语言对孩子语言的发展有害无益，这一点要特别引起父母们的注意。当然了，孩子学不完整的话和方言会更容易一些，因此许多父母也就认为孩子的语言从这些"半截子"话学起并无大碍。但是经过试验发现，孩子在两岁左右时，如能缓慢、清晰地教他说正式的语言，一般来说孩子都可以发出音来。

凡是我本来可以学会的东西，父亲都尽量教我。而有些愚蠢的父母就是孩子轻而易举就能学会的东西，他们也不知道该怎么教。正如雷马克所说的那样，一个东西如果不使用，就难以评价它的作用。同样道理，如果不教给孩子他们本来能够学会的东西，那么，他们的那种潜在能力也就得不到发展。世界上再也没有比这更愚蠢的事了。

事实上，对幼儿来说，学习说"汪"或"丫"等词汇虽然相对要容易一些，但这会给他们以后学习规范语言造成负担。对孩子的语言学习来说，完整规范的语言是他们迟早要学的语言，而那些半截子语言却是他们不久就要抛弃的语言。让他们学两套语言，这势必给孩子造成双重负担。世上确实再没有比这更不经济的事了。孩子本来可以用那些白白浪费掉的精力去学习一些其他知识的，但他们在这种错误的教育下，只有付出这个宝贵光阴的代价了。因此，做父母的，决不应当教给孩子一些不完整的话，以免浪费时间。

也许有人说，教给孩子说这种话非常有趣，但你们是否想过让孩子付出了如此高昂的代价是否值得呢？！教给孩子不规范的语言的害处还不止于此，社会上有一些孩子，甚至到了十四五岁（甚或已长大成人），有的词还不能清楚的发音，这就是父母教育不当的结果。在今天的学校里，教员为纠正学生的这些发音毛病所付的消极劳动，往往比他们用于积极劳动所花的时间还要多，这实在可悲。

但是，社会上却存在这样的父母，他们以孩子发出的错音、说出的错话为乐。他们不仅不帮助孩子纠正，反而将错就错，随声附和，这是大错而特错的。因为这样将使孩子永远无法发觉自己的毛病，以致习惯成自然，难以纠正。

能正确运用语言意味着能正确的思考。如果让孩子从小就使用似是而非的语言，那么孩子的大脑就难以训练好。

父亲从我出生时起，就尽可能地对我说准确而完整的德语。在向我灌输语言时，他认为俗语也很重要，因为有的意思，不用俗语就不能表达得很完美。我们的思想在发展着，新观念也在不断地产生着，表现这些新观念的俗语也必然增加，所以排斥俗语就会落后于时代。

父亲决不教给我不完整的话，我和我妻子对我们的儿子也是这样做的。这种完整的语言教育从一开始就起到了很明显的效果。我还不到一岁时，父亲的一位朋友对我说："卡尔，我想看看你的汪汪。"我于是纠正说："这不是汪汪，是狗。"父亲的这位朋友对此大为惊讶。

（6）用明确的词汇来丰富清晰的小头脑

在语言教育中，父亲非常强调从一开始就要让孩子学到标准的语言。为此，他总是反复清晰地发音给我听，耐心地教我标准德语。只要我发音准确，他就摸着我的脑袋表扬道："说得好，说得好。"当我发音不标准时，他就对我母亲说："你看，你儿子不会说……"于是母亲就回答说："是吗？我儿子连那样的话都不会说？"这样一来，尽管我还很小，也激起了我拼命学标准语音的劲头。经过我们一家人的不懈努力和执著坚持，从小我的发音就非常准确。

在词汇学习上，父亲坚持这样的信条：要想有清楚的头脑，首先必须有明确的词汇。因此，他并不是只让我停留在孩子式的表现方法上，而是教我逐步了解和使用复杂的措辞，并且力求生动准确，决不使用暧昧的语句。为了做到这一点，父亲认为家人一定要相互配合，不要一个在严格要求，一个却纵容孩子。为此，他和母亲默契配合，而且以身作则，在平时坚持力求发音标准，语言规范，精选恰当的词汇。

因为我与家里的仆人接触非常频繁，在语言上很容易受到他们的影响，所以，父亲不仅要求母亲而且绝对禁止仆人们说方言和土语。

方言和土语在读音上与标准德语差别甚大，而且在语法上也不够规范、标准。在这样的语言环境中，小孩子很容易受到不良影响，从而给学习标准的语言带来一定的障碍，这种障碍的跨越是需要一定的时间的，而一过了学习语言的最佳年龄，有些人一辈子也实现不了这种转变。我家里有一个老仆人，忠心耿耿地为我家服务了几十年，我们全家对他都非常尊重与信赖。也许是年龄偏大，他经常满口土语。在我出生以后，父亲多次要求他讲标准德语，但他说了一辈子的土语，怎么改说标准德语都说不好，总是说得不伦不类，比他说土语还糟糕。当时我正处在学习语言的节骨眼上，父亲虽然不情愿，但不得已只好忍痛将这位老仆人劝退回家。

在教孩子语言时，语法不是最重要的，特别是对孩子来说，更没有多大必要。因此，在我8岁前父亲并未专门教过我语法。

孩子其实都喜欢说话，从小时起，他们就常常一个人把所学到的单词反复地说着玩。父亲就利用小孩子的这种倾向，把我能理解的有趣的故事，用精选的词句组成短文，让我记住。我不仅能很快地记住，并总是高兴地复述着。以后，他把这些短文翻译成各种外国语让我说，我也能很快记住。在人的一生中，一至五岁可能是最有语言才能的时期了，父母千万别让这种才能白白埋没。

2. 培养观察能力

我在意大利时，就阅读了许多关于文艺复兴的书籍，这对我研究但丁的理论极有帮助。在那些书中，我发现，那个时期的人们都非常重视早期教育，而那些大师们童年时几乎都接受过科学的早期教育。正因为那时早期教育的盛行，才造就了那么多的人才和如此灿烂的文化。

就拿我们都熟悉的但丁来说吧。在幼年时，但丁就获得了良好的教育和丰富的知识。但丁出生于佛罗伦萨的贵族世家，由于他有一个优越的家庭环境，所以他也受到了比别人更好的早期教育。在他两三岁时，他的父亲就安排他向布路纳托勒特尼——一个著名学者，学习拉丁文、诗歌、古典文学、哲学等学科。史书记载，但丁读完奥维德尔、赫拉丝特、维吉尔等人的著作时还不到九岁。人们通常会认为这是不可思议的事，但是，但丁确实做到了。但丁就是因为受到这种科学、系统的早期教育才造就了他以后伟大的成就吧。为表示对他的老师席特尼的感恩，但丁在《神曲》中，称席特尼为"伟大的导师"，具有"父亲"般的形象。由此可见席特尼对但丁的影响的确巨大。正由于早期就受到了席特尼的影响，当但丁结束他的童年生活去巴黎、帕多瓦等地接受大学教育时，他就深入研究了音乐、绘画、雕塑、美学、诗学、哲学、文学、神学、伦理学、历史、天文、地理、政治等学科，并取得了相当大的成就。可以说，在童年时期但丁就为他以后的成就打下了坚实的基础。

相似的是，达·芬奇、米开朗基罗、拉斐尔这些文艺复兴时期的伟人，他们都有在童年就受到良好教育的经历，就如前面所说，他们都是早期教育的受益者。

众所周知，从小就是"绘画神童"的达·芬奇不但是一个优秀的画家，还是出色的教育家、科学家、天文学家及发明家，他可以说是一个全才。其实他取得这些成就都可以追溯到他幼年时期受到的教育，在他14岁时，便跟随委罗基奥学习绘画。委罗基奥不仅是一个画家，还是一个建筑师，他对天文、地理、历史等各个方面也有很深入的研究，这些对达·芬奇产生了极大的影响。

因为幼年时期受到良好教育，后来成为艺术大师的还有米开朗基罗。

米开朗基罗并不是由父母亲自培养的。他出生后，他就一直由奶妈抚养，而奶妈的丈夫是一个雕刻家，在奶妈丈夫的影响下，他一步一步地走向艺术之路，也把雕刻当成了自己终生追求的事业。

并称为文艺复兴"三巨头"的，除了达·芬奇、米开朗基罗，第三位就是拉斐尔了。拉斐尔出生于一个艺术世家，父亲是一位出色的画家和诗人，他的家中还有好几位祖先也是画家。在家庭的熏陶下，拉斐尔从小就具有与众不同的艺术气质。当他父亲教他画画时，他还只是一个很小的孩子；等他成为有名气的画家时，他还是一位非常年轻的小伙子。

我们现在可能已经无法考究这些大师小时候接受的具体教育训练究竟是什么样的，但是可以肯定的是，他们都进行过早期的、科学的教育。

父亲说，他是从训练我的五官开始进行我的早期教育的。他认为，如不尽早开发运用婴儿时期具有的能力，这种能力就永远得不到发展。父亲用各种方式训练我的五官，在我出生后不久，父亲用朗读诗歌的方式训练我的听觉，为了让我形成辨别不同声音的能力，父亲使用能发出各种声音的小钟。为了训练我的敏锐的观察力，父亲则用五颜六色的玩具。在我两岁时，父亲还教我一些诗歌。尽管现在我已记不清那时的情景，但是令人奇怪的是，在我成人后，我仍能流利地背出这些诗句，但我并不知道我是何时记住它们的。

在那时，父亲能承受住压力教育我这个"弱智儿"，确实是一件很不容易的事。因为那时人们都不提倡对孩子进行早期教育，他们认为，如果过早地对孩子进行教育，孩子的大脑会受到损伤。更何况那时我还是个身体瘦弱、反应迟钝的"白痴"。我想，现在最令父亲感到欣慰的，应该就是人们已经认同和赞扬父亲的这种教育方法。为了做一个纪念，也为了能常常看到我小时候的样子，在我的老家，父亲依旧保存了我儿时的房间，没有丝毫的改变。尽管现在我自己已身为人父，但对我来说，我的最宝贵的记忆却是在那个房间中度过的童年幸福时光，它也是我一生中最宝贵的财富。

在那个房间里，尽管窗帘已陈旧，但仍可以看出当年的美丽色彩。在四周墙上，许多图画的复制品仍挂在房间的四周，这都是父亲为了训练我的辨别能力和观察能力而设计的。我儿时看过的书仍然摆在原来的位置，每当我一看到这些旧图画书，我都会非常激动。

事实上，在训练孩子的观察能力上，很多人都采用了类似的方法。父亲说，让孩子仔细观察不同东西的颜色、质地和形状，并从中找出它们的区别，是这种训练方法的目的。

据我了解，在幼年时期也受到这种训练的，还有伟大的荷兰画家伦勃朗。伦勃朗的父亲在系统地给他看不同颜色的东西时，他还不到一岁，那时伦勃朗看的颜色就已经不只红、黄、白这些基本色彩了。

有一次，伦勃朗的父亲拿了一个东西进了他的房间，小伦勃朗猜想，一定是父亲又给他做了有趣的玩具，便高兴地问："爸爸，那是什么？"看到伦勃朗急切的样子，他父亲准备考一考他，回答道："你不是已经看到了吗，为什么还问呢？""可是，我并没有看清楚呀！""那这次你要看清楚啦！"他父亲又把那个东西拿出来在伦勃朗的眼前晃了一下。"还是没看清楚。"伦勃朗叫道。"那这样，你先讲一讲你到底看见了什么。"他父亲说。"我说不出来，因为我没看清楚。""没看清楚，但你总看到点什么吧？你说说你看到的。"伦勃朗想了想，回答道："嗯……它是红色的……不对，是黄色？是圆的？不对，它是椭圆的。"他父亲说："看来你不能准确地把它说出来，那么你在你的玩具里面找一下，看有没有和它相似的。"在那些形状不同、颜色不同的玩具中，伦勃朗找了很久，终于选出了一样东西递给他父亲。这时，他父亲从身后拿出了这个东西，让伦勃朗比较，这两个东西的相同点和不同点在哪儿。这次，伦勃朗很快就找出来了。原来他父亲拿的这个东西，形状是不规则的，它既不是圆的，也不是椭圆的。形状的不同，伦勃朗倒是很容易地分辨出来了。只是，这种不红不黄的颜色让伦勃朗产生了兴趣，他好奇地问他父亲："爸爸，这是什么颜色呢？不是红色，也不是橙色。""世界上有各种各样的颜色，但大多是灰色，真正的纯色是很少的。"父亲解释说。"灰色？这种又红又黄的颜色是灰色？"这让伦勃朗很惊奇，"灰色，这就是灰色吗？""是的，这就是一种灰色，它是一种略带黄色的红灰色，它还有一些色彩倾向，还不算灰得太厉害。"听了父亲的话，伦勃朗又仔细地比较了这种灰色和红色、黄色、橙色以及其他颜色之后，对红灰色有了明确的概念。

这种充满神秘韵味的红灰色，在伦勃朗的作品中运用得很多。而伦勃朗的这种把握细微色彩变化的能力，也让看过他作品的人钦慕不已。我认为，正是因为他小时受到的这种训练，才形成了他后来对色彩具有的超出常人的感应能力。

在小时候培养起来的观察能力也让我受益终生，虽然我没能成为伦勃朗那样的大画家，但我认为，建立对色彩和形状的认识，对一个人的观察能力和感觉能力的培养，都有很大的帮助。我要感谢我的父亲，正是他对我的训练，使我有了很好的观察能力。

3. 记忆能力的培训

在幼年时被称为"神童"的汉密尔顿是一个伟大的数学家。在他5岁之前，他已经学会了拉丁语、希腊语、希伯来语，接下来又学会了意大利语、法语、西班牙语，最后又学会了阿拉伯语、波斯语、叙利亚语、孟加拉语和梵文。他不仅学习语言，而且还学习数学。欧几米德的《几何原本》和克莱罗的《代数基础》，汉密尔顿在他12岁时就已把这些都学完了；而学习牛顿等物理学家的著作以及指出拉普拉斯《天体力学》的论证缺陷时，他才只有16岁；由于精通微积分而成为卓越的数学家时，他也只有17岁。

16岁时我就获得了博士学位。许多人问我各种各样的问题，他们都说我是一个天才，是上天赐予我与众不同的才华。在成功与荣誉面前，我也曾误以为自己真是一个天才，但是现在，我为那时自己的无知和幼稚的想法而羞愧。现在我看问题的方式完全不同于当年。现在我知道，我的成功完全归功于父亲在我小时对我的教育，我本身其实并不是一个天才。

在我看汉密尔顿的传记时，我发现与他的成就紧密相连的，应该属他惊人的记忆能力，他能掌握那么多的知识，完全靠他的超常的记忆能力。他的记忆能力也是因为小时候训练得法而培养出来的，并不是天生的。汉密尔顿12岁和14岁时不幸失去了父亲和母亲，但庆幸的是，他有一个令人羡慕的叔叔，他完全是由他的叔叔教育和培养出来的。从汉密尔顿的传记中，我不能具体了解他幼年所受的教育，但从他传记中记述的一些事上，还是可以看出他是受过早期教育的。汉密尔顿的叔叔是一个善良幽默的人，他非常爱孩子，常教汉密尔顿做游戏。每当他们在街上散步时，常做一个"记忆能力"的游戏——叔叔拼命记下看过的东西，说出来，然后小汉密尔顿指出叔叔的错误；或者小汉密尔顿记东西，叔叔指出错误。通过这种方式的训练，小汉密尔顿轻松地获得了许多书本上没有的知识，也培养了惊人的记忆能力。

在我小的时候，也接受过类似的训练。父亲告诉我，我们常做的一种叫"注意看"的游戏与汉密尔顿和他叔叔做的游戏其实是同样的道理。当我和父亲在市集上或经过一家商店时，父亲就会问我，柜台或橱窗上有些什么东西，它们的名字和用途分别是什么。如果我说得又多又准确，父亲便会夸奖我，甚至有时会奖赏我一块糖，如果我说错了，父亲便会把错的地方纠正过来。其实这两种游戏都能提高人的记忆能力。正因为父亲平时对我进行训练，使我有了很不错的记忆能力，许多东西，我只是随便看一下就立刻记住了。

我和汉密尔顿都受到相同的记忆方法的训练，这并不是巧合。实际上，只要是好的教育方法，它必然会被好的教育者所采用。

4. 激发丰富的想象力

我父亲的教育始终伴随着我、影响着我，这是我人生中的一大幸事。16岁那一年，我获得了法学博士学位，并被任命为柏林大学法学教授。这是一个非常关键的时期，因为在那之前，我力求做到全面发展，不管是我的学习或是研究。可是现在，我要选择我将来的发展方向。父亲知道我立志于法学之后，给我写了一封信，在信中他提醒我一些事情，也讲了他的一些看法。

"亲爱的卡尔，知道你取得学位并立志于法学，我很高兴。但是我还是要谈一下我对这事的看法，供你参考。你一直是一个全面发展的人，在各个方面都有很深入的研究，希望你在选择专业时能够慎重的考虑。

法学虽然是一门很好的学问，但是它有它的特殊之处，希望你能注意这一点。法律条文是非常机械和理性化的，如果研究者不能正确、灵活的对待它，可能会变得过于理性和死板。

我不希望看见你变成如同许多我曾见过的那些法学工作者一样，他们一个个都没有生气、没有活力、没有人情味也没有想象力，只知道按法律条款办事。

我希望你在做事业时不要忽略内心其他方面的情感，这是我对你的提醒。你一定要记住，有丰富的情感和想象力的人才会得到幸福。当然，我如此强调这个问题并不是怀疑你掌握问题的能力。"

实际上，父亲的提醒对我的影响是非常巨大的。在以后的工作中，我谨记父亲的教导，充分发挥了自己的想象力，并取得了一些成就，思想才没有变得死板和僵化。

贝鲁泰斯说了一句非常精辟的话，他说出了为什么有人幸福而有人不幸，这句话就是"想象力是人生的肉，如果没有想象力，那么人生只是一堆骸骨"。

在我出生后的每一天里，父亲利用了一切机会来培养我的想象力。这就是我力量的源泉所在——在有限的生命中寻求无限的幸福。我的幼年时期可以说完全是在充满想象力的世界中度过的，父亲不厌其烦地为我讲一些故事，他并没有因为我听不懂而停止。父亲反复跟我讲那些古代希腊神话及东方传说，我多彩的童年生活便是在那些故事中度过的。

我的孩子出生后，父亲也写信强调培养孩子想象力的重要性，他告诉我培养孩子想象力的最佳方法就是给他讲故事和神话。

现在有些父母，根本不管孩子的童年生活是否幸福，而是不惜一切代价让孩子学习理性的知识，他们的目的就是希望自己的孩子能成为"天才"或"神童"。虽说现代社会的发展趋势是提倡科学和理性，但是我还是不赞同这种为了适应时代的发展而忽视孩子本身幸福的行为。父亲认为，一个孩子如果在童年时期不能感受到生活的幸福，那么，要想他长大之后取得什么成就只能是空想。一个孩子，如果在纯真的童年时期，他都没有什么想象力，不能感受到生命的可爱，长大之后，他也不可能形成正确的人生观和世界观。因此，我作为父亲唯一的儿子，他最看重的便是我的童年生活是否幸福。

我的一个朋友维勒是一个法官，他在慕尼黑的名气很大，因为他在办案方面有非常出色的成就。但是，他的辉煌前程却因为一次小小的失误而断送掉了。那次事件发生后，维勒变得意志消沉，得过且过。身为他的朋友，我常常劝解他，希望他能重新振作起来，并告诉他，世界末日还没到。我对他的未来进行了各种不同的设想，但是他自己却认为，他犯下的错是无法弥补的，他已完全没有了前途，他也完全丧失了计划将来的能力。

一般说来，处在困境中的人都比较喜欢憧憬未来，但维勒他却从来不想象未来，他还反驳我，说我的看法是不切实际的，他认为他的未来是没有任何希望了。这是为什么呢？我认为，只有一个没有想象力的人才会对未来没有希望、没有计划，而维勒就是属于这类人中的一员。当然还有一个原因是他没有自信心。我还了解到，维勒小时就是一个没有想象力的人，所以长大之后思想显得僵硬和古板，生命也没有活力。

我父亲常说这样一句话，"遇到不幸也能感到幸福、陷入困苦时也能感到快乐的人，他在童年时一定是想象力丰富的，而真正不幸的是那些没有想象力的人。"它概括地说出了有想象力的人常能感到幸福，而没有想象力的人常常感到不幸的原因。

5. 在游戏中进行智力开发

婴儿期的教育，在我身上终显成效，因为和同龄的孩子相比，我明显比他们更聪明，更机灵，反应更快，各方面的能力也更强。父亲认为我在智力上已经做好了学习知识的准备，所以从我两岁时起他就开始循循善诱地教我认字。这种认字不是父亲强迫性地让我去死记硬背，而是在做一些快乐的游戏中让我愉快地接受和掌握。强迫性地让孩子学习知识，不但达不到预期的效果，而且还会事倍功半。所以，父亲始终坚持和主张他的教育法的一大原则："不能强迫施教"。

我认为不管教什么，首先必须努力唤起孩子的兴趣。只有当孩子有了兴趣，才能取得事半功倍的良好效果。而唤起孩子兴趣的最好办法是用游戏的方式来进行教育，这种方法的效果在很多成就伟大事业人物的早期训练里已有所彰显。

父亲对我的教育都是采用游戏的方式进行的。

因为婴儿的听觉比视觉发达，父亲决心从听觉入手教我ABC。当他指出ABC字母时，我母亲就像唱歌似的唱给我听。当然，因为我毕竟只是六个月大的婴儿，所以，我的感觉就像听耳边风似的。但他们不泄气，天天唱给我听、给我看，时间一长终于奏效了，我对字母有了深刻的印象，这使我后来学英文时非常轻松就学会了。

为了唤起我识字的兴趣，父亲施用了一些小孩还无法识破的"小伎俩"。他给我买来很多儿童读物和画册，非常生动地讲给我听，用一些带鼓励的话语来激发我幼小的心灵，像"如果你能认字，这些书你都能明白"之类的话语。有时，他则干脆就不讲给我听，故意对我说："这个画上的故事非常有趣，可爸爸现在很忙，没有功夫给你讲。"这样一来，反而激发和唤起了我一定要识字的心愿。待到我有了强烈的认字欲望之后，他才开始教我识字。

他先去打字行，买来十公分见方的印刷体铅字德语字母、罗马字母和阿拉伯数字，再把它们都贴到十公分见方的小板上，以游戏的形式教学。具体教法是这样的：父亲首先用画册让我看猫的画，同时教猫这个词的拼法，然后反复发"猫"的音给我听。接着从文字盒中选出组成这个词的所有字母，用这些字母拼出"猫"这个词。当然，这些学习都是由我和父亲一道以游戏的方式进行的。而且在我学习时，他在边上给我以表扬和鼓励。

父亲还制作了许多小卡片，他在上面画上憨态可掬的小动物、房子、树木等，在画面下标出名称。他把这些卡片贴在餐厅、厨房、客厅和我卧室的墙壁上，我可以常常看到，以加深印象。他和母亲还常常利用这些卡片和我做游戏、编故事。每次出外散步，他看到什么就要教我该怎么念、怎么拼。这些方法很有效，我认识的字越来越多。

我很快就学会了读，而且掌握了读法，我就能掌握更多的词汇，再加上我学的是标准德语，所以我很轻松就能读书了。

虽然我现在已无法记清那时我学识字的具体情形，但我还是非常感激父亲的良苦用心，这使我受益匪浅。我和妻子也继承了父亲的这种教育思想来培养我的儿子，同时，我也希望能有更多的父母能用这种方法来教育他们的子女。

第四章
父亲传授的学习方法

学习如果想有成效，就必须专心，学习本身是一件艰苦的事，只有付出艰苦的劳动，才会有相应的收获。

1. 父亲教我学外语

令父亲感到欣慰的是他对我的语言、识字教育都取得了成功，但他并没在这些成功中驻足，而是放眼于更长远的打算，他不仅想让我尽早地学好本国的语言文字，还想让我尽早地打下学会一门主要外语的基础。他认为教给孩子多种语言，有利于孩子正确地理解词义和进行思考。所以，他决定本着先易后难的原则，让我在掌握本国语读法的基础上，学习相近的外国语。

在我能用德语自由地阅读后，他又开始教我学法语，那时我才6岁。由于运用了恰当的方法，只花了一年的时间，我就能自由地阅读各种法文书籍了。当然，我之所以学得这样快，首先还是得益于我的德语知识非常丰富。

学完法语后，我又开始学意大利语，只用了6个月的时间就学会了。这时父亲认为，可以教我拉丁语了。

学校里一般都规定学习外国语必须首先从拉丁语学起。但他觉得这样做过于勉强，只有从与德语最相近的法语开始学起才是合乎逻辑的，所以就采取了先易后难的顺序。学拉丁语对于十几岁的孩子来说也是相当难的。因此，他是经过了充分的准备以后才开始教我拉丁语的。为了提高我的兴趣，在教拉丁语之前，他先把威吉尔的《艾丽绮斯》的故事情节、高超的思想、漂亮的文体等讲给我听。他还对我讲，如果要想成为一个卓越的学者，就一定要学好拉丁语。于是我的好胜心被激发起来了。

在父亲的教育体系中，他认为音乐对人们的启发非常重要，于是在我7岁时，他便常常带我去参加莱比锡音乐会。有一次，在中间休息时，我看着印有歌剧歌词的小册子对他说："爸爸，这既不是法语也不是意大利语，这是拉丁语。"父亲便趁机启发我说："不错，那么你想想看，它是什么意思。"我就从法语和意大利语类推，基本明白了大意。我高兴地说："爸爸，如果拉丁语这么容易，我很想早点学。"

这时我便对拉丁语产生了兴趣，认为以我现在掌握的法语和意大利语，学习起拉丁语并不会太难。所以，在我的要求下，父亲便开始教我拉丁语。掌握了方法，学起来就势如破竹，我仅仅用了9个月的时间就学会了拉丁语。

然后我又开始学英语，学完英语又学希腊语，前者用了3个月，后者用了6个月。

由于有上述这些语言打下的坚实基础，我学习希腊语就容易得多了，整个过程基本上就是一个阅读巨著的过程。我学希腊语是从背诵常见的单词开始的。父亲为我做了希腊单词和德译卡片，我首先从这些卡片中学全了常见的单词。

掌握了一些单词后，我立即转入译读。最初，我读的是《伊索寓言》，接着又读了色诺芬著的《从军记》。父亲同教授其他几种语言一样，并不是系统地讲授语法，只是随时教我必要的东西。

当父亲工作的时候，他就让我坐在他桌子的旁边学习。当时德国只有希腊拉丁辞典，没有希德辞典。所以，我在学希腊语时，不得不一个单词一个单词去问父亲。虽然他工作很忙，但对我的提问，他从不发脾气，一面耐心地教我，一面从事他自己的工作。

这样一路学下来，我又读了希罗多德的历史学巨著，色诺芬著的《宝典》、《苏格拉底言行录》，提奥奇尼斯和莱尔丘斯著的《哲学家列传》，以及洛西昂的著作等。

学完所有这些语言时我刚刚9岁，那时我已经能够读荷马、波鲁塔柯、威吉尔、西塞罗、奥夏、芬隆、弗罗里昂、裴斯泰洛齐、席勒等各国文学家的著作了。

一般情况下，人们都畏惧学习外国语，掌握六国语言，这对他们来说是需要花上一辈子的精力才能完成的事。而我却在父亲正确的引导下，在9岁的时候便能掌握六国语言，这也可以说是一个奇迹，而这奇迹的产生都是由于科学、有效的方法。父亲从教授我学外国语言的过程中总结出以下几点经验。

（1）"听"是学外语的重要一环

现在就以拉丁语为例。拉丁语是学生们的一项重要基本功，要想研究学问就离不开它。而且一旦学会拉丁语，就能很容易学会法语、西班牙语、意大利语。但学生们差不多都讨厌拉丁语。父亲认为，之所以出现这样的情况是由于他们没有打下学习拉丁语的基础。鉴于此，父亲就尽早开始为我打好学习拉丁语的基础。因此，在摇篮时期，他就开始教我拉丁语。

诸位一定认为我父亲的做法前后矛盾，同时也奇怪他是如何能够教导一个躺在摇篮里，除了吃和睡什么也不懂的我。其实很简单，就是让我听。由于婴儿善于用耳而不善于用眼，所以他就利用听的办法教我拉丁语。父亲曾经对我讲过，每当我睡醒以后情绪比较好的时候，他就用清晰而缓慢的语调对我朗诵威吉尔的《艾丽绮斯》，这是一部出色的叙事诗，同时也是一首极好的摇篮曲，那时我非常喜欢，每每听着听着就入睡了。因为有这样好的基础，所以我学习拉丁语时感到很轻松，并且很快就能背诵《艾丽绮斯》。

学生们之所以讨厌拉丁语，完全是学校里的那种用图表和固定规则教拉丁语的方法所致。这种机械的方法是应该受到批评的。在我8岁时，有一次，我同一位教拉丁语的老师交谈，而这位教师竟一点都听不懂。这是为什么呢？是因为他根本不注重听力的培养。学校教拉丁语的弊病是，学过拉丁语的人只能看书却不会说话。

（2）不但要背更要多练

学习外语需要记住一些词汇，但更重要的是多练习，在练中才能更有效地进行学习。我父亲从不系统地教授我语法，因为他认为即使教给我语法，我也不会懂。诚然，对大人来说以语法为纲来学习外语是有效的。但是对孩子则必须采用"与其背莫如练"的方法。因为任何一个孩子，都是用这样的方法学会了本国语言的。

在学语言时，通俗易懂的诗最易于记忆，所以父亲总是先教给我诗歌，使我有一种熟悉这种语言的感觉。掌握了一些基本的东西后，他就要求我运用到日常生活中去。父亲一旦教我哪种语言，他平时就用这种语言跟我交谈。我若是遇上不会表达的地方，用德语跟他说话，他就不理会我，逼迫我自己想出表达的办法来。同时他还要求我看所学语言的书籍，因为要学好一种语言的最好办法就是看懂该种语言的书，任何语言最精华的部分都在书里。遇上不懂的单词时，他就让我自己去查辞典。由于开始我只学了一些常见的单词，因此频繁地查辞典，后来，由于我已经掌握了那门语言，所以，查辞典的次数就越来越少。

除此之外，父亲还鼓励我与外国孩子通信，起初是和一些父亲外国朋友的孩子，后来范围渐渐扩大，到学习希腊语时，我就开始给一个希腊孩子写信。不久，从希腊就来了回信，那时我高兴极了。从此，我对希腊便很感兴趣，于是就读了许多有关希腊的书。接着我又和意大利、英国的孩子通信。我对这些国家也很感兴趣，还兴致勃勃地研究起他们的地理和风俗习惯。就在通信的一来一往中，我的外国语长进了不少。

（3）同一个故事用不同的语言去读

人们都有这样一个习惯，读过一遍小说后就不想再看了，而我却乐意反复多次地听相同的一个故事。那时，父亲抓住我这一特点，在教我外国语时，让我用各种不同的语言去读同一个故事。比如在读安徒生童话时，他就先让我用德语读，然后又让我用法语、意大利语、拉丁语、英语和希腊语读。这一方法行之有效，我将各种语言融会贯通，学习起来又轻松又快捷。

（4）搞清楚词源

要学好外语，搞清楚词源是很有益的，这样不但可以举一反三，还可以触类旁通。为此，父亲让我从小就这样做，并且他又做了好几本笔记。比如为了让我记住某一个拉丁语单词，他总让我去调查由此派生出了哪些现代词，并把结果记在笔记本上。这样，使我既学会了那个拉丁语单词，又记住了由此派生出的现代词，对语言发展变化的规律也有了直观的认识，可谓一举多得。

（5）用游戏的办法学习

在这里我要再次提醒父母们，孩子学习语言的能力是惊人的，关键在于是否运用了最有效的教学方法。我认为最有效的办法是在学习中与孩子做各种游戏。这就是我父亲教给我的方法。

在我刚学会说英语时，他就把"您早"这句话用十三国语言教我，我很快就学会了。而且学习方法也很有趣。每天早起，父亲让我对着代表十三个国家的十三个玩具娃娃，用各国的语言说"您早"。根据孩子爱玩、好动的特点，他和我利用语言做各种游戏，比如讲故事、说歌谣、猜谜语、比赛组词造句、编动作说谚语、编故事等等。如此生动而有趣的学习，使我的外国语进步得非常快。

2. 坚持每天用两小时学习

有一次，我正在书房里按计划做功课。父亲的一位好朋友，海德理奇·科恩先生来了，他是一位教育家，过去曾担任过中学校长，现在是柏林幼儿教育协会的负责人，他是一位很有学问、教育经验非常丰富的人。当听说我在学习时，他便开始和父亲谈论起教育问题。

"威特先生，这次来，我主要是想看一看你的儿子，听说他是一个很了不起的'神童'。"科恩先生说。父亲回答道："科恩，你我是多年的好友，说实话，难道你真的相信有天生的'神童'吗？"科恩说："其实，我也同意你的观点，就是'天才是人培养出来的'。只不过是大家都把卡尔说得太神奇，所以我也用了大家的称呼。""卡尔不过是受到与别人不同的合理教育，实在不是什么'神童'。"父亲说。科恩问："卡尔掌握了那么多知识，他一定是很努力学习吧？"父亲说："是的，他很努力。"

科恩说："我有一些挺不错的学生也很努力，他们每天学习时间长达六到八个小时，很值得赞扬。天下的孩子，要想成功都离不开努力吧？"父亲淡淡地说："大概吧。"科恩看出我父亲脸上不以为然的神色，便问道："那么，你的儿子一天学习多长时间呢？""两个小时，最长不超过三个小时。"父亲坦然地说道。"什么？不超过三个小时，他就能把历史、地理、植物、数学都学得那么深入，还懂得六种不同的语言？每天只学三小时，他的时间够吗？"科恩先生非常吃惊地问道。这时，父亲走到我的书房前，打开门，对我说："卡尔，你今天学习时间快到三小时了，该休息了。"

我在屋里回答道："爸爸，还差五分钟，一会我就休息。"五分钟之后，我走出书房，向科恩先生问好。科恩先生一看见我，便拉住我的手问道："卡尔，你一天的学习时间真的不超过三小时吗？"我答道："平时都是两个小时，今天多一点，三个小时。"科恩先生问："你不能再坚持学久一点吗？"我说："我还可以多学一会儿，但是父亲不允许。"科恩先生转身望着父亲，不解地问道："孩子愿意多学一会儿，这是好事呀！为什么你还不允许呢？"父亲说："两个小时的学习对像卡尔这般年龄的孩子来说是足够了的。外面有更多的东西值得他去学习。喜欢读书、学习用功是好事，但并不需要整天都关在书房里呀！"科恩先生惊讶地看着父亲，连连说道："真不敢相信，真不敢相信。"我知道父亲还要和科恩先生谈论一些关于教育的问题，便去找小朋友玩了。

晚饭前，我回到家里。科恩先生一看见我便从椅子上站起来，拉着我的手赞扬道："真是一个好孩子。在我以后的教育中也一定要采用这种方法，我也一定要把这么优秀的方法介绍给其他的父母。"

从科恩先生的神情上看，我明白他已经接受了父亲的观点。当他走后，我问父亲："你是怎么让科恩先生接受了你的方法的？"父亲说："科恩先生是个聪明而有学识的教育家，而且他还是一个明白事理的人，只要是好的教育方法，他当然能很快接受。"

现在我已是三十多岁的人，也有自己的孩子了，但还是有许多人问我小时候学习的情况，问我每天学习时间的安排。我总是告诉他们——每天两小时学习法。

父亲认为，对幼小的孩子来说，两个小时是一个极限，小孩子的精力只能集中两个小时，所以超出两个小时的学习不过是在浪费时间。但是现在还是有许多从事儿童教育的人，他们错误地认为培养天才的方法就是无限制地延长孩子的学习时间。

当然，对于年龄大一点的孩子或者成人来说，因为他们的自我控制能力强一些，他们集中注意力的时间比幼小的孩子时间长一些，因此长时间学习可能会有不错的效果，但这决不适合幼小的孩子。

采用效率不佳的学习方法，是对时间一种浪费，如果不能充分利用时间，即使花再多的时间学习，也是徒劳的。总之，效率第一、时间第二，只要能充分利用时间，不管是在学习或是在工作，花很少的时间同样能取得极好的成绩。

在生活中我们也常会发现这样的情况。虽然一些孩子规规矩矩地坐在书桌前，但是，他们的大脑根本就没有运转，只是在发呆，心思根本没在书上。这样的学习会有什么效果呢？这根本只是浪费时间。

其实，快乐的天才是很容易产生的，只要学习时能做到充分运用时间，该学习时就确实用功，该玩时就尽情地玩个痛快。如果所有的孩子都能这样做的话，那么，世上一定会多出许多天才来。

3. 在多方面产生兴趣

在培养孩子时，切记不要让孩子专注于某一种知识的学习。如果时间长的话，就会使孩子对这单调乏味的学习感到厌烦。那么，如何让孩子对学习知识产生兴趣，让他们快乐地去学习呢？依照我父亲的方法就是要培养孩子多方面的兴趣，在具有兴趣的基础上，让他们快乐地去获取知识。这样就可以大大激发孩子们的积极性和主动性，也就能使他们快速地进步。

我父亲在对我的教育中，就特别重视对我多方面兴趣的培养。他努力地引导我在多方面产生兴趣，使我那时的生活过得十分丰富多彩。父亲认为，在培养孩子的这些兴趣中，最重要的是读书，因为读书是一切乐趣的源泉。但他又非常注重对书的选择，他曾这样跟朋友说，一个人喜好什么样的书，往往决定于他第一次读的是什么书，而且幼年时期读的书往往能左右一个人的一生。所以，父亲对我幼年时所读的书特别重视。

在引导我读书上，父亲采用了一些小手段。因为小孩子最喜欢听人讲故事，特别是年龄较小的孩子。他发现了讲故事的重要性，通过讲故事不仅能丰富孩子的知识，而且更能够成为引导孩子看更多书的桥梁。他在讲故事的时候，总是绘声绘色，运用夸张的表情、形象生动的语言，并辅之以变幻不定的手势，甚至有时候站起来模仿故事人物的身形借以不断推动情节发展。当时我听得如痴如醉，常常也禁不住跟着他手舞足蹈。但他总是讲到最有趣的地方就打住，并告诉我这个故事在哪本书中，鼓励我在阅读中寻找乐趣。

在父亲的培养下，我不但对读书产生了浓厚的兴趣，而且对音乐也非常感兴趣。在音乐中陶冶情操，在音乐中享受美感。

伟大的诗人歌德曾说过："为了不失去神给予我们的对美的感觉，必须天天听点音乐，天天朗诵一点诗，天天看点画儿。"因此，让孩子接触音乐是很重要的。曾经有人说，善于唱歌的人比不会唱歌的人寿命长，这是由于善唱者心情总是快活的。

我们不能使每个人都成为音乐家，然而，人生在世，完全不懂音乐则是很不幸的。即使自己不会，起码也要会欣赏。因此，应设法教给孩子一些音乐。有些愚蠢的人认为，既然不想使孩子成为音乐家，教他音乐就是浪费时间。这种认识是完全错误的。没有艺术的生活，就如同荒野一样。为了使孩子的一生过得幸福，父母有义务使他们具有文学和音乐的修养。

父亲认为，人生在世懂得音乐是非常幸福的。他曾告诉我，从我小时起，他就努力使我形成欣赏音乐的观念。在我出生后不久，他就买来能发出七个音的小钟敲给我听，并让母亲唱给我听。

父亲常常和我做音乐方面的游戏。其中的一个玩法，就是在屋中把东西藏起来让我找。这是儿童常玩的游戏，不过在此他还利用了钢琴，这样就使游戏变得更加充满欢乐色彩。有一次，他把一件东西藏起来让我找，当我一走近藏东西的地方时，他不是说"小心，小心"，而是渐渐弹出低音。若是走远了，就渐渐弹出高音。如果我不注意听声音的高低，就很难找到藏起来的东西。这一方法对训练我的听力很有效。

由于小孩子都喜好节奏，所以父亲就从这方面开始训练我。他从我尚不会说话时起，就用拍手的方式打拍子让我看和听。不久，他买来了小鼓，教我按照拍子敲打。过了一段时间他又买来了木琴，让我敲打，并且开始作弹琴游戏。

我从小就爱摆弄钢琴等乐器，父亲抓住这个特点鼓励我多练习。同时，我只要得到父亲的一些帮助，就能自己编出各种曲调，并把自己创作的许多曲子记在笔记本上。

父亲反对学习乐器只注重技巧的方法。我们家那时的一位邻居，曾为孩子聘请过一名小提琴教师。一年之中他只教孩子练习技巧，致使这个孩子不仅没有学会拉琴反而开始厌恶音乐。而教我小提琴的老师则没有沿用这个教法。我练习小提琴时，父亲总是用钢琴给我伴奏，以增强我的乐感和学琴的趣味性。因而，我弹钢琴、拉小提琴的成绩也很出色。

4. 最有效的记忆方法

我的经验告诉我，"记忆"在学习中是很关键的。现在许多人采用一种愚笨的做法——死记硬背，把书本中的内容强迫塞进自己的脑子里。其实死记硬背根本不能真正地理解和掌握知识，也根本不能真正地记住知识，即使记住了，也只像是一个记事本，把知识记录下来，却无法了解其内涵。历史上取得辉煌成就的人，从来就没有哪一个是靠死记硬背成功的，这个道理只要是稍稍懂一点教育或者真正专心读书的人都会知道。这些伟人也留下了许多精辟的观点。"我什么都记不住，我只是理解了，你要我记什么？"这是毕达哥拉斯说的。"死读书本的人就像驴子一样笨。"这是亚里士多德说的。"我是用心去记这些旋律，如果我用脑袋去记，我会对音乐毫无理解。"贝多芬曾说。

"重复记忆法"是父亲在教育我时所用的一种有效方法。当然，在理解中记忆也是重要的。父亲从不让我一字一句使劲记住书中的每一个词、每一句话——这是我看见的许多小孩子的读书方式——父亲总是要我快速浏览。父亲认为，读书并不是仅仅去认字，应该是理解书的内容，这是快速读书法的好处。

一天，我正仔细阅读一本德文版的《古希腊文明的衰落》。可能父亲见我很久都没翻页，便走到我身边，问我道："卡尔，你看的是什么书呀？""哦！我看的是《古希腊文明的衰落》。""这是本好书，可以帮你学习希腊文，又能获得丰富的知识。"我听父亲说可以帮我学习希腊文，便纠正他道："这不是希腊语版，是德文版。""哦！原来是德文版。"父亲停了一下，又说道，"可是，我觉得以你的德文水平，看这本书应是很容易的，为什么你看得这么慢呢？""爸爸，我之所以看得慢，是因为我想把内容看清楚，我并不是在认字。"我解释道。"那么我考一考你，看你记住了些什么。"父亲开始问我书中的内容。可是令我惊讶的是，不仅我刚才用力去记的那些时间、地点没记住，就连主要的内容我都记不清楚。我奇怪地看着父亲说："我刚刚很认真地去记了呀！怎么回事呢？"这时，父亲又问了一些我以前看过的书的内容。那些我并没故意去记的东西，我却清清楚楚地回答出来了。父亲见我迷惑不解的样子，大笑起来。"你笑什么呀，爸爸？"我问道。"我笑你真是一个傻孩子，刚刚看过的书不能记清楚，反而以前看的却记得清清楚楚，这是为什么呢？"我茫然地摇摇头。"因为你认为《古希腊文明的衰落》是一本学术书，于是你就去死记硬背，这怎么能记住呢？而以前看的文学作品，你并没刻意去记，只是觉得有趣，看了一次又一次，这样无意识中你就记住了。""那么我怎样来读这本书呢？""你只要像看文学书一样去看它就行了。""这可是一本学术著作呀！以这样轻率的态度来对待它，行吗？"我问道。父亲不再笑了，严肃地对我说："你应该平等地对待世界上所有的书。只要是有价值、有意义的书都是好书，并没有严肃与不严肃的区别。死记硬背在学习中是行不通的，只要你能够正确的认识它，就像读文学作品一样去读这本书，你就会发现它的吸引力，甚至你会因此而去读第二次、第三次，不需要刻意硬背你就会理解它、记住它，并从中得到乐趣。"

听了父亲的话后，我便按照父亲教的方法去读《古希腊文明的衰落》，我首先把全书的内容和情节掌握了，当我遇到不懂的段落和字句时，我也先跳过去，不去仔细研究，后来在我看第二遍、第三遍时，我发现自己在不知不觉中已理解了它们。

5. 数学教导方法

数学是一门自然科学，它可以培养孩子的逻辑思维能力和空间想象能力；但它又是枯燥乏味的一门学科，很少并且很难有人对它产生兴趣。而它却是孩子们必须掌握的一门知识。父亲也曾想尽办法让我对数学产生兴趣。

在培养我的过程中，父亲发现在所有的学科中，再也没有比数学更难于使孩子感兴趣的了。因为其他学科，比如植物学、动物学、地理学，都可以到大自然中去实地接触，在游戏玩乐中就能学到许多东西，孩子的兴趣自然高涨。唯有数学，它是一门纯抽象的学科，只能依靠自己的思维能力，好动爱玩的孩子会觉得太枯燥。

从父亲的日记里可以知道，我刚开始也不喜欢学数学。尽管父亲早已通过游戏法很容易地教会了我数数和认数字，并用做买卖的游戏很容易地教会了我钱的数法，然而，当他要教我乘法口诀时，却碰到了麻烦：我有生以来第一次厌弃学习。后来他把口诀编成了歌词让我唱，我还是不喜欢。

一种担忧便由此袭上父亲的心头，他在想是不是我在这方面有先天的不足，但他对这种想法并不肯定。接着他又想，"为什么卡尔在其他知识方面会学得如此顺利而又快速，而对数学却如此的讨厌呢？是否卡尔在学业上有所偏向了呢？"一个偏科生显然不符合他培养孩子的理想。他的理想是使我均衡发展，在成才的同时真正感到幸福。片面发展的人不可能成为真正幸福的人。

那段时间，他为我对数学不感兴趣而苦恼。尽管如此，他还是没有强制我死记硬背乘法口诀，因为他坚信强制是行不通的，而且容易扭曲孩子的心灵。

父亲的苦恼在一次与罗森布鲁姆教授的邂逅中被解开了。罗森布鲁姆教授是格拉彼茨牧师的朋友，是一位数学教授，他的数学教学技巧相当高明。一次，父亲去看望格拉彼茨牧师，在他家里幸遇了罗森布鲁姆教授。

在听了父亲的担忧后，罗森布鲁姆教授一语道破了问题之所在："尽管你儿子缺乏对数学的兴趣，但绝不是片面发展，而是你的教法不对头。因为你不能有趣味地去教他数学，所以他也就无兴趣地去学它。你自己喜好语言学、音乐、文学和历史，所以能有趣地教授这些知识，教授动物学、植物学和地理学你也很有一套，你儿子也就能学好。可是数学，由于你自己不喜欢它，因而就不能很有兴趣地去教授，所以你儿子也就厌恶数学了。"接着，这位杰出的学者十分热情地教给父亲一套教数学的方法。他用这些方法教我数学后，果然效果非常好。

当时罗森布鲁姆教授是这样建议我父亲的：

首先要让孩子对数学产生兴趣。比如：把豆子和纽扣等装入纸盒里，父子二人各抓出一把，数数看谁的多；或者在吃葡萄等水果时，数数它们的种子；或者在帮助女佣剥豌豆时，一边剥一边数不同形状的豆荚中各有几粒豌豆。

还可以和孩子做掷骰子的游戏。最初是用两个骰子玩，玩法是把两个骰子一起抛出，如果出现3和4，就把3和4加起来得7分。如果出现2和4、3和3，就得6分。把这些分数分别记在纸上，玩3次或5次之后计算一下，决定胜负。

那时我非常喜欢这类游戏。当然，在我投入到这种游戏的乐趣中以后，父亲仍按罗森布鲁姆教授的建议，每次玩游戏不超过一刻钟。理由是所有数学游戏都很费脑力，一次超过一刻钟就会感到疲劳。在这一游戏玩了两三周以后，我们又把骰子改为三个、四个，最多时达到了六个。

接着，我们把豆子和钮扣分成两个一组的两组、三组……三个一组的三组、四组……把它们排列起来，数数各是多少，并把结果写在纸上，然后把这些结果做成乘法口诀表挂在墙上。这样一来我就轻松的懂得了二二得四，三三得九的道理，而且非常高兴。更复杂的游戏可以依此类推继续做下去。

为了使我将数学知识运用于实际，父亲还经常同我做模仿商店买卖情景的游戏。所卖的物品有用长短计算的，也有用数量计算的，还有用分量计算的，价格是按着实际的价格，钱也是真正的货币。他和母亲常常到我开办的"商店"里买各种物品，用货币支付，我也按价格表进行运算，并找给他们零钱。

就这样，父亲按照罗森布鲁姆教授的方法教我不久，我就对数学产生了浓厚的兴趣。由于我对数学已产生兴趣，所以在以后的数学学习中就像流水一样，从算术开始一直到顺利地学会了代数、几何。到后来，我就不仅仅是有兴趣了，简直就是爱上了数学这门学问。

6. 在亲身经历的生活中增长见识

在培养孩子时，父母们不要只单纯地强调让孩子学好书本上的知识，或者像牢笼一样把孩子关在家里来个"两耳不闻窗外事，一心只读圣贤书"。这样培养出来的孩子，想必就是那种羞涩、畏避、呆头呆脑的书呆子，难以登上大雅之堂。所以，父母不仅要让孩子获得书本知识，更要让孩子从社会实践中获得知识、增长见识。带他们到不同场合去参加社会活动，这样不但能开阔他们的视野，而且也能从中锻炼、培养孩子的各种能力。

父亲除了教给我书本上的知识以外，还利用一切机会丰富我的见识。比如，看到建筑物，父亲就告诉我那里面有什么，坐落在什么地方；看到古城之类，他就给我讲古城的历史，以及围绕这个古城的种种趣闻逸事等。

父亲认为一个只拘泥于书本知识的人，会变得目光短浅，头脑狭隘，不可能成为有创见的学者。由此，为了避免让我成为书呆子式的人物，他都尽量多地让我参加各种社会实践活动，甚至就连上街散步他都带着我。所以从我两岁以后，不论走亲访友还是买东西，也不论参加音乐会还是看歌剧，父亲去哪儿都带着我，让我从小就与身份各异的各阶层人士交往、谈话。这样做的结果是，我具有很好的社交能力，使我从小到大从不怯场，越是人多或越重要的场合，我就发挥得越好。这使我成名后不论出入什么场合，甚至与国王、贵族、王公大臣们打交道，我都能表现得非常得体，给他们留下很好的印象。这些都得益于那时父亲对我进行了很好的锻炼。我见过一些在学问上十分优秀的人，因为缺乏经验，出入这类场合时就显得畏缩慌张，实在不雅。

除了见人，还要见物。只要有空，父亲就带我去参观所有的博物馆、美术馆、动物园、植物园、工厂、矿山、医院和保育院等，以开阔我的眼界，增加我的见识。在参观前，父亲总让我先阅读大量有关的书籍，有一个大体的了解，然后再通过自己的眼睛实地接触这些事物，从中获得大量与直接感知相一致的信息与知识。在这时，我的脑子总是转动得特别快，心里充满着寻根究底的疑问。面对我源源不断的问题，父亲总是尽其所能地给我说明和解释，并做到深入浅出，决不随便敷衍。因为他知道，这样教授知识最自然而且最有效。

光参观还只是这类教育的一部分。每次参观归来，父亲还让我详细叙述见到过的一切，或者让我向我母亲汇报。由于有这一功课要完成，使我在参观中总是用心观察，认真听取父亲或者导游的介绍与讲解。这样一来效果就更为显著，我也能记住更多的东西。

父亲告诉我，从我3岁以后，他不再只局限于哈勒地区，开始领着我到各方周游。五岁时，我就已经在父亲的陪伴下，几乎周游了德国的所有大城市。在旅途中，我们参观了无数的古堡、宫殿、园林、教堂。回到旅馆后，他就让我把所看到的一切写信告知我的母亲和熟人。回到家中，他还让我向亲人们口头讲解旅途见闻和切身体会。

当我6岁时，就已经成为哈勒附近最见多识广的孩子。我的见识甚至超过很多大人。人们在地理、历史方面有什么想知道的都来问我，或者想听听其他地方有什么奇闻轶事的，也会来找我。后来我干脆把这些旅游的经过整理成一本游记，将自己旅途中的所见所闻全部写了下来，大家都看得津津有味。

有些人曾对父亲的做法不甚理解，甚至有人指责父母不必要这样做，浪费掉那些钱，还不如用来给我买书，收益会更大些。还有的人对父亲说，你只不过是一个穷牧师，靠那一丁点微薄的收入，来支付大量的旅游费用，能负担得起吗？即使去了，也得靠全家人勒紧裤腰带，旅行时还得住最差的旅馆，这样的条件孩子能从中获得最大的益处吗？最后实践证明了，我从旅行中获得了丰富的知识，父亲始终都认为他这样是非常值得的，从来没有后悔过。

只要能满足我的求知欲望和追求真理的精神，父亲决不吝惜体力和金钱；为了让我能揭开魔术的秘密，他就曾不惜重金，请魔术师现身说法。类似这样的事情还非常多。虽然我生长在内陆地区，但我总爱看书中对大海、大洋的描述。我很喜欢看这一类的书，在看了麦哲伦、哥伦布等航海家的传记以及《马可·波罗游记》这些书以后，我非常想去看看大海。于是，父亲就带我去了地中海海岸。平生第一次看到大海，我兴奋极了。我们在那里拾贝壳，采集海藻，拾水母和海星等等。父亲对我讲述了这些海产品以及海底生物的各种知识，使我对神奇的海底世界十分向往。我们还在沙滩上做各种游戏，比如堆山、凿河、开湖、垒岬、修湾、筑岛等等。要使孩子形成地理概念，海边真是最有利的地方。父亲把地球仪带到海边，告诉我地中海就在这里，越过地中海就能到达非洲，非洲大陆的两边是印度洋和大西洋，越过印度洋就可以像马可·波罗那样到达中国，而越过大西洋就可以像哥伦布那样到达美洲。就这样，我逐步了解了地球的概念，学会了世界地理知识。

在对我的施教上，父亲一直深信"百闻不如一见"的道理。根据父亲的经验，读万卷书远远比不上行万里路，现实世界能教给我们的，永远比书本能教给我们的更多、更丰富、更生动。

7. 在玩中挖掘出各种能力

爱玩是孩子的天性。每一个人从出生到年老都爱玩，但要从玩中学到知识，懂得道理，却是很少有人能够做到的。尤其是做父母的，要针对孩子爱玩的特点，从玩中引导、启发孩子，挖掘出孩子潜在的能力。

父亲通过对我的教育，发现玩对于孩子来说不仅仅是乐趣，更重要的是在玩之中可以逐步开发孩子的智力。所以，他非常重视在玩中对我循循善诱的教导。

我的注意力、观察力、记忆力、想象力、操作能力都是通过游戏玩出来的。智力游戏就是这种玩的重要方式。

在对我的教育里，父亲将知识融入我的游戏之中，把着眼点放在认知事物、传授和巩固知识上。我通过这些游戏，自然会加深对事物的认识和了解，并且巩固这方面的知识。

父亲还通过玩训练我的正确发音，让我准确地说出一些常见的同义词、反义词，很快地丰富了我的词汇。像"动物怎么叫"，或让我"指出相同颜色的物品"、"说出正反词"等就是属于这类语言训练的玩法。

比如在有些玩法中，父亲让我看清楚桌子上或盘里放的东西，然后让我闭眼睛或用遮盖物盖住东西，悄悄地取走或调换物品，再让我仔细观察，说出取走或调换的物品。问我"什么东西不见了"、"什么东西变了"等等。这类游戏能够训练和发展我的观察力、记忆力和思维能力。

有时他会让我闭上眼睛，然后让我仔细听他击掌，敲桌子等，然后再叫我说出敲、击的数目，以这样的方法来训练我的注意力、记忆力和听力。

父亲和我玩这些可以开发智力的游戏时，多从我的角度出发，从不急于求成。因为他知道，如果去做一些我不能接受的事，往往会得不偿失。

如果我能在玩中表现出超常的能力，他就及时增加难度，让我有快速的进展。如果我表现欠佳，他也不着急，只是想办法给予我更多的关心和帮助，激发我的兴趣，让我从成功的欢乐之中增加信心，不断进步。

父亲在对待我的玩法上，尽量做到浅显易懂，选择那些我可以理解的，或者见得到的东西或事物，他尽量让这些玩法具体、直观、形象，还让我做些小实验，亲自去发现一些东西。

在开发孩子智力的游戏中，父母应该结合孩子的年龄特征和实际水平，有效地选择和编制这种游戏。游戏的内容既不能太容易也不能太难，否则将不会产生正面作用。当我三四岁的时候，父亲主要采用具体形象、实物跟动作相联系的方法。等我长到四五岁时，难度增大了一点，内容加深了一些，但都是我经过努力可以完成的。父亲从来不用少见或怪异的问题去为难我。

在与我进行某个游戏之前，父亲先用简洁、生动的语言向我讲清楚，有时还进行示范或演示，以便帮助我玩好游戏。

父亲认为，在孩子的智能和心理发展过程中，观察力具有重要的意义，观察力的好坏，直接影响孩子的智能发展。

在我的成长过程中，父亲经常带我去参加各种活动，让我感知外部世界，丰富我的感性经验。他不断地诱导我用看、听、说、做等方式参与游戏活动，让我养成善于观察的习惯。他还在游戏中加强对我语言的指导，促使我用语言去分析已感知到的事物，以便有效提高和发展我的观察能力。

父亲在与我玩的同时还发现，丰富多彩的东西容易引起我的注意力，而枯燥乏味的活动容易造成我的注意力分散。

注意力是伴随感觉、知觉、记忆、思维、想象等心理过程的一种心理特征。注意力的集中和分散，对孩子的发展影响非常巨大。一个漫不经心、注意力不集中的孩子能够取得大的成就，是根本不可能的。所以对于我，父亲非常着重培养我的注意力。他尽量把游戏设计得有趣，这样很容易就能集中我的注意力。

在玩游戏过程中，父亲还尽力去培养我的记忆力。因为记忆力在孩子心理发展过程中具有重要的作用。孩子通过记忆感知过去经验，在大脑中留下深刻的印象，从而促进心理的发展。记忆力的差异主要表现在记忆速度、准确性、持久性和灵活性上，记忆力对于孩子的个性、情感、意志等都有重要意义。

为了培养我的记忆力，父亲绞尽脑汁，想出了很多办法，也取得了很大的成效。

父亲细心地为我提供丰富的游戏材料。他发现那些具体、直观、生动的形象会唤起我对过去的感知，经过不断地重复，我的记忆就非常完整和准确了。他时常运用语言对行为和实物进行描述来唤起我的记忆，因为孩子的头脑中，形象与语言、词语的关系是十分密切的。

父亲在和我玩的游戏之中，他不仅注意培养我的观察力、注意力、记忆力，更特别着重培养我的想象力和创造力。

我根据自己有限的知识和生活经历，选择自己喜欢的主题和内容，选用自己喜欢的东西和材料。我虽然是以模仿为基础，但可以充分发挥自己无拘无束的想象力，创造性地构建自己的生活。

在这种游戏中，父亲让我毫无拘束、主动积极、生动活泼地模拟和创造我自己所体验的世界。他还时常让我自己构思主题、安排情节、分配角色、制定规则，他要求我自己去构思、去策划、去组织、去实施。在整个过程中，我的创造能力和解决问题的能力已经得到充分的发展。在玩的过程中，父亲和我友好相处，相互协调，有时他还和我一起出主意、想办法。这样，我的协调能力就得到了很好的发展。

在孩子的生活当中，很多事情都会使他们感兴趣，很多活动都会成为他们最好的游戏。下雪的时候，孩子们去堆雪人；下雨时，他们会去挖沟渠；他们还会用泥沙和石块建造神秘的城堡。

父亲说小时候我很喜欢的一种游戏就是搭房子。在游戏之中，我逐渐对前后、左右、上下、中间、旁边等空间有了认识，逐渐形成了高矮、长短、厚薄、轻重、大小等观念。在这种过程中，我还学会了有计划、有步骤地进行设计，既有了成就感，也增添了无穷的乐趣。

在搭房子的过程中，我必然手脑并用，这样肌肉得到了锻炼，手眼又得到了训练，我的动手能力大大增强，手巧而心灵，潜力得到充分的发挥。由于在着手之前，脑子里面先要有个形象，于是在这种游戏之中我也发展了我的形象思维能力。

每当我玩这种搭房子的游戏时，父亲都要给我很多的帮助。他时常引导我对搭建的对象充分地加以想象，告诉我想象得越具体越好。有时他还利用现有的模型、图画去加深我头脑中的形象。这不仅有利于游戏的顺利进行，更主要的是开发了我的形象思维能力。

父亲积极地为我的"工作"创造条件，面对他的支持，我会更好地调动潜在的能力。父亲还给我讲一些有关建筑结构的基本知识和基本方法，告诉我怎样将木块铺平，怎样去延伸它们，怎样才能达到合理的受力效果，等等。

父亲认为，孩子的各种能力都应该从小培养。有人认为像创造力这样的东西应该在孩子长大后才会具有，这完全是个谬论。其实，当一个孩子开始懂得玩耍时，他就已经拥有创造力了。

8. 感兴趣的方法就是最好的方法

我的孩子刚出世时，我和妻子就开始计划怎样来教育、培养他，我希望能把父亲教育我的方法拿来教育我的孩子，并且想把父亲的思想发扬光大，让他的思想产生更加神奇的效果。尽管我做学问的方法很多，可是面对这个刚出世的孩子，我还是感到束手无策。我问父亲用哪一种方法教育孩子最好？父亲回答我："孩子感兴趣的方法就是最好的方法。"从表面看来，父亲的回答很简单，但这句话却包含着无穷的智慧和丰富的内涵，最复杂、最深奥的道理，父亲只用一句简单的话就概括了。

知识面狭窄、学问单一是许多人的通病。有的人用"人的生命有限，时间有限，精力有限，求精不求多"为借口来掩饰自己的狭隘。我认为，知识不但能丰富一个人的生活，它还对专业的深入研究很有帮助。因此只要是有价值的学问、有用的知识，我们都应该去学习和掌握，而且多多益善。

我小时候以语言学习为主，但我同时也掌握了大量的其他知识，涉猎植物学、动物学、物理学、化学、数学等各个领域。我只是想说明父亲对我教育的实际效果，并不是想夸耀自己的聪明和能力。父亲说，从我三四岁开始，我们就形成了一个习惯，那就是每天早晨他都带我去散步。我们边走边谈，这时父亲就会给我讲许多有趣的故事，从这些故事中我得到了许多历史和地理知识。父亲的知识广博，因此他给我讲的故事每天都不会重复，有时是德国的历史，有时是印度和中国的神话，有时更绘声绘色地向我描述斯巴达人攻打特洛伊城的战争，有时又是成吉思汗扩展领土的过程。当我们走到小树林时，父亲会指着一两朵花，问我它们的名字。等我回答之后，他会告诉我，它们为什么会得到这个名字，以及什么是花蕊，什么是花瓣，它们有什么功能、有什么作用……如果看见一只小昆虫，父亲也会向我讲它的生活习惯和成长规律。这真是一种比什么都有效的学习方法，我对动植物的浓厚兴趣就是从那个时候产生的，那时我就知道了什么是科，什么是目。"大自然是世上最好的老师。人们可以从大自然中学到无穷无尽的知识，但是，能好好地利用这个老师的父母和孩子却微乎其微。"这是父亲在日记中的一句话。那些认为时间与精力不够的人，看到这儿也许会明白，其实原因在于他们精神上有一种惰性，他们根本没有充分地去开发自己的智慧，去认真寻找教育和学习的最佳方法。

9. 在快乐中学习的方法

对我来说，读书完全是一种乐趣。不管是在幼儿时期，还是少年时期，我一直都像玩游戏一样地在学习。现在的人们也已经普遍接受了父亲的这种教育观点：学习是为所有人都能接受的爱好，是一个使生活更加美好的事物。它不是孩子的工作，也不是孩子的负担，孩子在成长中不应该因为学习而烦恼。

在我小时候，父亲曾经为我找了许多方法，让我既学得好又玩得好。我在那时就阅读了许多的书籍，学到很多的知识。对我来说，学习过程中根本没有一点强迫感。父亲用正确的方法引导我爱好学习。我喜欢学习，谁又能阻止我的爱好的发展呢？我的父亲并不像别的父母那样要求孩子整天读书，他反而常常提醒我要多注意身体，不要太沉醉于学习中。我曾非常沉迷于学习，那时父亲说得最多的一句话就是："卡尔，你已经学了很长时间了，休息一会吧！待会再继续。"有许多孩子不喜欢学习、厌恶学习，原因可能就在于他是被强迫学习的。人都喜欢做自己愿意做的事，只要有兴趣，多大的困难都能够克服。而如果不喜欢，不论怎样强迫都产生不了积极的作用。人的天性是爱好自由的，我们会对束缚和压迫产生天生的厌恶心理，我们也会反抗和反感别人强加给我们的东西。有一个不可否认的事实就是，孩子最反感的是被强迫学习。如果父母或老师总是强迫一个孩子学习功课，那一定会引起孩子的强烈反抗。庆幸的是，我的父亲在教育我的过程中，他总是把那些很困难的学习变得简单易懂，透过一个个有趣的游戏来激发我的兴趣，引导我高兴地去参与学习。在我的记忆中，我小时候的学习完全是一件很有乐趣的事。现在我仍认为，学习是一件很令人高兴的事情。我一直是在主动地学习，我接受教育一直是我自己的意愿，父亲从来没有因为我的学习成绩不好而打骂过我，我也从不认为学习是一件痛苦的事。我一直都把学习当成是一件很好玩、很光荣的事，在世界上，没有人会愿意去拒绝做一件很好玩、很光荣的事，如果真有，那除非他是一个傻子。但是，所谓的傻子也都是因为不合理的教育造成的，世上本就没有什么傻子。

其实，伟人歌德也不是从一出世就伟大的。歌德小时候有一段时间是非常讨厌读书的。那时他很不喜欢学习，但是多年之后他的学识却远远超过了一般人，成为一个影响巨大的伟人。

他是怎样转变的呢？在你读了下面这个故事后，就会明白其中的原委。

小歌德成天只知道玩，他挨了很多骂，也挨了不少打，但是无论他父亲怎么做，都不能让他安心地去学习。一个偶然机会，歌德的父亲见到了著名人类学家福斯贝先生，他是一个热衷于儿童教育的人，他讲了许多名人受教育的故事给歌德的父亲听，歌德的父亲从他的谈话中受到了许多启发。回到家后，他对歌德运用新的教育方式，并改变了态度。他跟小歌德讲了许多历史上伟人的故事，并告诉他，那些伟人从小都是喜爱读书的孩子。他的父亲也不再要求小歌德什么都听从他的了，他只是让小歌德在潜意识里慢慢地把读书、学习和伟人联系在一起，对学习有一种重新的认识。有一天，他父亲与一个朋友正在谈一个流浪汉的故事，当发现歌德在旁边时，就故意提高了声音说道："听说他小的时候也不爱读书，只知道玩，他认为不读书也可以生活得很好。可是当他长大之后，因为他什么都不懂，什么都不会，想找个工作也找不到，只好变成一个要饭的人了。"父亲的话给了小歌德巨大的震撼，他想，我是要做一个高尚的人，还是一个到处要饭的人呢？第二天，小歌德做了一个惊人之举，他主动要求学习，并不顾一切地拼命学习起来。他的行为告诉人们，他选择了做一个高尚的人。最后，小歌德成了一个高尚的人，他实现了自己的愿望。我认为，其实任何孩子都可能像小歌德一样做到这样的转变。

我在童年时候也经历过这种不爱读书的时期，尽管时间很短，但明智的父亲用歌德父亲的教育方式让我转变过来了。

10. 音乐学习法

前面我曾提过父亲教我学习音乐的事。其实在童年时期，音乐一直伴随着我的成长。在现代的家庭，教孩子学音乐、学乐器是很普遍的事，据我所知，在条件比较好的家庭，学钢琴或小提琴几乎是每个孩子的必须经历。

人们普遍认为，音乐在生活中的实用性不大。而这些父母又不遗余力地让孩子学习音乐的目的又是什么呢？有的父母想让孩子多一种爱好，有的父母则想让自己的孩子成为天才，还有的父母希望自己的孩子可以像天才音乐家帕格尼尼那样，成功之后给父母带来许多的金钱。这些父母的动机正确与否我们暂不讨论，但是，不能否认的是，通过学习音乐，确实可以获得许多智慧与乐趣，还可以陶冶性情，培养对艺术的感知能力。大家都知道，音乐是不可捉摸的，它完全是抽象的，它是看不见也摸不着的，它不像语言一样让人一听就懂。但是生活中无穷的智慧和丰富的思想却蕴藏在这抽象的音乐之中。

入门时先学习技巧是许多孩子学习音乐的方法，但他们通常会因为学习技巧的困难而对音乐产生厌恶感，因为在这样的学习过程中，他感受不到学习音乐的乐趣。其实技巧并不能代表音乐的一切，尽管它在演奏乐器中非常重要。从某方面来说，情绪、思想才是音乐的核心，而技巧只是音乐的附属部分。

人们对我有一种误解，认为我学习音乐只是工作和学习之余的一种消遣，其实，我从音乐之中所得到的东西，已经远远超出了娱乐和消遣的范围，我一直把它当成我的第一爱好。

小时候，在音乐老师要求下，为了尽快掌握音乐的基本知识，我每天净弹那些单调枯燥的音阶。虽然这是必需的，但是我并没有从这种学习中学到东西，也感受不到丝毫的乐趣，这使得我对音乐失去了原有的兴趣。有一天，我鼓起勇气对父亲谈了我对学习音乐的感受，以及我不想再学下去的打算。当时父亲没说什么，只是问我："音乐只是枯燥无味的音阶吗？它不美吗？""不是，许多大师的音乐作品能带给我快乐，我能得到许多说不清但却能感受到很真切的东西。我很喜欢那些大师的作品，像贝多芬、莫扎特、巴哈、帕格尼尼、维瓦尔等。"父亲问："既然如此，为什么你会不想学呢？"我说："我弹这些音阶感到很费劲，一点也不美，它并不像大师们的音乐那样优美动听。"父亲问道："卡尔，你想过吗？音乐是由什么构成的？它们是通过什么来表达的？"
"当然是声音呀！无数的音阶和音符构成了音乐。""对啦！动听的音乐是由音阶所构成。你为什么不愿意进行音阶的训练呢？"听了父亲的话，我无法反驳，只好吞吞吐吐地说："如果实在要学，我愿意学大师的作品，音阶实在太枯燥了。"父亲说："大师的音乐确实很美，但是音阶是音乐的基本元素，如果不能熟练地掌握音阶，就不可能有更进一步的发展。音阶是音乐不可缺少的一部分，其实它也有很大的魅力和美感，只是你没有认真地去认识它。许多优秀的音乐家，他们能把最简单的音阶弹成美丽动听的音乐。所以，要想真正进入音乐殿堂的大门，你就必须全心全意地投入到音乐里去，从音乐的最基本元素——音阶学起。""我相信您的话是完全正确的，可是练习音阶实在是太难了。""这个世界上的每件事都有难度，在学习音乐的过程中，更大的困难还在后头，如果连学习最基本的音阶你都觉得难，都不愿去掌握，那你最好就把它放弃了吧。"见我没说话，父亲又耐心地劝说我，"我常教导你，要你做一个有智慧的人，而有智慧的人，他们能从小事做起，从生活的每一个细节中发现美。他们会努力地去克服一切困难。"

从那以后，我对音乐有了更深入的认识，也开始认真地去学习掌握音阶。我在学习音乐的过程当中得到了无穷的乐趣和智慧——"一切从小事做起，努力争取才能取得成功。"

11. 在学习中获得智慧

父亲认为，一个人如果只做学问，但却不能获得智慧，那还不如不做。他最不喜欢的是那种"书呆子"，也就是读死书、死做学问的人。我很幸运，有这样一位明智的父亲，我很赞同他的观点。我的童年生活之所以非常幸福，就是因为父亲一直用我能接受的方式来教育我、训练我的大脑，让我在学习中获得智慧。他不像别的父母那样强迫孩子去学各种知识，或者机械式地去研究学问。

现在，几乎每个父母都在为自己孩子的教育费尽心机。他们认为教育就是让孩子做学问，好像孩子的人生目标就是具备各种知识。在这种情况下，孩子只能盲目地去接受知识，不能从知识中得到智慧。这样，尽管有的孩子掌握的知识很丰富，但他们不能把知识运用于实践，只能算是一个接受知识的工具而已。他们不能从学问中找到对自己有用的东西，当他们长大后，仍然是一个什么都不懂的庸才，这便是读死书、死做学问的严重危害。这样的人没有能力，没有智慧，只能算是一个不错的记事本。众所周知，任何一门学问的学习，都是要花费时间和精力的。所以说，那种只知死读书的人其实是在浪费时间和生命，浪费上帝赐给他们的财富。

可能有人会说，你这种想法太现实了，培养孩子学习知识是不应该计较得失的，再者我们本来就要学习知识的。我对这种说法只有摇头苦笑叹息而已。我说过，许多知识的掌握，只要学习得法，其实都不必花太多的精力。可笑的是，有许多人并不知道启发大脑，只会机械式地教育孩子。这种没有想象力、死板的教育，只会浪费孩子的宝贵时间。但这种没有效率的教育方法，现在还为大多数人所使用，这是非常悲哀的。更让人难受的是，许多人到现在都还没认识到这种做法的错误。

我出生时是一个"低能儿"，但是上帝待我很公平，仁慈的他赐给了我一个优秀的父亲，给了我最富有智慧的教育方法。这些都是世界上很少有人能拥有的财富。父亲认为，知识和学问固然重要，但它并不是全部。聪明和智慧才是一个人最重要的东西。父亲曾对友人说过："只有傻瓜才会认为一个所谓的学者比一个有才能、有智慧的人更有用。实际上，真正的笨人是指那些在知识和学问当中得不到智慧和启迪的人。这种人最好不要掌握太多的知识和学问，因为掌握得越多，他们就会变得越愚蠢。"

很显然，父亲是想教导人们，学习知识要用好的方法，而不是不要人们去学习知识。前面我已提过，在三四岁时，我就获得了许多知识。在我最先接受教育时，睿智的父亲就让我在思想中形成了这样一个观点："学习是必需的手段，但不是全部的目的。"在我现在的学问研究和教学上，我一直以这种观点为宗旨。我阅读了大量的书籍，获得了许多知识，进行了许多研究。在这些学习和研究中，我没有变成一个"书呆子"。这个铁的事实证明了父亲的观点是非常正确的。

我在对但丁的研究中提出了许多具有挑战性的见解，23岁时我就发表了《但丁的误解》，从这儿可以看出，我不是一个"书呆子"。我在学习中得到的，除了学问本身以外还有另外的一些东西，不然我怎会有这些见解呢？这一切，我都要感谢我的父亲。

12. 交叉学习法

人们都认为，我一定从小就很认真。是的，我的确很认真，但我和父亲对认真的理解与别人截然不同。父亲在日记中写道：

今天，米盖理希先生对我说："威特先生，你的儿子卡尔取得了这么好的成绩，他一定是很努力用功吧！"我说："当然，没有努力就不会有成功。"

米盖理希先生说："可以想象，你儿子一定从来没有时间去玩，每天都是在废寝忘食地读书吧？"

我回答道："不，卡尔玩的时间可多啦！他虽然很努力，但他也和别的孩子一样喜欢玩。"

"米盖理希先生认为我没有讲实话，他根本不相信。我是信仰上帝的，上帝可以作证，我根本没有说谎。如果我的教育方式能为别的父母和孩子带来好处，能为别人所接受，这是我求之不得的事。我怎么会隐瞒呢？"父亲在日记中写道。

我相信父亲所说的话一定是真的。前面我已反复说过，我能掌握那么多的知识并且每一项科目都取得优异的成绩，完全是因为父亲对我教育的成功。

我的童年是充满乐趣、五彩缤纷的，并非整天关在书房里足不出户。

除了之前提过的方法外，"交叉学习法"是父亲的另一种独特的教育方法，那就是，在每天的学习中，随时根据学习情况转换学习内容。父亲明白，再好的东西，如果整天面对它，也会产生厌倦感。这就是人们喜新厌旧的心理。学习也是一样，如果整天面对同一类知识，大脑也会感到厌倦。那么，怎样避免这种情形的发生呢？适当转换学习科目，不断变换学习对象，这就是最好的方法——交叉学习法。

有一天，我遇到一道较难的几何题，尽管在解题过程中间，我已休息了几次，但我仍是头昏脑涨，做不出来。父亲看到我不安的神情，他便问我："卡尔，你今天怎么了，怎么坐立不安呢？"我说："我不知道这题怎么解。也许这道题太难了吧？"父亲问："你很累吗？"我说："是的，很累，头也很疼。"父亲说："用功也不能不顾休息呀！你该休息了。"我说："没有用的，我已经休息许多次了。""这题花了你多长时间了？""两个小时吧。""卡尔，以你的水平，应该能解出这道题的。"父亲仔细看了看那题，然后说道。"我也这样觉得，但就是做不出来，不知道为什么。""你先完成其他的功课，这题先放一放吧！"父亲说。"可是这是半途而废的做法呀！不妥当吧？这是弱者的表现呀！"我说道。父亲说："现在如果停止学习，会影响你的学习计划；如果继续做下去，你会更加疲劳；如果先把这道题暂时放在一边，等完成其他功课后再来做它，效果也许会变得更好。暂时放一边，并不是遇到困难就退缩，它只是一种学习方法，并不代表你没有恒心，你明白吗？"

既然父亲说暂时放一边并不是懦夫的表现，也不会影响学习计划，我便开始学习其他的科目，把那道几何题放到一边去了。当时我学的是一些地理知识，当我拿到地理书时，一件奇怪的事情发生了，我刚才昏沉的大脑突然变得清醒，而且顺利地完成了地理的学习课程。再休息十分钟后，我再一次拿起了那道几何题。这次我却发现那题并不太难，有如神助一般，我不但轻松地解出了那道题，而且还找到了两种解题方法。做完功课后，我高兴地告诉父亲："爸爸，那道题其实并不是很难，你说对了。"父亲笑道："世界上根本没有不能解决的难题，只不过是没有找到正确的方法。"

在往后的日子里，这种"交叉学习法"是我最常用的。这种方法我不只用在学习上，从哈佛大学毕业后，我还把它用在工作和生活中，这种方法让我受益无穷。

在父亲的指导下，我总是用灵活的方式解决问题。当我在工作或学习中遇到困难时，我都会先把困难的问题暂时放在一边，而不会去死钻牛角尖。我发现，等我完成别的事情后再回到这些问题上来时，原本困难的已变得不再困难了，就这样，我花了较少的时间，比较容易地处理好了那些当初让我头疼的问题。

第五章
全面发展，不偏不废

　　对孩子的教育，首先要考虑发展他先天的个性，培养他的独特见解和首创精神。只有这样，才能让他成为有鲜明特点的人，才能让他在成年之后拥有新的观点和思想。这样，他才能够为这个世界做出一些相应的贡献。

1. 同情心是人生最美好的东西

　　每个人生活在社会上，并不是孤立无援的，他总是要和社会上形形色色的人和千变万化的环境有着不同程度的联系。在学业上也是如此，每个人都不能只单纯地从某一方面发展，而要统筹兼顾，全面发展。例如，在学习书本知识时，有的人就只偏重某一科或某些科，而对其他科目却一无所知，这是非常有害的，一定要齐头并进，共同发展；还有的人只倾向于学习书本知识或只在体育方面比较突出，而不注重其他方面的发展，最终只能成为偏重于一方的"瘸子"，所以要在综合平衡中，德、智、体、美、劳全面发展。

　　父亲和母亲同心协力，下工夫培养我在常识、想象力和个人爱好等方面的能力。父亲不喜欢没有个人爱好和基本常识的人。他还努力培养我的情操和情感，使我具备高尚的品德和分明的爱憎好恶。

　　父亲力图让我学会怎样去爱别人，让我懂得什么是同情，什么是人生最美好的东西。他告诉我，"具有同情心的孩子都不会霸道蛮横，能从事对社会有益的事情。比如帮助他人，分担他人的痛苦等等。这些孩子更能得到社会和他人的喜爱，不管在学校和日后的工作中都会有更多的机会，成人后更能与朋友、家庭建立起亲密无间的关系。"他告诉我要懂得爱是上帝赐给我们最伟大的力量，接受别人、同情他人的人所得到的回报将是无限的。

　　父亲还曾经跟我说过，"我们每个人都应该关心他人。我们每一个人都受到过别人的帮助，我们应该随时准备着把别人对自己的帮助转为对别人的关心。"

多年以前父亲给我讲述了一个发生在我小时候的故事。

那是一个令人心旷神怡的黄昏，和往常一样，父亲牵着我的小手，一边散步一边耐心地解答我那些如潮水般涌来的问题。

一个流浪汉从我们身边走过。没想到，这个流浪汉却引起了我的注意。我抬起头问父亲："他为什么要流浪？他需要什么呢？"父亲没有立刻回答我，因为对于我提出的问题，他总要给我一段自己思考的时间。这一次，我并没有像往常那样反复追问，而是跑上去追上流浪汉的步伐，向他提问："先生，您为什么要流浪？您需要什么吗？"

"我需要一个面包……"流浪汉哈哈大笑起来，他或许从来没有想过一个只有5岁的孩子能够帮助他什么。

"先生，请你等一等。"我的话音未完，便向家的方向飞奔而去。

流浪汉问我父亲："先生，这是您的孩子吗？"

"是的，是我的儿子。"

"多可爱的孩子啊，他真幸运……"

站在路边，父亲和流浪汉攀谈起来，他告诉父亲他家乡的情况，讲他的流浪生活以及他对命运的感叹。

不多久，我气喘吁吁地跑了回来，手里拿着两块面包。我看了看父亲，他微微点头表示赞许。

"先生，这是我和我的家人送给您的。"我把面包递到了流浪汉的手中，我的神态和动作都在说——请接受吧。

事后父亲问我："你当时怎么会有给流浪汉送面包的想法？"

"我想你和妈妈都会赞成我的做法，因为你曾经对我说过，人只有在行善时，才能接近上帝。"

很多的孩子，在成长的过程中都能自然而然地产生出同情心，这是一种天性。随着他们认识能力的成熟，渐渐能区分出他人精神痛苦的不同表现，并能用行为表达自己的关心。

有的孩子不关心人，行为邪恶或残忍无情，大多是由家庭的不幸和早期教育的不足造成的。如果希望孩子能够更加关心和爱护他人，正确的家庭教育以及父母的品德和行为是至关重要的。

父亲在教育我的时候，不只是让我记住一系列道德规范，因为简单的背诵不会对我的行为产生影响，而是在平常生活的言行中去让我体会真正的爱心，真正的善良。

父亲告诉我，做一个高尚的人是最大的幸福。高尚的人能够理解别人的思想，能够体会别人的情感。高尚的人能够克制自己，能减轻他人痛苦，能替他人分忧。

由于父亲对我进行的深刻教育，使我很小就懂得，做一个高尚的人比那种单单是学识渊博的人更能得到别人的尊重。

如果你们希望孩子长大后具备爱心、同情心以及责任心，那么现在就开始吧，重要的是必须对他们寄予这些希望。当我还很小的时候，父亲就用这种美好的行为教导我，并且希望我也能这样做。他相信，他的希望永远都不会遭到我的拒绝，而且他也从来没有降低对我的这种希望。父亲是一个非常自信和坚强的人，他从来都不会因为自己的某种期望破灭或受挫而放任自流，而是继续坚持到底。由于他非常相信我，并且也坚信我将来会成为一个很棒的男子汉，所以，他也认为我能在这方面做得很好。

无论我的年龄有多小，他都把我放在和他一样的位置，从来没有因为我是个孩子而忽略我，也从来没有因为我太小而纵容娇惯我。在我的家庭中，我们是平等的。

我在3岁时，父亲便要求我自己的事情自己完成。事实上我也做得非常好。我那时已经能够帮助母亲做一些简单的家务：擦去桌上的灰尘，帮忙把餐具摆好等等。随着年龄的增长，我能够做的事也越来越多。因为帮着家里人做家务，也是帮助他人的一个方面，这是很好的事情。

父亲告诉我，帮助别人是爱心的表现，是来自千万人心底里的善良。善良是人掌握在手中的最有力的工具，它具有无穷的力量。

"凡与卡尔相识的人都夸他'像天使般的纯洁'。他是个富于爱心、和蔼可亲的孩子，他从未与人争吵过。对待自然，不要说动物，就是一朵野花，卡尔也舍不得乱摘。"

"我为儿子的高尚而感到骄傲，能感觉到他内心之中光明的东西，为此我感到欣慰。"

这是父亲在日记中写的两段话，从中我们可以看出父亲对我教育的成功，而父亲对这种成功又感到无比的高兴。

2. 做自己能做的事

"勤能补拙是良训，一分辛苦一分才"。从小就培养我勤劳的好习惯，这也是父亲对我特别注重之处。父亲一直认为，幸福的源泉是勤劳，而一切恶习的根源则是懒惰。一个孩子的精力如果用错了地方，就会具有一种破坏力，但是只要他养成勤劳的好习惯，就不会变成一个坏人。

父亲在育儿日记里详细地描述了他培养我勤劳习惯的做法。

"卡尔已经2岁了，今天我把他妈妈和柯蒂一起叫来对她们说，以后让卡尔自己做他自己能做的事。柯蒂一听马上叫道：'他这么小会做什么？他会受伤的，你疯了！'要让别人理解我总不是很容易的事，我只好向她们解释，如果什么事都不让他做，不给他自己动手的机会，卡尔就会什么都不愿做和什么都不会做，这样就会出现很恶劣的后果。比如对自己的行为不负责任，爱依赖人等等。说了一大堆话，也不知她们听明白了没有。可是，今天卡尔的表现，却马上就把她们说服了。"

"今天下午，卡尔手里拿着点心在客厅里蹒跚学步，似乎对什么都感兴趣，东摸摸、西瞧瞧，点心掉在地上了，他还是自顾自地往前走。于是，我抓住这个机会，用手指着垃圾桶，意思是叫他把点心捡起来，扔进垃圾桶里。他看着我，好像没有明白我的意思。我便说道：'卡尔，把地上的东西捡起来，扔进垃圾桶里去。'他还是没有动。他的妈妈插嘴道：'算了，他还小，不要让他做。我来。'这时柯蒂迅速走了过来，准备去捡。我告诉柯蒂：'不要动，柯蒂，让他自己捡。'卡尔望了我一眼，似乎想看一看如果他不听我的话，我将会把他怎样？他又向前走了几步，想离开，我立刻走了过去：'卡尔，做自己能做的事才是乖宝宝，这是你自己弄掉的，就应该自己捡起来，是不是？'在我坚定的目光下，卡尔屈服了，他慢慢蹲下身子，把那块点心捡起来扔进了垃圾桶里。"

就这样，当我3岁时，我就可以帮母亲做一些简单的家务工作了，比如擦地、摆餐具等等。

当然，事情并非总是那么顺利，因为每个人都有惰性。在孩子们学会做许多事后，他们可能会对做家务失去兴趣，因为他们会感到枯燥乏味，并把它当成一种负担。这时如果父母还是采用命令的方式就行不通了，我的情况就是如此。我做家务热情最高时是两三岁，到了六七岁就没有了兴趣，有时父亲安排给我的事我还会偷懒。这种时候，父亲就会耐心地跟我讲做家务的重要性。

父亲一般都采取讲故事的方式来让我明白道理。记得有一天，父亲出门时看见我房间很乱，他就叫我收拾一下，我口头答应，却不想动手。其实我是有时间的。一直到父亲回来，我仍然在床上看书。父亲便问道："卡尔，我不是叫你收拾自己的房间和洗自己的手帕、袜子吗？""知道了，马上就做。"我嘴里答应着，但还是没有动。"还要等？你上午就答应了，现在天都快黑了，你还是什么都没做。"父亲紧逼不放。我不耐烦地叫道："哎呀！我现在在看书，没时间，让柯蒂帮我做好了。"

听到我说要柯蒂帮我做，父亲很生气，但他并没有发怒，只是用平静的语气说道："卡尔，你不想做事，我给你讲故事好不好？"听到父亲要给我讲故事，我赶紧从床上爬起来说："好呀！好呀！""从前，有一个父亲，他有两个儿子，他很爱他们，什么事都不要他们做，害怕儿子太累。""就是嘛！而你却总是让我做事，人家的爸爸多好。"刚听到这儿，我就插嘴道。"别打断，听我讲完再说。两个儿子中，哥哥很高兴父亲的安排，一天到晚什么都不做，躺在床上整天睡大觉，养得白白胖胖的。弟弟很有孝心，他懂得心疼父亲，每天帮助他做事。不久，弟弟学会了做饭、洗衣服、种田、挤牛奶，还会做一些工具。后来，他们的父亲去世了，两兄弟也长大了，他们分了家。弟弟每天在外工作，赚了很多钱，娶了妻子，生活得很幸福；可是哥哥还是天天在家睡觉。有一天，弟弟去看哥哥，发现哥哥还是住在原来的房子里，房子坏了也没修，老远就闻到一股臭味。当弟弟推开哥哥家的门时，你说弟弟看见了什么？""我知道，一定是哥哥已死在床上了。"我回答道。"答对了！可是你怎么知道的呢？""因为哥哥不做事，所以饿死了。""那么，你是想学弟弟还是想学哥哥呢？""我才不学哥哥，我是勤劳的小蜜蜂，才不会被饿死。"我叫道。于是，我开始收拾房间。父亲开玩笑道："躺着多好啊，何必要做事呢？""爸爸，我不是傻子，你讲的道理我都明白，我也懂得勤劳是一个人最好的品德。"

3. 在荣誉面前保持清醒

在人们的心中有一种误解，认为做一个神童是光荣的事。神童就如同被众星捧月一般，很顺利地过完人生。但我知道，其实神童的生活也并不是很容易的，他们常常要面对各种误解和怀疑，这还不算什么，最可怕的是他们成天被赞美和表扬包围着。人们对神童总是过度地夸奖、过度地表扬，也不管孩子是否能承受这些，这是断送掉一个神童前途最快捷的方式。因为孩子听到这些过分的夸奖后，他们很容易变得骄傲、狂妄，他们会对眼前的成绩感到满足，从而失去继续努力的动力。毕竟他们还只是孩子，他们根本就不可能理智地对待这种过分的赞扬。骄傲毁掉了不少神童，我就认识其中的一个。

比尔是父亲朋友的孩子，他一出世就聪明非凡，特别是在音乐领域他更是表现出惊人的天分。当他2岁的时候，不管是什么曲子，只要听一次，他就能学会。5岁时，他就能很好地弹钢琴和拉小提琴，还会自己写曲子。7岁时，他就举办了个人音乐会。人们都说他是莫扎特第二，说他一定会有辉煌的、不可限量的前程，他是一个音乐神童、一个天才。在这种情况下，比尔的父母没有保持住清醒的头脑，也同别人一样过分地夸赞自己的儿子。他们说，老师现在都已比不上比尔的水准了，比尔将来一定会成为像巴哈那样著名的音乐家。他们全家人的生活开始以比尔为中心，把他当成了一个宝贝，而这些过分的夸奖给比尔的心理造成了极大的负面影响。

于是，他开始以"天才"自居，并且展现出自己的"天才"风范。他不但对人没礼貌，而且还狂妄地说："200年出一个贝多芬，而500年才出一个比尔。"看见这种状况，比尔的老师很担心，因为他知道，其实比尔在音乐上还需要做更多努力及学习，他和那些大师的差距还很大。他多次劝比尔不要骄傲，比尔终于发怒了，怎么可以这样教训一个天才呢？有一天，他非常无礼地对老师说："你真啰唆，那么多人请我开个人音乐会，这就说明了我的表现很好嘛！况且，我早就明白你所说的这些音乐的内涵了。"老师仍然耐心地说道："但是，我确实发现你存在的一些问题呀！如果你在学习期间不能改掉这些毛病，以后是不会有更大成就的。""那些根本不算问题，那是我对音乐的理解。我故意这样做的，这就是天才对音乐的突破呀！像你这样墨守成规的平凡人当然不会理解到这一点。"尽管比尔这样没礼貌，老师还是不想放弃比尔这个人才。为了使比尔能更明白音乐表现方面的东西，老师开始做示范，但在这个过程中，老师碰巧犯了一个小小的错误，这一下被比尔抓住小辫子了，他傲慢地嘲笑老师道："老师，你这样的水准还配教我吗？你自己还不怎么样呢！"老师气得马上辞去了工作，尽管他也承认比尔确实是个不可多得的人才。

后来有一次，我听到这位老师同父亲的谈话。老师说，当他辞去工作的那一刻，他确信比尔是不可能成为一个伟大的音乐家的，他过去以及别人对比尔的看法都是错的。后来的事实证明比尔的老师说对了。老师走后，比尔告诉他父亲，他不再需要老师，因为世上已没有人配做他这个百年难遇的天才的老师。比尔的结果是可想而知的。不久前，有人告诉我，因为过量饮酒，比尔已变成一个酒鬼。他丧失了听力的敏锐和手指的灵巧，他现在连最基本的音符都不能弹好，当然更不用说乐曲了。但是，他还是不知道反省，只会埋怨别人，说人们不理解他，还说天才是注定会被世人所扼杀的。

我知道确实有很多天才，当他们还不出名时，许多人都不能理解他们。但是比尔却从来没写出一首优秀的作品，连平凡的作品也没有，因此他的情况和那些伟人怎么会相同呢？他的骄傲自大早就把他的天分消磨得干干净净了。

比尔最终成了一个可悲的负面教材，从他的身上，我明白对神童最具危险性的就是世人过分的夸奖。因为听惯了众人的夸奖赞美，他们就会变得骄傲自大。而世界上最可怕的事就是骄傲自大，不管你是天才还是神童。

幸运的是，我有一位明智的父亲，我很感谢他。我之所以会取得今天的成就，全是因为他知道这种情况的危害性。为了不让我受到影响，保持一个良好的心态，从小他就教育我要谦虚。父亲总是反复告诫我，上帝是无所不知、无所不能的，人在上帝面前不过是沧海一粟，微不足道。不管这个人有多么聪明，多么明白事理，多么知识丰富，也只不过是大海里的一滴水，一点都不值得骄傲。其实，世界上赞美的话语八成都是过度的吹捧，而许多可悲的人却非常相信这样的吹捧，这不是很可笑吗？所以父亲不常称赞我，当我在课业上取得很好的成绩时，父亲也只不过说："嗯！不错。"我做了好事时，父亲的夸奖会多一些，但顶多是说："做得对，上帝会很高兴的。"如此而已。

如果想博得父亲的亲吻，则是非常困难的。除非我做了极大的好事，父亲才会亲吻我一下。

父亲从不轻易表扬我，而且别人对我过分的夸奖，父亲也是尽力避免。记得小时候，当家里来了客人时，父亲就会叫我出去玩，不要我听那些赞扬的话。有人对父亲的这种做法非常反对，说他是个"老顽固"，因为这些不听劝阻的人执意要过分地夸赞我，而成了父亲的"拒绝往来户"。对于别人的议论，父亲从不在意，因为他知道，要想纠正小孩子的自满是很困难的事。尽管父亲做了极大的努力，但骄傲仍像杂草一样驱之不尽，特别是在我六七岁时。

那时我刚刚取得了一些成就，但心智还未完全成熟，面对人们潮水般涌来的赞扬我有一些骄傲和飘飘然了。人们都说我是一个前所未有的"天才"、"百年难遇的神童"。父亲及时发现我开始滋生的骄傲心态，语重心长地对我说："卡尔，你知道人们赞扬你的原因是什么吗？""因为我比别的孩子懂得更多。""那又能怎么样呢？世界上有许多人，他们因为自己学问较少，便对有学问的人很崇拜。但是世人的表扬是最反复无常的，它来得快去得也快。世人赞赏有学问的人，上帝赞赏做好事的人，要想得到上帝的赞赏，需要长期不断的做好事，因此，上帝的赞赏才是最宝贵的。聪明的人既能听别人的好话，也能听别人的坏话，只听得进好话的人是愚蠢的人。"

从那以后，为了让我知道骄傲自满的严重后果，父亲经常跟我讲比尔的故事。父亲也常带我去拜访一些很有智慧的学者，以便我能受到那些学者谦虚美德的影响，培养我具有谦虚的品德。

让我印象最深的是格拉彼茨牧师，他每次看见我都会说："小伙子，记住，谦虚是上帝的美德。"

父亲也常常对我讲许多智者的言行典范，如苏格拉底、哥白尼、但丁、歌德、贝多芬、莎士比亚、米开朗基罗等等，与他们的学问和成就相比，我知道自己简直渺小得像尘土。从此，我心里不再骄傲和自满，让谦虚的美德充满心中。

4. 做健康、全面、正常的人才

有的时候真是人言可畏，当你做事失败时，在某种程度上便成了一些人饭后的笑柄，当你做事成功时，这些又成了他们茶余的谈资，或是嘲笑诽谤或是忌言恶语。在我学有所成的时候，人们开始议论我的父亲了，他们七嘴八舌地猜测他培养我的动机。有人认为父亲教育我的目标就是造就一个非凡的学者，更有人说父亲对我的教育就是想把我培养成一个一鸣惊人的神童，他们甚至还认为父亲对我的教育是为了满足他个人的虚荣心。

听到那些无聊的议论后，父亲感到非常难过。他们误解了他，误解了他教育的目的。

父亲的初衷只是想把我培养成全面发展的人才，所以才挖空自己仅有的一点智慧，在不影响工作的情况下，尽力把我培养成健全的、活泼的、幸福的青年。

他想让我成为身体和精神都全面发展的人。每当他看到我只热衷于希腊语、拉丁语或者数学时，就立即想办法纠正我的这种倾向。

有人认为他只是热衷于发展我的大脑，这是错误的。在对我的教育上，他特别下力气的与其说是智育莫如说是德育。他不想把我变成一个聪明却不近情理的人。对于他来说是不是神童并不重要，重要的是全面、完美，起码要让我近乎完美，这才是他所希望的。

在我儿子出生后我也深深地感觉到，父母以及其他家庭成员的行为，对孩子的成长起着决定性的作用。家庭是孩子成长的摇篮。家长的言谈举止、行为作风，无时无刻不影响着孩子。

父亲只是一位乡村牧师，并且自认为还称得上是虔诚的信徒。对于我性情方面的培养，他一直是特别注意的。他不想让我成为这样的孩子：本人是牧师的儿子，熟读圣贤之书，却整天油腔滑调，胡作非为。这样的人，即使具有非凡的才华，那也不能算是人才。因此，我从小就以精通圣书而著称，尤其是基督教教义，我全部都能背下来，而且确实照教义指导行事。

无论是我家的朋友还是邻居，绝对看不到父亲对我没有理由的娇宠，我犯了错误一定会受到纠正。父亲是在尊重我独立人格的前提下，对我进行应有的管束，让我明白，我的行为不是没有边际的，不可为所欲为。

无论对什么人，父亲都教我必须懂礼貌，说话客气，对父母也不例外。让我知道懂事而有礼貌的孩子才会受到夸奖。

父亲告诉我，在我很小的时候，他就开始培养我独立生活的能力。因为溺爱和娇宠是孩子独立人格形成的最大障碍。这样他就让我学会尊重他人和自我克制，知道自己应对自己的行为负责任。而对他个人来说，作为我的父亲，也应该为我日后的独立生活负责。

父亲让我学会许许多多的东西，但决不想把我变成那种呆头呆脑、板着面孔、难于接近的人。如果我只是成为一个满腹经纶、知识丰富，却不能像其他人一样适应社会，不能对其他的人有所帮助、有所贡献，那样的话，父亲一定会感到难过和愧疚的。

在我很小的时候，我的父亲和母亲非常细心地照料我，但从不娇宠、溺爱我。父亲很少将我抱在怀里，而是让我随便的爬。他认为父母应该是孩子最早的教师，而不应该是他的保护神。当我不慎摔倒在地时，在大多数的时候，他不会去扶起我，而是让我自己站起来。父亲就是为了让我明白：不能永远依靠父母，要靠自己。

我认为，对孩子独立能力的培养，是对孩子的一种真爱，那种对孩子的娇宠和过分的呵护只会让孩子在将来的生活中吃尽苦头，那可怕的结果只能是一种罪过。

缺乏忍耐、不能自我克制是没有修养的，是会令人瞧不起的。即使是孩子，如果不能学会忍耐，将来也不会有大的作为。在我的家庭中，如果我儿子受到伤害，即使他大哭也绝不会在我这里得到过分的安慰和同情。我的妻子常说我是个铁石心肠的冷血动物，但时间长了，我想儿子会渐渐地明白，他是生活在一个只能依靠自己的环境当中，不管是哪种痛苦，都不应该求助别人，要自己忍耐。日复一日，他将会慢慢地形成一种坚忍不拔的性格。这也是我承袭了父亲教育我的做法来教导我的儿子。

在父亲看来，坚忍不拔是世上最了不起的美德，它是与上帝同在的。

当我成名后，人们就把我称为"神童"。结果有人却说父亲要造就神童从而一鸣惊人，这种说法是一种偏见，更是一种诬蔑。父亲从来就没有想过要把我培养成所谓的神童。

父亲认为神童只不过是温室里的花草而已。而他真正想培养的却是健康的、全面的、正常的，而不只是在某一方面超常的、短暂的神童。在他的日记里是这样写的："如果我有把儿子培养成什么神童的企图，那我不就成为伤害他人、冒犯神灵的人了？！"

5. 要有优良的性格

性格决定人生，这真是自古不变的真理。那些伟大的人之所以能成就伟大的事业，也就是因为他们具有伟大的性格。性格是人生前行的领航灯，同时，性格也是人们所具有的能力。如果一个人的性格开朗直爽，那么他就很容易被人所接受，交往活动范围广泛，就有走向各种人生道路的可能性。如果性格孤僻，他的交往活动就只会在狭窄的范围内，做任何事情都不愿同人们直接配合，结果往往是半途而废。从某个方面说，性格是决定一个人成功的关键。

我对我儿子的教育，除了培养他学习知识之外，更是把培养他优良的性格放在很重要的位置。我为了让儿子具备各种能力和美德，一开始就从日常生活的点点滴滴上对他进行长期的性格培养。

性格是在孩子的生命力适应周围环境条件的过程中逐步形成的。孩子一生下来，根本不存在什么直爽开朗的性格或孤僻内向的性格。性格是孩子的生命和作为生存能力而表现出来的一种姿态。

有的孩子性格直爽、开朗，有的孩子孤僻、内向。我认为这些不同的性格既不是天生的，也不是孩子独创出来的。当孩子的生命力作为现实生活能力得不到充分锻炼时，总觉得自己与现实生活相背离，不能很好地去适应，其结果就体现在孩子失去了原有的那种直爽、开朗、刚强，反而出现了与原有天性不太一致的不良性格。

性格是会被改变的，而且会被不断的改变。如果生活环境一旦变化，人的性格也有可能变化。这种性格的变化是由于要适应变化了的生活环境所造成的。

很多父母都指责自己的孩子养成了坏习惯，并希望他能够改正。但如果不反复正确地加以引导，其坏习惯就不易改变。

虽然性格会改变，但我相信，性格的基础是早期生活奠定的。最初几年的生活习惯，父母的态度，家庭气氛，都会使孩子的性格慢慢地改变。因此，每一个习惯在其开始形成时都应该特别重视。

在我的成长过程中，父亲一直在仔细地观察我，尽量做到在不使我自尊心受到伤害的情况下去了解我的内心世界，目的是想在我有烦恼的时候给予我及时的帮助。如果我有什么不顺心的事，他会想尽一切方法使我将苦恼一吐为快，尽力不让我把不高兴的事闷在心里。他希望我能够成为开朗而快乐的人。

如果我没记错的话，五年前的一个圣诞节我回家看望父母，那天晚上在和父亲谈心时，他给我讲述了一个发生在我3岁时的一件事：

"那一天，我从外面回来，看见你独自一人坐在院子里出神，你的表情看起来有些忧伤。因为你的性格一直比较开朗，你那天的举动让我感到奇怪。我于是就向你走了过去，蹲在你的面前问你发生了什么事。"

"你抬头望了望我，轻声地叹了一口气，又重新埋下了头。"

"'卡尔，怎么啦？有什么事令你那么不高兴。'我问道。"

你仍然一言不发。

"'儿子，爸爸最爱你了，你有什么事不应该瞒着我。你每次有困难不都是爸爸帮助你的吗？'我看见你那天的模样，断定你一定有什么事憋在心里，或许还是一件对你来说挺大的事。"

"'卡尔，爸爸对你最大的希望，就是想让你成为一个快乐的人。其实，无论什么问题都能解决，只要你有一颗快乐的心。'我继续对你说，尽力通过语言去开导你。"

"'爸爸，我觉得我不是个男子汉。'你终于说话了。"

"'为什么？'"

"'因为我遇见了威尔特，他是村里一个农夫的儿子。他嘲笑说我不够健壮。他还脱了上衣冲着我显示他的肌肉，说像他那样的才是男子汉，而我不是。'"

"其实你的身体一直都很好，非常健康，但确实算不上一个非常强壮的孩子。本来这不是一个问题，但你却在这时受到了伤害。弄清楚了你不高兴的原因后，我就开始给你讲一些关于男子汉的道理。"

"'卡尔，你要知道，一个男子汉并不只是身体强壮。真正的男子汉需要有智慧，有坚强的毅力，并且敢于承担生活中的一切困难和挫折，应该有超人的勇气和决心。'"

"你仔细想一想，你现在还是个孩子，就已经掌握了那么多的知识，又懂得那么多的道理。等到你慢慢长大后，这些知识和道理就会慢慢转化成智慧。而且，从我的眼光来看，你一直是个勇敢的孩子。虽然你的身体在孩子中不算是最强壮的，但也很健康。威尔特是个农夫的孩子，每天要帮助家里做很多活，而且他的年龄也比你大很多，他比你健壮是很正常的。我想，等你长到他那么大，平时又坚持锻炼，以后肯定会比他更强壮的。"

"威尔特这样对你说话，是非常不礼貌的行为，你干嘛要理会他呢？还有，你作为一个男子汉最重要的就是要有独立的头脑，这样才不会轻易被别人的评论所干扰。'"

"你那时听到我这样说，顿时欢欣鼓舞起来。起初的烦恼是由于听了别人的评价而对自己某个方面产生了自卑感，而你想通了其中的道理后，自信心又重新被找了回来。"

我不知道其他的父母在面对这种情况时是怎么处理的。但是父亲却认为，在这种时候不给孩子讲清道理，不打通他思想上的障碍，很有可能使孩子将这一问题永远埋在心里。他会常常为此而苦恼，会直接影响到他的性格，或许一个原本开朗的孩子会由此而变得孤僻、消沉。

对于我的教育，父亲就是用以上描述的办法让我时刻处在快乐和开朗之中的。

在我儿子出生后，父亲在信中这样告诫我，"孩子是否有优良的性格，在很大程度上决定着他能否成为一个全面的人才，也决定着他是否在将来有所成就。"

6. 一定要全面发展

为了得到国王的辞职允许，父亲带着我来到了卡塞尔。大臣们非常赏识我的学问，他们便建议我留在那里学习。他们向国王大力推荐我，后来在国王的亲自批准下，我进入了著名的哥廷根大学。

在哥廷根大学的四年大学生活中，我学习了许多课程，它们有古代史、物理学、数学、化学、植物学、解析学、博物学、政治学、文学史等等。在每一科上我都获得了更深入、更丰富的知识，而且在每一科上，我的成绩都非常优异。在这所大学的学习生活环境中，我对学习生活有了更深入的认识。

这时我引起了一些人的议论，可能是因为我的年纪小但成绩却很好的原因。

"卡尔·威特如果不是天才，就肯定是被他父亲逼着拼命的学习，不然，他的成绩怎么可能那样好呢？""这孩子真可怜，成了一个学习的机器，没有一点生活的乐趣。""为了达到自己出名的目的，不管孩子的死活，这种人真不配当父亲。"这是那些指责我父亲的话。

其实，不管这些人怎样说，我的学习没人强迫，过程也不是很困难，与多数人所认为不同的是，我始终都觉得学习是一件很有趣的事。父亲不但没强迫我学习过，反而一直劝我不要因为学习而失去生活的乐趣。事实上，人们对我的担心完全是多余的。真是天下本无事，庸人自扰之。我的大学生活十分轻松，因为在那里不但可以专心地学习，还可以和同学们一起参加各种社会活动，我觉得这是很有趣的。特别是在大学里我还结交了一群兴趣相投的朋友，他们就是我的琴友们。

前面我已讲过，我小时候，父亲不但注重对我书本知识的教育，还培养我对艺术方面的爱好。一直以来，音乐就是我的一大爱好，我最大的快乐也是从音乐中获得的。从小我就会弹钢琴、会演奏吉他；进入大学后因为钢琴太笨重，带来带去很不方便，于是我便把兴趣全部转移到吉他上。

事实上，吉他是最美妙的一种乐器。但在以前，音乐界对吉他的魅力没有加以重视，人们也认为吉他仅仅是民间乐器，登不上大雅之堂。然而现在许多人都发现了吉他的独特性，它可以伴奏，也可以独奏；它既能演奏出连贯的旋律，也能演奏出复杂的和声。

人们为了让它能够在乐器中取得一席之地，做出了许多的努力。终于，吉他与钢琴、小提琴被并称为"三大乐器"，它也被人们称为乐器界的"王子"。

刚进入大学时，我有一种想法："我现在已是大学生了，应该把全部的精力放在学习上，要暂时放弃其他的爱好。"因为在那时，我对大学有一种神秘的陌生感，我不知道我能否适应大学的生活，能否取得好成绩。父亲敏锐地察觉出了我的这种心态。

有一天，他假装若无其事地问我："怎么好久没看见你弹吉他了？"我说："我现在不想弹了。""为什么呢？""我现在要把全部的精力用在学习上。""你的意思是说，以后不再弹吉他，也不再学习音乐了？""也不完全是这样，只不过……""只不过最重要的不是音乐，是吗？"对父亲的问题，我无法回答便低下了头。父亲说："儿子，你忘记了我曾告诉过你的吗？学习是为了使自己获得乐趣，使自己的生活更加快乐。如果你因为学习而失去生活的乐趣，那么学习还有什么意思呢？""爸爸，那您说我应该怎么办呢？"父亲说："如果你真的对音乐失去了原来的兴趣，你可以放弃它。如果你还喜欢它，就应该每天都继续演奏你的吉他，它会带给你很多美妙的东西。"

从此以后，我对人生的意义有了更深刻的理解，也更深入地理解了学习与爱好的关系。

后来，我在吉他演奏上获得了很好的成绩，也通过吉他认识了许多志同道和的朋友。我们经常聚在一起讨论音乐以及有关吉他的演奏事项，讨论对某一把吉他的音色或对某一套琴弦特色的心得体会。

在那幸福快乐的日子里，我认识了很多吉他音乐家，比如优秀的吉他音乐家索尔、朱理亚尼、泰勒加、阿瓜多等等，也学习了《泪水中的帕凡》、《阿尔汉布拉宫的回忆》等乐曲，我也清楚地了解了这些音乐的地位和音乐家们对吉他音乐的巨大贡献。

我希望在以后的生活中，我的儿子也能感受到这些上帝赐予的美好东西，因此，现在我常演奏这些动听的乐曲给我的儿子听。

7. 父母应该教导孩子不能偏科

因为我的数学成绩非常好，我的数学教授米开斯维里先生专门来我家家访。他游说我父亲道："我认为卡尔在数学上极有天分，如果现在开始对他进行这方面的专业培养，他一定会成为一个著名的数学家。""教授，您是一位数学专家，我当然相信您的眼光。您能够看得起我的儿子，我非常感谢您。不过，卡尔现在还小，我觉得等他再大一点再让他进行专业的选择效果会好一些。"父亲回答道。教授问道："为什么呢？越早对他进行开发，这对他以后的发展越好呀！""但是，我认为，在他十八岁以前应该接受全方位的教育，趁他现在年纪还小，就应尽可能多学些各方面的知识，这对他以后一定会有好处的。"父亲说。"卡尔真的在数学上很有天分，你不希望他成为一个数学家吗？""对于卡尔未来的专业，我希望由他自己来决定。如果到了十八岁，他还是喜欢数学并愿意继续学习它的话，我会支持他的。"父亲回答道。

教授是个很明智也很有器量的人，见无法说服父亲他并没有生气，而且也十分理解父亲的观点。临走时，他仍然充满希望地对我说："卡尔，好好用功，我等你。"后来，他也常常以师长的身份帮助我、关心我。在我离开哥廷根大学，教授与我话别时还对我说道："卡尔，你父亲的话是非常有道理的，你现在还小，应该多学各方面的知识。你选择了法学，我也为你高兴。不过，你在学习法学的同时，千万不要放弃数学，因为数学是世界上最迷人的一门学科！"

可能"喜新厌旧"是每个小孩子的通病吧！我也没能幸免。虽然我已获得博士学位，但那时，我只有十几岁。因为我进入海德堡大学之前从没接触过法学，所以我对法学产生了浓厚的兴趣，我把大量的时间都用在学习法学上，每天都抱着法学书津津有味地读着。本来过去我一直都是全面发展的，但这样一来，我就犯了偏重某学科的毛病，不知不觉中就把学习的重心转到了法学上，而对其他的学科就忽视了。

第一学期结束时，我的法学成绩优良，得到了法学教授的赞扬，但是让我做梦都想不到的是，我的其他学科差得无脸见人。看到学校发的成绩单，父亲马上来找我。

谁都能看得出父亲在生气，但他仍尽量保持镇静，对我说道："卡尔，这是你的成绩单，我想你已经看见了你的成绩。我想问一下，你对这样的结果有什么想法？"对我来说，这是第一次因为成绩不好而受到父亲的责备，我无地自容，低下了头。"卡尔，你是一个聪明的人，你知道自己错了吗？"我点了点头。"那么，告诉我你错在哪儿了？""我太注重法学了，忽略了其他学科的学习，所以……""没这么简单吧？"父亲说道。

我对父亲的问话感到意外，便问道："爸爸，您说不是这样，那是为什么呢？""我认为你成绩下滑的根本原因在于你太自负，因为你以前没学过法学，为了超越别人，所以你拼命学习。而因为你过去其他的学科的成绩都很好，所以你以为不用费多大的努力还是会学好的，但结果却恰恰相反。我曾经告诉过你，学习如逆水行舟，不进则退，你应该能明白这个道理的。"

父亲的话让我惭愧不已，我也真正明白了自己的错误。在成绩下滑的科目中也有数学，这时，我又想起了临走时教授对我说的话："你在学习法学知识的同时，千万不要放弃数学，因为数学是世界上最迷人的一门学科！"我更内疚了！我辜负了两位长辈对我的期望，只为了满足自己的虚荣心。

从那以后，不管什么时候，我都努力让自己不被那些虚无的东西所迷惑，做一个真正脚踏实地的人。

第六章
培养孩子良好的品德

凡建功立业，以立品德为始基。从来有学问而能担当大事业者，无不先从品行上立定脚跟。

1. 节俭是人生的一大美德

"节约是人生的一大美德"，这是《圣经》上说的。节约，从个人方面来说，是为自己的生活做打算；从社会方面来说，则是为人类后代节省资源。因此，不管是贫穷或是富裕，都应该提倡节约这种美德。

现在，随着德国综合国力的增强，奢侈浪费的社会风气开始滋生。大家都知道，强大的巴比伦和罗马帝国就是毁于豪华奢侈之风；造成欧洲三十年动荡不安的法国大革命，也是由法国皇后和皇室的极度奢侈所至。因此，我们应该牢牢记住这些深刻的历史教训。

"一个人生活越节约，他的心灵与上帝越接近。"这是父亲对我说的话。父亲自己就是一个非常节约的人，由于受到他的影响我也成了这样的人。在我们家里，向来奉行节约，从小我就知道不能浪费一粒粮食，吃饭时要把盘子里的东西吃得干干净净，这样不但不会受到鄙视，反而会受到表扬。小时候，父亲只给我买了一套积木玩具，其他玩具都是他自己亲手给我做的。我穿的衣服是用大人的旧衣改做的，我有一只玩具小熊，也是母亲用做衣服剩下的边角余料做的，因为那时我非常喜欢其他孩子的玩具小熊。就这样，在我生活的这些细节中，父亲随时提醒我不要浪费东西，要养成节约的好习惯，我也逐渐懂得了废物利用的道理。

有一天，当我和父亲散步时，经过一家文具店，我们顺便进去看了一下。这时，我看见一套画笔，我非常喜欢它。父亲叫我走，可是我望着画笔有些舍不得走，便央求父亲道："爸爸，买画笔给我，好不好？"父亲问我："你为什么要买它呢？""它很漂亮呀！有了它，我可以画出很多很漂亮的画来。""可是，你不是已经有一套画笔了吗？""那套现在已经很旧了，都用两个月了。"父亲生气了："什么？我听说有一位画家，他的一套画笔用了十年都舍不得丢，你一套画笔才用两个月竟然就嫌弃它，认为它旧了。再说，画笔还分什么新和旧呢？只要能画就可以了。'漂亮的画笔可以画出漂亮的画'根本是荒唐的说法。""爸爸，我真的好喜欢那套画笔，买给我吧！""不行！家里的规矩你不是不知道，旧的用完了才可以买新的。""你真吝啬。""这不是吝啬，是节约。节约是光荣的，浪费才是可耻的。节约下来的钱可以买更加有用的东西。"父亲的道理已经说得非常明白，但是那天我也不知为什么，变得十分任性无理，依然又哭又闹，坚持要父亲给我买画笔。这就像人们通常在商店里看到的样子，孩子又哭又叫，甚至满地打滚，只为了使大人妥协。大人通常先是劝服，但最终的胜利者几乎都是孩子。但我这种行为在父亲面前却完全行不通，他硬把我拉回家，生气地对我说："无论怎样，我是绝不会买给你的。"我那天也很生气，回到家中仍不停地哭喊："你就是不爱我，人家史德烈的爸爸什么都买给他。因为他爱他。你不爱我，你是个坏爸爸，什么都不买给我。"

史德烈是我家隔壁的小孩，他家很有钱，总是他要什么，他父亲就给他买什么。他的零食吃不完，玩具玩不尽，光是小木马就有三四匹。听说，他妈妈穿的衣服和用的化妆品全是从巴黎订购的，他爸爸更是花钱如流水，一个晚上赌钱输掉几百马克是常事。

父亲看我已失去理智，也就不再理我了，直到我完全平静下来，不再哭泣后，他才走过来跟我讲道理。"卡尔，你真的很羡慕史德烈吗？你真的想过他们家的那种生活吗？在他们家，天天开宴会，吃不完的东西都倒掉，第二天又重做。史德烈的衣服穿不完、玩具用不尽。可是，他们却舍不得送给穷人，宁愿让那些东西在家里烂掉。这不是一种很可耻的浪费吗？"我感到自己刚才确实是太不理智了，羞愧地对父亲说："其实，我也不是真的羡慕史德烈，也并不是真想过那样的日子。我只是想，如果是史德烈，他的爸爸一定早就给他买了。""是，我相信史德烈一定有许多新的画笔，可是有什么用呢？我没看见他画出过任何一幅漂亮的画来。可是，儿子，虽然你只有一套旧画笔，可是你却画出了许多漂亮的画。卡尔，你要相信爸爸真的很爱你。但是，真正的爱，并不是要完全满足你的物质需求。"我红着脸回答父亲："我知道了，爸爸。""唉！我真担心史德烈家，他们消耗了太多的物质，浪费了太多的钱财，上帝一定会惩罚他们的。因为他们浪费掉的不仅仅是他们自己的金钱，还有人类共同的资源呀！"父亲的话果然应验了。几年之后，史德烈家里因为过度奢侈挥霍而债台高筑，最后终于导致破产。过去他们家什么贵重东西都买得起，但现在，连史德烈上大学的费用他们都负担不起了。可是反观我们家，因为我们全家都节约，尽管父亲只是一个收入很少的乡村牧师，我们却能衣食无忧，我也能受到充分的教育。这两者的比较是非常值得深思的。我认为，要孩子做到节约是很不容易的，因为他们没承受到生活的压力，不知道工作的艰辛，所以，这就需要父母从小教他们养成节约的好习惯，还要让他们懂得一切东西都是要靠辛勤的劳动换来的。

有一次，我去一个朋友家做客，晚餐时，厨师为朋友的女儿特别做了一盘酸奶油蘑菇，可是，小女孩却一点也没吃，就将这盘菜全都倒在了地上，可能是不合她的口味。从这点我可以看出，这个小女孩平时一定是被宠惯了的。

看见朋友对这种行为居然视若无睹，我忍不住说道："真浪费呀！这么好的蘑菇不吃就倒掉。""没关系的，树林里多的是。要吃的话，明天叫佣人们再去采就是了。"小女孩说。"可是去采也是很辛苦的呀！你这是不尊重别人的劳动。""不会啦！有什么辛苦呢？采蘑菇是一件很好玩的事呀！""真的吗？那我们两个人把这个星期采蘑菇的工作承包下来，怎么样？""好啊！我正想去森林中玩呢！有你和我在一起，爸爸一定会答应的。"于是，每天早晨，我都和小女孩去五英里之外的森林里采一篮蘑菇回家。开始的头两天，小女孩兴致很高。第三天有些受不了了，开始叫苦叫累，第四天就完全坚持不住了。她说，她腰酸背痛不能去了。不过这几天，不管蘑菇做得味道如何，她都能吃得干干净净、一片不剩。偶尔她的父亲要扔掉一片，她都阻止道："哎！太浪费了，你不知道我采得有多辛苦吗？你不吃给我好了。"从此之后她明白了，节约是对劳动的最大尊重，因为一切东西都是来之不易的。

2. 品德培养需自觉

教育孩子拥有美好的品德，应该从孩子很小的时候就抓起。不要错误地认为在孩子很小的时候，他们什么也不懂，对他们进行的这种培养就得过且过，等到孩子长大懂事后，再对他们进行教育，这样做到时候可能就困难重重了。从我1岁时起，父亲就严格要求我。他从来不相信"小时候可以放宽一些，稍长大后再严格一些"这种似是而非的信条。

他想，我作为父亲，我有责任和义务教儿子知道什么应该做，什么不应该做。在孩子幼小之时，成年人对他们的影响是很深的，如果小时候对他们放宽的话，就会在他们心中烙下很深的烙印，稍大后再严格，恐怕已经来不及了。

记得在我6岁时，父亲带我去另一个教区的A牧师家去，并在那儿住了几天。

一天吃早点时，我洒了一点牛奶。按在我家里的规矩，洒了东西就要受罚，因此我只能吃面包和盐。

我本来就喜欢喝牛奶，再加上A牧师全家非常喜欢我，为了我的到来，还给我特意调制了一种牛奶，并准备了最好的点心。这对我简直有太大的诱惑。

我在洒掉牛奶后先是脸稍红了一下，迟疑了一会儿，但终于不喝了。

那时，父亲故意装作没看见。

A牧师家的人看到这种情况后着急了，多次劝我喝牛奶，可我还是不喝，并十分不好意思地说："因为我洒了奶，就不能再喝了。"

A牧师家的人还是再三地劝说我："没关系，一点关系也没有。喝吧，喝吧。"

父亲在旁边一边吃着点心，一边仍然故意装作没看见。我还是坚持不喝，在万般无奈之下，非常喜欢我的A牧师全家就向父亲进攻了，他们推测一定是由于他训斥了我。

为了打破僵持局面，父亲让我出去一会儿，然后向A牧师全家说明了理由。

他们听后责怪父亲："对一个刚刚6岁的孩子因为一点点过错就限制他吃喝喜欢的东西，你的教育是否过于严格了。"

父亲费尽口舌地加以解释："不，卡尔并不是因为惧怕我才不喝的，而是因为他从内心里认识到这是约束自己的纪律，所以才忍住不喝的。"

听了父亲的解释后，A牧师全家还是不相信，于是他只好通过做一个试验来揭示事实真相。

"既然这样，"父亲起身对他们说，"现在我们来试验一下，我先离开这个房间，你们再把我儿子叫来，劝他喝，看他是否会喝。"

说完，他就走开了。

待他离开房间后，他们把我叫进屋里，热情地劝我喝牛奶、吃点心，但毫无结果。

接着他们又换了新牛奶，拿来新点心诱惑我说："我们不告诉你爸爸，吃吧！"但我还是不吃，还不断地对他们说："尽管爸爸看不见，上帝却能看见，我不能做撒谎的事。"

A牧师说："我们马上要去郊外散步，你什么都不吃，途中要挨饿的。"

我回答说："不要紧。"

实在没有办法了，他们只好把父亲叫进去，我流着热泪如实地向他述说了情况。

他冷静地听完后，便对我说："卡尔，你对自己良心的惩罚已经够了。因为马上要去散步，为了不辜负大家的心意，把牛奶和点心吃了，然后我们好出发。"

我听完父亲的话，才高兴地把牛奶喝了。对于一个仅仅6岁的我就有这样的自制能力，让A牧师全家都深表钦佩。

父亲在教育我的时候，有些地方过于严格，这是父亲和我都不得不承认的事实。养不教，父之过；教不严，也是父之惰。为了让我能出类拔萃，父亲必须对我采用一些严于一般人的教育。但这种教育不但没有使我感到痛苦，还使我从中形成一种优秀的品德。

父亲在他的日记里曾这样写道：

"儿子总会向他的父亲学习，父亲不仅是儿子最初的教师，还是他可以学习的榜样。对孩子要求严格，首先的是自己对自己也要求严格。

我是个信仰上帝的人，即使有一天站在上帝面前，我也会这样说的。

我对儿子的严格在不自觉中已经变成了他对自己的严格要求。我时常告诫他，没有人能约束你，只有上帝和你自己。

卡尔从很小的时候，很多好的行为都已经形成了一种自觉。比如，卡尔从来不撒谎，这并不是因为他害怕我的惩罚，而是他从内心里认为撒谎是不对的行为。

卡尔的严格要求完全来自于他内心的一种力量。作为他的父亲，我想做的正是这一点，让一切好的、美的、崇高的东西在儿子身上都成为一种本性、一种自觉。"

从小让孩子形成这种美好的品德，是每个父母的责任。谁都不愿意自己的孩子在幼小之时因为没有得到良好的指导而失去方向。

3. 把孩子培养成诚实和正直的人

想要把孩子培养成诚实和正直的人，必须从小就对他进行严格的教育。

很多父母都会发现，孩子很小的时候就学会了撒谎。撒谎的原因是很多的，有善意的撒谎，也有恶意的撒谎。

我认为，幼儿的撒谎很多是善意的。当孩子做错事后，为了逃脱父母的责怪，他们一般会撒谎。针对这种情况，父母应该很细致地了解孩子的内心世界，首先应该知道他们撒谎的原因，然后采取合理的方法去教育他们。

我父亲在教育我的过程中，对此是深有体会的。下面就给你们讲述一个发生在我两岁时的故事，这是父亲在我懂事后讲给我的。

我两岁的时候，在餐桌上打翻了一个水杯，当时父亲和母亲都不在场。那天父亲去了别的教区，母亲只去了别的房间一会儿，回来就发现餐桌被弄湿了，而我的水杯却空了。

"小卡尔，是你弄翻了水杯吗？"我的母亲问我。

我一个劲地摇头否认。

母亲看着我机灵可爱的样子忍不住笑了起来，明知道是我弄翻了水杯却没有责备我。

晚上父亲回家后，我的母亲把这件事告诉了他。

他仔细想了想，认为虽然今天他不在场，但还是有必要和我谈一谈。

"小子，今天是你弄翻了水杯吗？"父亲严肃地问我。

我仍然摇头否认。

"卡尔，我希望你能对我说实话，无论是不是你干的，你都应该说实话。虽然我和你的母亲都没有见到，但上帝会看见的。"父亲板着脸说："我和你母亲，还有上帝都不喜欢撒谎的孩子。"

后来，我埋着头承认是自己干的。而父亲没有责怪我。

很多父母认为孩子小小的谎言没有什么危害性，甚至还觉得他们很可爱。现在来说，我可不这样认为。撒谎一旦成了习惯，在他们长大后就会变成罪恶的源泉。当那种习惯形成后再去改变它，只会是徒劳无功的。

撒谎腐蚀了人与人之间的亲密关系，滋长了不信任，损坏了互相信任的美德。说谎意味着不尊重被欺骗的对象。在我稍长大后，父亲就给我讲了这些更深一层的道理。

和我相处的人都会说我是一个诚实的人。我想，我从出生到现在唯一的一次"谎言"就是否认打翻了那个水杯吧。

在以后很多的日子里，无论我做了什么错事，都会勇于承认。至今，我都没有撒过谎。

4. 率先垂范，以身作则

言教不如身教，父母对孩子的教育不但要用语言上的鞭策，更要用行动来给他们树立起榜样。我儿子出生后不久，我就向父亲请教，如何对我儿子进行教育。父亲在信中不仅给我介绍了许多教育方法，而且还告诉我发生在我幼时的一个故事：

"有一次，你想吃一块点心。我没有给你，因为我们刚刚吃过晚餐，过多的吃喝会影响你的健康。不到两岁的你就发起脾气来，躺在地上，大哭大闹。你的母亲看不过去了，连忙答应了你的要求，她拿着你渴望的那块点心说："好啦，卡尔，快起来。"你的哭闹取得了胜利，你得到了那块好吃的点心。

"当时，我并没有说什么，但我认识到，你的哭闹是一种对父母权力的挑战，并且在这挑战中取得了胜利。

后来，我和你的母亲谈到了这件事，并把我的想法告诉了她。

我认为面对儿子这种哭闹的挑战是不应该去迁就他的。由于儿子还小，这种迁就的恶果不易看出来，但已经种下了不良的因素。如果儿子长到了十四五岁，仍然以这样的方式对待他的话，他将会变成一个蛮横无理的人。

由于他知道哭闹能得到他想要的东西，他还会哭闹。长大以后，他的能力、他的方式就不仅仅是哭闹了。那种无礼将不只是针对他的母亲，还会针对其他的人。他会以无礼的方式要求别的人也来满足他的要求。

我可以找出许多例子来证明，父母与孩子早期的关系会影响孩子将来与他人之间的关系。

你母亲听了我的话后，也非常赞同我的观点，所以，从那以后，在我们家里，再也没有发生那样的事。即便你再怎样哭闹，你也不会得到你不应该得到的东西，不管是食物还是玩具。因为我要让你知道，哭闹是没有用的。

有一天，一位邻居告诉我有关他儿子的事，他觉得他的儿子糟糕透了。由于你的学识和品德都是很优秀的，众所周知，所以这位邻居想向我请教怎样教育孩子。

他垂头丧气地告诉我："我和妻子在儿子幼儿期和童年期忽视了对他进行尊重父母的管教，那时他把整个家庭搅得一团糟。妻子认为他还小，相信以后长大后会变好的。可是事实却不是她想象的那样，他变得越来越坏、脾气暴躁、自私贪婪、自以为是。他做错了事，我简直都不敢管他，他甚至比我还厉害。他现在12岁了，已经变成了我们一点也控制不住的野

马。他真令人讨厌，时常向我们发脾气，蔑视家庭和父母，似乎家中的一切都不如他的意。'

面对这样的情况，我能说些什么呢？尊重是相互的，要求孩子尊重父母，父母就首先应该尊重孩子，而且要在很小的时候就要让孩子养成尊重他人的习惯。

一味地纵容孩子并不是尊重孩子。如果希望把良好的品德传授给孩子，做父母的必须以身作则，必须自己就先具备良好的品德。

父母在教育孩子前，首先要搞清楚什么是对的、什么是错的，应该首先懂得采取什么样的方式去对待孩子的过失。"

从父亲的来信中我悟出这样一个对待孩子的道理：如果孩子在房间里行为笨拙，撞翻了桌子，打翻了杯子，或者不小心弄坏了什么东西，这些事情并不是他无理取闹，不应该属于他负责的范围。他并没有恶意，并没有向大人挑战，只是不小心罢了。这种情况，父母不会去责怪和惩罚孩子。只是随时提醒他以后要小心，不要那么鲁莽。如果孩子为了引起父母的注意或因为某件事不顺他的意而向父母挑战的话，父母一定会采取一些方式制止和惩罚他。

在我身上这种事情是很少见的，因为我有一个好父亲，他能对我进行正确的教导。在我很小的时候，父亲就以身作则先尊重我，从来没有无故地对我施加暴力，所以，我也就顺理成章的尊重他了。

5. 是非分明，始终如一

父亲对待我，一贯是是非分明、始终如一，这对我以后的成长产生了良好的影响。

不允许的事，一开始就不允许，这样对孩子就没有什么痛苦。有时答应，有时不答应，反而会给孩子带来痛苦。

我周围的很多父母们，他们的"禁律"出尔反尔，反复无常，不能始终如一。有时行，有时却又变得不行了。这样久而久之，就在孩子的心灵上很早就打下父母的"禁律"是可以打破的印象。父母对自己的言行都那么草率，那么不认真，你怎么去教育孩子认真呢？

要教育好孩子，父母必须对事物的好坏有一个始终如一的定见，无定见是教育孩子的最大禁忌。

父亲告诉我，在我2岁的时候，他就开始从细微之处培养我良好的生活习惯。即使在餐桌上，我也会受到严格的教育。父亲对我说，盛在自己盘中的食物一定要吃光，这样能够培养起我勤俭节约的意识，同时又是一种磨炼。

如果我想吃水果或点心，不论他们诱惑力有多大，父亲也会让我必须先吃完饭菜。他不会对我有丝毫的通融。

由于父亲和母亲对我正确行为的反复训练和动之以情晓之以理的教育，时间一长便成为自然，我就把遵守适当规则当做了自己的本分。

父亲希望我在成长过程中能够确立有"分寸"的意识，他始终按照这样的原则去教导我。他要求我诚实、守信、准时，因为这些都是作为人应该具有的优秀品质。

父母的言行一致、赏罚分明，会对孩子产生积极的效果。如果你要求孩子不说谎话，你自己就不能采取欺骗吓唬的手段；如果事先与孩子定好了制度，父母就更要认真对待。

在一次散步中，我发现了一件令人深思的事情。邻居威廉姆斯太太发现女儿的裙子被弄脏了，她立刻生起气来，开始冲着女儿大声责骂。看见女儿大哭以后，她又马上给了女儿一小块点心。我问威廉姆斯太太："你为什么责骂女儿呢？""她总是这样经常弄脏自己的裙子。"威廉姆斯太太回答。"可您为什么又给她一块点心呢？是为了表扬她的行为还是给她受责骂的补偿？"威廉姆斯太太哑口无言，她不知应该怎样回答我。

这时，小女孩已经被弄得稀里糊涂，她不知道为什么母亲会责骂她，更不知道挨了骂后她为什么又能得到点心。母亲这样的做法，让女儿弄不清是非，这对她的成长是相当有害的。

在我小的时候父亲对我的奖与罚并不太频繁，但它们一旦实施，确实对我有着重要的作用。父亲对我的奖赏决不会仅停留在物质上，而是要让我体会到奋斗与创造的真正喜悦。

父亲时常教育我，品学优良是为了自己的成长，而家务活本身也是每个家庭成员必须履行的职责。如果当我有相当出色的表现，他会给我一定的物质奖赏，还会带我去一个我向往的地方。

当父亲对我采取惩罚时，他一向讲究原则。他对我的惩罚一定要让我心服口服，否则惩罚便失去了教育的作用。惩罚之前，他总会给我警告，我犯错之后他一定言出必行，并且对我讲清原因，告诉我他为什么要惩罚我。

父亲认为必须让孩子懂得他自己的一举一动能产生不同的后果，那么随着时间的推移，他一定会形成什么事都认真的习惯，他会知道无论做什么事都不能马马虎虎。

父亲曾经对我说过："你必须早上按时起床，否则我会认为你是放弃你的早餐，你要为你的行为负责。"终于有一天发生了需要我自己负责的一件事。

那一次，我起床太晚了，超过了平时规定的时间。当我来到餐桌前时，他们早已经收拾好了一切，并把我的早餐收走了。

我看着父亲，似乎想为自己的过失辩解一番，但父亲先开口对我说："真遗憾！我也很想把牛奶和面包留在你的位置上，但我们以前有过约定，我不能随意破坏它。这只能怪你自己。"

其实，遇到这种情况，早餐本身并不是最重要的。重要的是我们应该知道，对于任何时候的约定都应该认真对待，而且必须要严格遵守。

6. 摆正自己的位置

人非圣贤，孰能无过。虽然我在童年时期许多方面都表现出了超人的才华，但是在某些方面我还是存在着缺陷和不足。就说身体吧！我的身体不是很强壮，虽说不是体弱多病，但因为我什么都想争第一的性格，所以我对自己身体不够强壮而有一些自卑。

有一天，我的几个小同伴兴冲冲地来找我。他们已经商量好要进行一次野营训练，完全不要大人的帮助，就像真正童子军那样的实战训练。听到这个消息我并没像其他小孩子那样高兴得跳起来。在我的观念中，我一直认为，凡是体能活动我都不如别人。我生活在农村，我的许多小伙伴都是农家子弟。他们从小就跟随父母干活儿，身体非常强壮，而我在这方面则不如他们。其实我十分愿意参加这类活动，比如爬山、跳绳等，我也希望能取得好成绩，但每一次都是成绩平平，久而久之，我就放弃了。父亲对小伙伴们的计划没有反对，但看见我并不是很高兴，他就来到我的身边问道："卡尔，你对这活动没兴趣吗？""不是。""那你怎么不高兴呢？""没什么，只不过……""只不过什么？""只不过，这样的活动我发挥不了自己的专长。""那你的专长是什么呢？""我的专长是读书、写作、算术。""对，读书是你的专长之一，那么你读得最多的书是什么呢？""读得最多的应该是文学方面的，还有天文、地理。""那么你们这次野外训练的内容是什么呢？""是模仿真正的野外战斗。""真正的野外战斗需要些什么呢？""要有强壮的身体。""当然要有强壮的身体，但是如果光有强壮的身体就能取得战斗的胜利吗？"父亲的话给了我一点启发，但是我还是没有得出具体的答案。我又问道："除了身体还需要些什么呢？""除了身体，还需要组织、管理和指挥能力，还需要天文、地理方面的知识。你读的书有那么多，天文、地理方面的知识你已经都有了，另外，组织管理能力你一定也学到不少。只要你能把这些知识运用到这次的训练中去，你一定会成为一个出色的指挥员的。""真的？我能做到吗？""是的，这就是你在这类活动中所占的优势呀！""可是我的身体不够强壮。""虽说你的身体不是很强壮，但是也很健康呀！你的身体足以使你在战斗中胜任指挥员的角色。"父亲的话把我心里的阴影一扫而光。我兴奋地加入小伙伴们的讨论中，并为活动开始做准备。那次活动中，我真的如父亲所说成了一个出色的"指挥员"，指挥了整个战斗。父亲的一句话"你能做到"，让我产生了信心，这就是父亲带给我人生的又一大收获。

7. 面对未来的挑战要有信心

我的父亲是一个仁慈宽厚、善解人意的人。不论是我还是我母亲，或者其他的外人，都因为父亲这种高尚的品格而尊敬爱戴他。父亲终生所追求的美德就是仁慈、宽容、理解。其实我认为这些美德并不仅仅只是一个牧师应具有的品德，这是任何一个人都应该具有的品德。

在这个世界上，父亲理解我、帮助我和支持我，在我的学习和教育上，父亲也是以他宽容的美德对待我。前面我已谈过，每当我悲伤失意时，父亲总是以他的智慧和爱心来帮助我走出困境。这些年来，父亲把我从一个"低能儿"培养教育成一个人人羡慕和称赞的"天才"。在我生活中的大多数时间里，我都充满信心和勇气，但是在开始时，我也有自信心不足的时候。

令人吃惊的是，我能用流利的法语、英语、西班牙语、拉丁语和意大利语与人交流时，我只有8岁，因此许多人都希望我父亲能让我开一个座谈会。他们说，既然我的本事这么大，就应该在众人面前展示出来；另外，他们也可以从中学到一些教育孩子的方法。

父亲最初并不愿意，他觉得那样是在过分夸耀我，害怕那样会使我骄傲自大。但是人们一再要求并表示，他们的目的只是想学习一下父亲的育儿经验，父亲终于答应了。那一天来了好多人，多得屋子里都容纳不下，于是，大家只好待在院子里。大家都在猜测："这个'神童'到底有多大的本事呢？"他们都期待着我的出现。那些来客当中有些人学问很渊博，有几位还是语言学家，还有几位外国人，他们都是专程从很远的地方赶来的。这时我紧张极了，我想到："他们会不会喜欢我？会不会向我问非常难的问题呢？他们会不会嘲笑我呢？"因为在这之前，我用外国语和别人交谈都是在比较私人的场合，而谈的也都是一些简单的问题，从来没有像今天这样在大庭广众之下与众人交流。父亲看出我非常紧张，便走过来对我说："卡尔，怎么，你怕了吗？""是的，不知为什么，我有一些害怕。""怕什么？他们都是很友好的，他们只不过想与你谈一谈。""可是，我的外语并没有达到他们想象的程度呀！他们会不会嘲笑我呢？""怎么会呢？他们会夸奖你，你的外语这么好。""不，不是，我想起来了，其实我的法语不是很熟练，拉丁语的发音也不太准，天哪！还有问题更多的希腊语。""当然，你还这么小，不可能做到十全十美。不过，就你现在的程度，已经算得上是很好的了。""对一般人来说可能是，但他们有些是语言学家呀！""语言学家更明白学习外语的难度，他们更会认为你了不起。"但是不管父亲怎样说我都不敢出去。父亲想了想对我说："卡尔，你对自己没有一点信心吗？""对，有那么多人，我……"见我这样，父亲于是跟我说："如果你每一次都因为没有信心而放弃锻炼自己的机会，那么你永远也无法培养出自信心，因为自信心的形成是要靠锻炼和培养的。你仔细想一想，假如你在人群中，能用流利的外语和大家交谈，那是一件多么值得骄傲的事啊！那时你还会没有信心吗？""真的吗？"我将信将疑地问。"当然是真的。""我的外语程度真的有那么好吗？爸爸，你认为我能够跟他们自如地交流吗？""有的，要是你没有这个程度，我也不会答应让你跟众人见面的。一开始我并不是因为你的程度不够而不同意召开这个座谈会，我是担心你会因此而骄傲。"听了父亲的话，我感觉好多了。

那一天我用流利的外语与他们讨论政治、经济、历史等话题，谈到哪一国的问题就使用哪一种语言。后来我还回答了他们提出的关于各国历史、人文等等的问题。从那以后，我拥有了在任何场合都不会失去的自信心，这就是我在那次活动中所得到的最大收获。当然，从那以后，我"神童"的名声也传得更远了。

第七章
给孩子一个健康完整的人格

　　我们生命快乐的最重要和基本因素是我们的人格，如果没有其他的原因的话，人格是在任何环境中活动的一个不变的因素。

1. 注重讲道理，以理服人

我从小受到父亲严格的教育，但那并不是专制。所谓专制，是指强迫孩子盲从。父亲从来没有这样对待我，他对我的严格完全取决于道理。

父亲非常反对那种专制教育，无论在教育方法上还是其他方面，他都是这样做的。注重讲道理，以理服人，比其他一切的强迫都更加有力量。他对我的严格之所以没有对我造成伤害，原因就在这里。

在对我的教育上，父亲首先是尊重我，他总是在不伤我自尊心的前提下给我讲某些我能够理解的道理。

我很讨厌那种在别人面前贬低孩子的做法，每当我做错什么事受到惩罚时，父亲绝对不会当着众人的面嘲笑和奚落我。他时刻都让我感受到了"爸爸是真心实意地关心我"。

每当父亲要求我必须做一件事时，他会向我讲明白做这件事的必要性，告诉我这是我应该做的分内的事，而并非是他对我的强迫。

如果我在玩耍时无意间弄坏了邻居的花园或踩伤了别人的草地，他一定会叫我去道歉。无论邻居是否知道，他都要求我主动去。

说到这里，不由得使我想起发生在我7岁时的一天傍晚的事情。那天我在外面兴致勃勃地模仿古代骑士。我用一根长长的棍子代替宝剑，独自和虚拟的强盗作战。我的剑法绝妙极了，或是刺，或是砍。在这种玩耍中，我早已把自己当成了真正的英雄。父亲很乐意看到我这样，我的这些游戏非常有利于发挥我的想象力，也有利于身体的健康。在前面我说过，父亲不喜欢死气沉沉的生活，也不希望我变成呆头呆脑的所谓学者。所以对我的这种活泼的玩耍方式，他极力赞成。

忽然，我"呀"地叫了一声，但马上愣在那里。原来，在"激战"中，我一"剑"砍去，将邻居花园中的一束花砍倒在地，花瓣和枝叶在半空中飞舞。父亲在一旁静静观察我，看我怎么处理这件事。

我看了看邻居的房门，并没有人出来。我也没有发现父亲正在看着我。当我正想转身"逃跑"的时候，父亲叫住了我。

"卡尔……"

这时，我知道这件事已经无法逃脱。我慢慢地向父亲走去。

"你知道你犯了个错误吗？"

"知道。"我小声地回答。

"那你应该怎么办呢？"父亲严肃地问我。

"不知道。"我低下了头。

"儿子，听我说。你应该立刻去敲邻居的门，向他们道歉。"

"可是，我并不是有意的。"我似乎在辩解，而我那时可能也未真正理解道歉的涵义。

"卡尔，你要记住，人们犯下错误，在很多情况下都不是有意的。但错误已经犯下，你就要为自己的行为负责。虽然邻居没有看见是你干的，但他们确实受到了伤害。你应该去道歉，人不能伤害了别人之后就逃之夭夭。你不是在扮演古代的骑士吗？骑士是勇敢的人……"

"爸爸，我明白了。"我像一个真正的骑士那样敲开了邻居的房门。

第二天，当父亲遇到那个邻居时，邻居根本没有提起花被损坏的事。他只说了一句话："威特牧师，您儿子是个诚实的人。"

英雄骑士是我崇拜的对象。父亲用骑士来激励我，使我感觉到道歉并不是什么难为情的事，也让我懂得不论有意还是无意之间犯下的错误都应该由自己负责。

很多的父母把对孩子的严格教育理解为专制，不知不觉中把自己变成暴君而把孩子变成唯命是从的懦夫。他们以为孩子不听话就应该以粗暴的方式对待他们，这种做法的后果不但不能让孩子正确地认识自己，反而使孩子对父母甚至对所有人产生恐惧和怨恨。

我曾经听说过这样一件事：

有个孩子非常喜欢家里喂的一只羊，他常常独自一个人牵着羊去山坡上玩耍，每当他看到心爱的羊吃着山上的嫩草时就感到快乐。在孩子幼小的心灵中，那只羊是他最好的朋友，他把自己听来的故事和幻想都讲给羊听。他觉得和羊一起在山坡上晒太阳是最幸福的事。

可是有一天，孩子躺在山坡的阳光下睡着了，他做的梦就是和羊待在一起的情景，当他醒来时发现羊不见了。这只羊从来都不会走远，但今天确实是不见了。孩子焦急地走遍了整个山坡，仍然没有找到。他哭了，因为他害怕永远都见不到这个最心爱的伙伴。

天快黑了，他赶紧跑回家。他想把这件事告诉父亲，请他来帮助找回羊。没想到的是，他得到的竟是一顿暴打。当父亲听说羊不见之后，什么情况都没有问就举起了棍子。无情的棍子打得孩子鼻青脸肿，额头也被打破出血。

"我只有这只羊，不把它找到，你就永远别回来……"说完，父亲就把他推出了门外。

孩子难过极了。

他独自在黑暗的山坡上奔跑。他越跑越想不通，父亲为什么会打他呢？他又不是有意弄丢了羊。"羊不见了，我也很难过啊。""为了羊，父亲叫我永远不要回去，难道我连一只羊都不如吗？"

不久，孩子看见远处有个小白点。当他走近时，他看见了那只羊。它正在悠闲地吃着草呢。

这时，受到粗暴对待的孩子一反常态，他没有像往常那样去抱起这只羊而是举起了一块大石头。

"就是因为你……因为你父亲才会这样对待我……"孩子一边哭，一边将石头向羊身上砸去。

第二天，人们在山坡的一块岩石后发现了那只已死去的羊，而那孩子也永远没有再回家。

我们可以想象，那个孩子心里当时有多么的痛苦，他亲手杀了自己最心爱的朋友。

父母的粗暴和专制在孩子身上留下的阴影将永远无法磨灭，这种阴影会让一个本来善良的孩子变成一个凶残的魔鬼。

2. "成人化"的教育

我认为教育上至关重要的就是不蒙蔽孩子的理性，不破坏孩子的判断力。一旦孩子失去正常的判断力，那么他一生就不能正确地判断事物的正误好坏了。父亲就是从这一点来要求我的。

如果我对他人说了些鲁莽的话，父亲并不马上斥责我，而是先立即给对方道歉。他会向对方说："我儿子是在乡下长大的，所以才说出这样的话来，请您不要介意。"这时我就已省悟到自己可能说了不合适的话，过后我一定会向父亲询问其中的原因。

等我问父亲时，他就会向我说明："你刚才说的那些话从道理上来讲也没什么不对，而且我也是那样认为的。但在别人面前那样说就不好了。难道你没有发现，当你说了那些话后，汤姆先生的脸都臊得发红了！人家只是因为喜欢你，又碍着爸爸的面子，所以才没有作声，但他一定很生气。后来汤姆先生之所以一直沉默不语，就是因为你说了那种话。"

父亲为了不伤害我的判断力，经常想一些切实可行并且我易于接受的方法向我讲明道理。

　　为了强调他这种教育方法的好处，父亲在他的《日记随想》中做了这样的论述。

　　"假设在我向儿子提出批评以后，他继续反问：'可是我说的是真的呀。'这时，我会进一步开导他：'是的，你说的是真的。但是汤姆很可能想：'我有我的想法，你那么小的孩子知道什么。'再说，即使你说的话是真的，你也没有必要非将它说出来不可。因为那已经是人人皆知的事，你没有发现别的人都是沉默不语吗？如果你认为只有你才知道，那你真是太傻了。再打个比方，大人指责孩子的缺点本来是理所当然的，因为孩子在成长过程中，有许多缺点，谈出来并不是什么可耻的事。即使这样，人们对你的缺点不是都装着不知道吗？如果你认为人们都不知道你的缺点，那就大错特错了。事实上，人们已经知道你的错误，但都沉默不语，这是为了考虑你的面子，为了不使你丢脸而已。这样你就明白了人们对你的好意了吧。而你在发现别人的缺点以后应该怎么做呢？也应当这样。《圣经》上不是说：'自己不愿做的，也决不要让别人去做！'道理就是这样。所以在众人面前，揭别人的缺点和过错是很不好的。"

　　"听了这样的开导后，儿子由于年幼肯定还是会感到困惑。因为他的心理还不像成年人那样复杂，而且这种处世方法很可能被视为不诚实或过早的世故，但我觉得我这样做很合乎情理。"

　　"假如儿子还是不理解，又提出：'那不就得撒谎吗？'我就继续开导他：'不，不能说谎，说谎就成了说谎的人，伪君子。你没有必要说谎，只要沉默就可以了。如果所有的人都互相挑剔别人的毛病和错误，并在其他人面前宣扬，那么世界不就成了光是吵架的世界了吗？那我们也就不能安心地做事和生活了。"

　　"不过，对卡尔，我用不着说这么多，几句话他便能领悟到自己的过错，含着眼泪保证不再重犯。"

　　"我就是这样教育儿子的。"

"我相信我的教育是合情合理的，态度上对卡尔从不专制，也就不会蒙蔽他的理性，更不会伤害儿子的判断力。"

"从某种方面说，我的方法可以称作'成人化'的教育，之所以能取得如此成效，还得益于对儿子的语言潜能开发。"

"由于儿子语汇丰富，通达词义，所以一点就透。世间的一般孩子，由于语汇的限制，往往在实施合理的教育时有些行不通。"

"我们的周围有很多的父母见到孩子在某种场合的不良表现后，总是当面训斥，有的还拳脚相加，怪罪自己孩子的不礼貌，但就是不检查一下自己的教育方法。"

事实胜于雄辩，为了进一步阐述我父亲教育方法的正确性，我给大家举个例子，这样会更有说服力。

安东尼奥太太的儿子卡尔，这个和我同名的小男孩，年龄比我儿子大三岁，也是一个非常机灵的小家伙。但我发现他有很多不好的习惯，比如欺负比自己小的孩子或喜欢揭别人的短处，等等。

有一天我在路上偶然和安东尼奥一家相遇，我友好地和他们寒暄着，并特意摸了摸小卡尔的头以示友好。

"教授，我觉得你就像一具尸体，你看你的脸多苍白啊！"小卡尔这个小机灵毫不客气地批评起我来。

其实他说的是真话，至少某一方面是这样。可不是嘛？因为我不小心受了凉，病了几天。我的脸色苍白是很正常的事。在我像他这么大时，若遇到这样的情况，我决不会这样对别人说话。那时，由于父亲经常告诉我，什么是礼貌行为，什么是不礼貌行为，所以我知道这样说是不礼貌的。更何况，那个小卡尔所用的词汇是那样的叫人无法接受。

这种情况，我当然不会与一个小孩子生气，但当时却已经让我不知怎么说话了。

安东尼奥太太气极了，她采取了让我意想不到的方式。

"太不像话了，你怎么这样对教授说话。"她狠狠地给了她儿子一记耳光。

我连忙上前劝阻。可是小卡尔并没有因此而闭上他的嘴巴：

"我说的是实话，不信你看看他的脸……我没有瞎说……"

"你干嘛打我？你干嘛打我……"小卡尔冲着母亲喊叫起来。

安东尼奥太太害怕极了，她只能一边拖着自己的儿子，一边逃跑似的离开。

看着他们远去，我叹了一口气，小卡尔回去肯定又会挨顿毒打了。

我很明白，虽然小卡尔爱揭别人短处的毛病我早有所闻，但这一次他可能不完全是故意的，他只是找不到一种合适的语言表达他的看法。如果他对我说："威特教授，您的脸色怎么不像往常那样红润却有些苍白呢？您生病了吗？"这样，他表达了同样的意思，却表示出不同的意义。前者是恶毒的讽刺，而后者却是一种对别人的关心。

至于安东尼奥太太，她的做法更加不正确。她应该用一种大家都能接受的方式来解决这个矛盾，而不仅仅是对孩子进行惩罚。从这一点看来，她对孩子平时的教育是多么的不够，方法是多么的不妥。

由此可见，让孩子具备丰富的语言知识，让他们更加明辨事理是多么的重要。我真希望安东尼奥太太能够明白这个道理，不然，那个和我同名的孩子将不会有一个美好的人生。

3. 批评时让他心服口服

对孩子的批评，最重要的是要让他心服口服。这句话说起来很简单，做起来却不是想象得那么容易。

首先，你一定要用孩子能够理解的道理和事例去教育他。给孩子讲道理的时候，要给他说一些通俗易懂的道理，不能用某种高深莫测的东西强行向他灌输。书本上的道理应该给他讲，但不能搬弄出那些晦涩的文字，那种学究式的大道理孩子是很难接受和理解的。

应该特别注意的是：批评孩子不等于惩罚孩子或者是把孩子当做自己的出气筒。永远记住：父母的一举一动、一言一行都会对孩子产生永久的影响。

父亲在对我的教育上，一直特别仔细地观察我所做的事，尽量去理解我。即使需要就某件事批评我的时候，他也会在弄清真相后再作评价。

比如，在某些时候，父亲突然发现我对学习的兴趣大为下降。由于我一直是个喜爱学习的孩子，有这样的情况就特别容易引起他的注意。这时，在他的头脑中反映的不是"这个孩子不勤奋学习"，而是"卡尔怎么啦？他遇到了什么问题或不愉快的事吗？"

这时，父亲并不是马上训斥我，而是等到一个合适的时机耐心地和我交谈。有一次父亲发现我捧着书本保持一个姿势很久，表面上看起来我在学习，实际上我很久都没有翻动一页，只是坐在那里走神。

等到了我休息的时间，他对我说："无论做什么事都要专心致志，只有集中精力才会有很好的效果。如果不把心思放在一处，即使花费很多时间也没有用。不集中全力去学习和工作等于浪费生命。"

我看着父亲小声地说："爸爸，您也注意到我学习时走神了吗？"

"是的，我认为你是个很好的孩子，自从我教你认字以来你一直对学习保持着浓厚的兴趣，可今天为什么走神了呢？儿子，告诉我，是你忽然对学习不感兴趣了吗？"

"不，爸爸……"我想了很久后对他说，"我仍然觉得学习很有趣，当我慢慢地掌握了那些知识后我真感到幸福。"

"可是为什么你今天在学习时走神呢？"他不解地问道。

"只是……只是……"

"只是什么呢？没关系，告诉爸爸，好吗？"父亲耐心而又诚恳地对我说。

"只是我今天突然想到，我学那么多的东西到底有什么用呢？"我说出了我的心里话，"我在想，学习木匠活可以做家具和建造房屋，学铁匠活可以制造炊具和农具，但我学了那么多的语言和诗歌，能做什么呢？仅仅是为了好玩吗？"

我这样回答，在父亲的心里面却产生了一种喜悦的感觉，因为他已经知道我开始思考更深层次的问题了。

他认为这是一个对我进行更深一层教育的好时机。

"儿子，你想到了这个问题我很高兴，因为你是在思考。"父亲首先肯定了我的这一行为，然后尽他的力量去帮助我解开心中的疑惑。

"首先，知识是一切力量的源泉。如果你没有起码的对力学的理解，你怎么会知道一座房屋需要多大的木材去支撑它呢？如果没有数学，你怎么计算需要多少材料？你怎么知道哪一种设计最合理呢？如果你没有审美知识，怎么能建造出漂亮的房屋呢？如果没有知识作为基础，这样的木匠可能永远也建造不起来房屋，他只能天天面对着木头发呆，恐怕他自己也会变成一块木头呢！"父亲活泼而有趣地说着这些道理。

我听到这里"咻咻"地笑出声来。

"如果铁匠不懂得把铁块放在火里烧红后才可以使它变形，他怎么能做出那些炊具呢？这里面就有物理知识。如果一个铁匠连这个道理都不懂，他可能会被那些大铁块逼疯的，说不定还会用牙去咬它们呢！"父亲做了一个用牙咬的动作，"你猜猜会有什么结果呢？"

"他一定会把牙搞掉的……"这时我哈哈大笑起来。

"儿子，好好记住，诗歌、文学、绘画、音乐、哲学，这些都是人类智慧的产物，是世界上最美好的东西。还有语言文字，这是只有人类才具有的。为什么我教你各种不同的语言呢？并不是一定要把你培养成外交家或者是翻译，而是要让你能够更好地理解不同国家、不同地域的文化。你说你喜欢但丁，如果你不懂意大利语，你怎么能够真正地去理解但丁呢？那些美妙的诗句，你只有用他本国的语言才能够完全地体会到。还有更重要的，儿子，就像你自己说的，你在学习中体会到了快乐，感受到了幸福，难道这还不够吗？一个人有了快乐和幸福，他还有什么不满足的呢？"

我听到这里，眼睛中散发出喜悦的光芒，我心中的疑团完全解开了。

父亲认为，我之所以能够学有所成，关键在于我的求知欲和拥有在学习中体会到的幸福感。

身为人父，要担当得起做父亲的责任，面对孩子的疑惑应该耐心地帮助他解答。如果对孩子的行为，不去思考而是片面地理解，那么不但不能对孩子有所帮助，反而会产生负面影响。

现在我来做一个假设，如果当孩子学习走神的时候，做父母的不去关心和帮助他，而是采取责骂的方式，那么，就会出现与上面截然不同的情况。

孩子捧着书坐在那里走神。

父亲发现他并没有翻动一页书，而只是装装样子。

"你这小混蛋，你在做什么？"父亲冲上去给了孩子一记耳光。

"我在看书……"孩子被父亲的粗暴吓呆了，吞吞吐吐地撒了个谎，虽然他本不想这样。

"胡说，你还想骗我。"父亲冲着他大吼起来，"你不知道学习时走神是不对的吗？"

"……"孩子无法回答。

"没听见我的问话吗？为什么不说话？"

"我……我在想……"孩子本想对父亲说说他的想法，但这时已经说不出话来。

"你想什么？快说！让你学习你却东想西想，太不像话了。"

"我在想学这些东西有什么用。"孩子鼓足勇气表达出他的想法，"铁匠能够制作农具，木匠能够修房子，学这些语言和文字有什么用呢？"

"你这个没出息的东西，"父亲又给他一记耳光，"简直不求上进，甘愿去做那些靠体力吃饭的粗人，我简直白教你了……"

"可是，我不懂……"

"不懂什么？我叫你学你就学，有什么懂不懂的。"

这样对待孩子的父亲是应该被打下地狱的，幸好我没有这样的父亲。

这种做法既失去了一个教导孩子的良机，也伤害了孩子的自尊心，更糟糕的是会给孩子内心留下极恶劣的印象，他会认为，学习是一件可怕的事，学习的目的就是为了讨好父亲。

这样的教育，怎么能够培养出优秀的人才呢？连孩子本身的求知欲都在顷刻间被抹杀掉，还能谈得上其他的吗？

我认为，一个人之所以变得自私、凶恶、虚伪、懦弱，全都来源于这种极为低劣的教育。或者说，这根本谈不上是教育。

4. 不能伤害孩子的自尊心

父亲一直主张，即使是小孩子也应该把他们当成成年人一样对待，要像尊重成年人一样尊重他们。

对孩子的教育应该严格，但却不能伤害孩子的自尊心。孩子的自尊心如果受到了伤害，那么其结果是很可怕的。一个本来可以取得巨大成就的孩子，一个坚强好学的孩子，由于失去了自尊心，很快就会变成一个懦夫，一个无赖。

为了使孩子能自重，必须信任他们。不管是大人还是孩子，受到别人的信任就能够做到自我尊重。管束孩子不许这个、不许那个，还不如信任他们、耐心地说服他们更有效。如果父母始终把孩子当成坏人对待，他就很可能成为坏人。这样的孩子在父母的压力之下，渐渐失去做人的信心。没有了信心，他的自尊心就会很自然地消失了。

由于孩子的自尊心非常重要，所以在对孩子的严格教育中，应该始终极为重视，无论是有意还是无意，都不能让孩子的自尊心有丝毫的伤害。

当我和父母们一起吃饭时，父亲始终把我和大人同样对待，和我聊天，讨论饭菜的味道。吃饭时的谈话也是选择我能懂的话题，平等地与我谈话。有的家庭，吃饭时不让孩子说话，父母严肃得吓人，让孩子感觉到吃饭就像是在受刑似的。要么就在饭桌上把孩子的缺点全部翻出来，对他进行各式各样的批评。孩子不仅不能在吃饭中得到乐趣，还伤害了他的食欲，更加糟糕的是让他觉得自己一无是处，产生强烈的自卑感。这样的父母，让孩子时刻处在畏畏缩缩、低人一等的状态中，那么他还会有什么自尊心呢？

有些父母，为了使孩子容易管教，故意让孩子害怕自己，根本不把孩子当成一个人来平等的对待，而是自己像一个君主，孩子像一个奴仆。这样只会让孩子变成一个懦夫。一个懦弱者想在这个社会上获得成功是非常困难的。在我的家庭中，我不仅是父亲和母亲的好朋友，同时，也是我妻子和儿子的朋友，并且和家里的女佣也是好朋友。我们互相尊重，平等相待。

孩子的很多问题是不合逻辑的。但仔细想一想，大人的有些知识其实也不外乎是些可笑的东西，所以不论孩子提出什么样的问题，决不应嘲笑。不但不应嘲笑，而且应该亲切地予以回答。如果父母嘲笑他，他就会因害羞而不愿再提出问题。提问是孩子获取知识的向导，应充分利用它向孩子传授知识。若遇到自己不懂的问题，可以请教别人，也可以经过研究之后再耐心地给他解答。

父母不应该戏弄孩子，因为孩子受到戏弄后，就容易变成不知羞耻的人，变得粗暴，或者是用心不良，甚至不把人当人看待。由于小时候受到父母的戏弄，以后成为罪犯而入狱者大有人在。父母不仅不应该戏弄孩子，而且连随便应付孩子的情况都不应该有。对于孩子的一切，父母都应该认真对待。

对于我，父亲从来都不用欺骗的方式。不仅如此，他从来也不欺骗任何一个人。父亲认为欺骗是一种罪行，是上帝所不允许的行为。

如果欺骗了孩子，被他知道了，他就不再相信父母了。父母失掉了孩子的信任，其后果是不堪设想的。欺骗孩子，孩子也学会欺骗他人。

有一次，一位父亲自豪地对我说："我的儿子将来一定会成为一个大哲学家。"当我问他为什么时，他说："昨天，我儿子把他母亲放在碗橱里的菜吃了，把剩下的抹到猫的嘴巴上。"

这样的父亲，我认为是不可救药的。他儿子的欺骗行为肯定是从他那里学来的。

现在，有很多父母认为孩子这也不能干，那也不能做，一切都包办代替，结果使绝大多数孩子对自己的能力缺乏信心。

尤其是孩子的母亲，从婴儿时期起，就应该耐心地教他给妈妈扣衣服上的纽扣。尽管他不会扣，很费时间，但是作为母亲认识到这是对孩子进行教育，所以应耐心地让他扣。我认为这是非常有益于孩子锻炼自己的方法。

父亲告诉我，我小时候，母亲就教我给她扣衣服扣，这除了可以练习手的动作外，还可以培养我帮助他人的观念。为此，母亲还教我自己穿鞋、穿衣服。即使很忙，她也要花点时间教我自己穿脱衣服，因为这是对我的教育。

有些父母对孩子过于溺爱，把孩子视为掌上明珠，怕跌倒摔伤不让孩子尽情地玩耍，使得他们没有机会锻炼身体。怕用坏了脑子而不对孩子进行教育，不让孩子读书。这些都是愚蠢的做法。这种方法只能使孩子成为一个什么都干不了的废人。

还有一些父母为了让孩子听话，就用可怕的故事吓唬孩子。这样会使孩子满脑子充满恐怖的故事，当他们承受不了时就有可能会精神错乱。作为父母，应当使孩子知道这个世界上并没有什么可怕的东西。由于孩子信任父母，父母说的话他们都信以为真。所以，只要父母注意引导，孩子就不会害怕黑暗。用恶魔和幽灵等吓唬孩子是非常有害的。由于有这种错误的教育方法，世上有许多人终生怯懦、胆小怕事。

父亲给我讲过很多故事，有时也讲神话故事，但他总会给我强调神话故事不是真实的，是人们编造出来的。在故事的选择上，他都是非常注意给我讲一些光明的、积极向上的英雄故事，目的在于通过故事教会我一些人生道理，比如勇敢、坚强等等。

我认为家庭应该成为孩子的乐园，但是，这并不意味着对孩子放纵不管。家庭应该是爱、欢乐的殿堂。孩子应该在家庭的关怀下健康地成长，他们应该从小就在家庭中树立起做人的信心，而不是由于不良的教育而使他们失去了做人的最重要的自尊心。

5. 培养坚强不屈的性格

勇气和坚强的培养是父亲对我精神教育的另一项重要内容。我们应该尽早获得勇气，在我们的人生旅途中，我们常常面对各种危险和灾祸，有时还会陷入四面楚歌的境地。而勇气就是我们的坚强武器。因此我们应该尽早培养勇气，越早越好，这些都是父亲告诫我的。通过正确的教育和培养，天生脆弱怯懦的人也能获得勇气，变成一个勇敢无畏的人。虽然勇气与天性有着较大的关系，但父亲认为，如果父母时时担心孩子会受到伤害，而过分地夸大危险；或者为了避免孩子受到伤害，甚至让孩子失去接受锻炼的机会，孩子就无法培养出勇气。孩子长大成人后是否具有充足的勇气，主要看年幼时父母对这一问题的重视程度，天性并不起主要作用。我们德国人生来就勇敢顽强，在敌人面前我们从来都不怕流血甚或牺牲生命，但勇敢包括的并不仅仅是这些，除了死亡的威胁，我们人生当中还有其他的许多危险和灾祸，比如让许多人感到痛苦不堪的失败、贫困、疾病等等。

生活中常常会陷入这些困境，而真正的勇者就是无论遇到什么灾难都不畏缩，都能镇静理智地去分析、面对并勇敢向前。只有这样的人，才是有价值的。不然，无论他有多高的才华和学识都一无是处。一个人在年幼时受到的影响是终身难以磨灭的。比如，有的人一辈子都不敢单独一个人在黑暗里行走，那他一定是从小就怕黑。因此父亲在我年幼时，尽力不让我受到惊吓，不让我听可怕的话，不让我看可怕的东西，这就是父亲为把我培养成一个勇敢无畏的人所做的第一步。

我们邻居家有个孩子叫约翰逊，年少时喜欢和一帮孩子欺负村里的一个疯子。有一天，当他们又围着疯子嬉笑时，疯子突然疯性大发，提了一把刀要砍约翰逊，约翰逊吓得拼命跑，疯子紧追不舍。当逃到约翰逊的家门时，约翰逊回头去看，他想看一看疯子是否追了上来，哪知疯子正在他的身后，一刀向他劈来，幸亏约翰逊及时闪进屋里，关上了门。约翰逊即使长大成人后，他都保留了这样一个习惯，那就是走到家门口时，总要向后看一看，然后赶紧进屋并关上门。

这种小时候受到惊吓导致长大之后都受到影响而变得胆小的例子是很

多的。因此，父亲教育我时，总是在这方面加以防范。许多父母喜欢用黑暗、大灰狼这些来吓唬孩子，孩子虽然安静下来了，但心里的阴影一生都难以消除。父亲从不这样做，他也不允许母亲、保姆跟我讲妖魔鬼怪、地狱之类恐怖的迷信故事。

记得有一次，大约在我四岁左右，我问父亲，世界上到底有没有鬼。父亲的回答模棱两可，他说，可以说有，也可以说没有。看见我不解的样子，父亲问我道："你说有没有？""我想可能有。""你见过鬼吗？""没有，但大家都说有。""你应该相信你自己亲眼见到的东西，你没看见就不能说有。""可是别人都说有，也许别人见到过。""这全是那些人瞎说，从没有人看见过鬼。"我更加糊涂了，我决心把这事搞清楚，便问道："可是爸爸，您刚才也没说没有啊！"见我认真的样子，父亲耐心地向我讲解："其实所谓鬼，就是那些无恶不作的坏人。你看那些坏人，整天想的就是如何害人、如何做坏事，他们就是鬼。他们的心中就有鬼呀！所以鬼存在于坏人的心中，好人心中是没有鬼的。""可是，别人说的鬼不是指这种鬼。""是不一样的，可是，他们说的那种鬼是根本没有的，人的坏心眼就是世界上唯一的鬼。记住，儿子，天使是指一个心中充满了阳光的人，他正直、热情，帮助别人、关心别人，尽力做好事；而鬼就是那些自私自利，一心干坏事的人。所以魔鬼并不可怕，只要心中充满了光明，有勇气，就能战胜魔鬼。""我明白了，爸爸，那些坏人就是世界上的鬼。我一定要做一个正直勇敢的人，这样我就不怕鬼了。"

我的幼小心灵就这样充满了勇气的光明，没有了恐惧与忧愁。当然，光凭这些是远远不够的，还要通过不断的磨炼，经过痛苦的磨炼，才能获得勇气成为一个勇敢无畏的人。失去勇气的最大原因就在于害怕痛苦，在锻炼孩子时，不要宠惯孩子，甚至要故意让他们吃点苦、受点难。在小时候，父亲对我从不表现出怜悯的神情，也不许母亲和仆人这样做，不管我是摔倒，甚至受伤，他总是鼓励我："没关系，勇敢一些，要自己站起来，你是一个坚强的男子汉，不要哭。"

有一次，我因为感冒发烧，吃了一些药仍不见好转。温度烧得越来越高，父亲急忙请来医生。大夫说，如不马上退烧可能会转化成脑炎，所以必须马上退烧，而退烧就要打针。听到我的病情，父亲忧心地皱起了眉头。那一年我3岁，还不明白打针是什么意思，但看见父亲担忧的样子，又看见医生忙着准备打针的东西，我心里感到惊慌，害怕得大哭起来。当医生在我的皮肤上扎下针头时，我哭得更加厉害，父亲这才意识到，他刚才表现得太忧心了。所以，当母亲来安慰我时，父亲劝阻了她，并用平淡的语气说："好丢脸哟！比你小的弟弟、妹妹打针都不会哭，都这么大了还哭。妈妈打针也不哭，连柯蒂都不会哭，就只有你哭，真不好意思呀！你那么勇敢，这一点痛算什么呢？"后来母亲责怪父亲心太狠，父亲说："我们应该教育儿子去面对、承受生活中的各种痛苦、危险和灾难，这样等他长大之后，他才能承受生活中更大的危险和痛苦。我们现在的态度决定着儿子以后是勇敢还是懦弱。所以，我今天一开始的态度不对，太过呵护儿子，让儿子变成一个胆小怯懦的人也不是你所希望的吧？"

第二次打针时，父亲果然采取另一种态度。第二天，大夫按照约定的时间来到我家，我一看见大夫便一溜烟地躲进了自己的房间。大夫看见我害怕的样子，笑道："喂！小东西，我又不是大灰狼，躲我干吗？"母亲也帮忙叫道："卡尔，出来，大夫是来为你治病的。"我还是很害怕，任他们如何叫就是不出来，后来干脆躲在床下面。这一次，父亲把大夫带到我门外，温和而坚定地对我说："卡尔，无论你怎么躲，今天都得打针，只有打了针病就会好。你看昨天打了针，你今天不就好多了吗？""我已经好了，不用打了。"我在房里回答道。"只有打了针才能完全好，不怕，卡尔，昨天不是都打了，有什么好怕的呢？""可是我害怕痛。""这一点点痛算什么呢？你不是说你要成为希腊神话里为人类偷火种的普罗米修斯吗？他被天神宙斯处罚时多大的痛苦都不怕，而打针这么一点点小痛你就害怕，怎么能成为像他那样有勇气、坚强不屈的人呢？""是，是。"我嘴里答应着但还是没动。父亲继续开导我道："胆小鬼才害怕打针，不敢面对痛苦。我们每一个人都要生病，都要忍受生病带来的痛苦。卡尔，拿出勇气来，我知道你是一个非常勇敢的孩子。"我那时最怕别人说我是胆小鬼，父亲这样一激我，我便从床下爬了出来，也忘了害怕，虽然打针时痛得我龇牙咧嘴，我还是尽力表现出很坚强的样子，还为大夫唱了一首歌。

等我再大一点时，父亲为了磨炼我的勇气，他开始带我去参加一些野外探险活动。他第一次带我去爬山时我只有4岁，那一次，叔叔与我们一同去爬山，当我们爬到一个陡峭的山坡时，我有点害怕，不敢再向上爬了。我看了父亲一眼，希望他能把我抱上去，父亲装做不懂我的意思，继续向上爬。其实，父亲是为了磨炼我的勇气，但一直疼爱我的叔叔不懂父亲的意思，一路上，他总是照顾我，一会儿怕我摔倒，一会儿怕我累着，一会儿又怕我的小手磨疼了，他一路牵着我走，又叫父亲走慢一点。看见叔叔这个样子，我更害怕了，便向父亲撒娇道："爸爸，你背我上去好不好？我脚好疼，走不动了。"父亲断然拒绝道："不行，在山下我们不是说好自己爬的吗？"叔叔在旁边说道："算了，这么危险，他又这么小，我来背他吧！"父亲阻止道："你这样是害他还是爱他呀？我故意这么做，就是为了帮助他克服天生的怯懦性格，等他长大之后，他才能勇敢地面对生活中的更令他害怕的事呀！"接着父亲转过头对我说："卡尔，拿出勇气，像个真正的男子汉那样。没有什么危险的，不用怕！你看爸爸和叔叔不是都爬这么高了？"叔叔也鼓励我："对，卡尔真勇敢，加把劲，马上就到山顶了。"在他们的加油鼓励声中，我战胜了恐惧，鼓起勇气爬到了山顶。

勇敢顽强受人尊敬，怯懦胆小受人鄙视，父亲通过这些小事让这种观点在我心中扎下了根，并一直伴随着我的成长。

6. 开拓创新，敢于挑战

父亲认为勇于开拓创新和敢于挑战权威是一个天才应该具备，并且是十分重要的精神素质。这种精神素质也是创造力的源泉，而创造力是造就一个天才的根本条件。

看看科学史我们就知道，凡是在历史上取得伟大成就的人，他们都是具有这种精神的人。

例如，伽利略就是一个最典型的人。"真理化身"的亚里士多德提出了经典理论："一大一小两个铁球从空中掉下，一定是大的先落到地上。"伽利略不相信这种说法，他坚持认为两个铁球应该同时落地。面对人们的嘲笑和讽刺，伽利略爬上比萨斜塔当众做实验，实验结果证明伽利略的说法是正确的，而亚里士多德的说法是错误的。哥白尼也是这样的人，在他那个时代，"地心学说"是公认的真理，但是哥白尼不相信权威，他提出了具有划时代意义的"日心学说"，开创了科学的新篇章。我父亲一直不用死板的教条来约束我，不用权威压制我，因为他不想把我培养成一个人云亦云、没有自己独特见解、臣服于各种权威的人，但在这个世界上却有许多这样的人。

最近我看了一本书，它是著名神童、学者穆勒写的自传，从这本书中我发现他的父亲和我的父亲一样很重视创新这个问题。

许多青少年独立思考的能力和创新能力之所以都得不到良好的发展，是因为他们都受到填鸭式的教育。他们的思想和观点，都是别人硬塞进去的，而我受到的早期教育则不是这样。父亲对我的教育是尽可能让我走在前面或者并排走，不让我在后面被他拉着走。有时遇上想一想就能回答的问题，父亲也从不直接告诉我答案，总是说："你自己想想。"如果我确实回答不出来，父亲也要问到我确实无法回答时，才会给我答案。解题时，如果我用他教的方法，就是做得全对，他也只会淡淡地说："对了。不过你还应该想想用别的方法，一定也能做出来。"如果我用自己的方法做出来了，就是有一点错，父亲也会大大表扬我。他就是这样来鼓励我的创新思维的发展。后来我就养成了习惯，总是尽力用新的方法来解题。有一段时间，因为我向往学校的生活，父亲也实在忙不过来，便把我送进了一所中学。

可是没多久，我就对学校教育感到深恶痛绝了。我的数学老师是一个墨守成规的书呆子，他只相信书本，当我提出新观点时，他总是无情地驳斥我。每次考试，我用别的方法全做对了，他也会给我打一个零分。回到家，我把我的试卷给父亲看，并把学校的事讲给父亲听，父亲听后勃然大怒："真是胡闹！他想把所有的孩子都教成鹦鹉吗？简直是误人子弟！"

于是，我的学校生活结束了。我又回到了家中，在快乐自由的环境中任意发挥我的想象力和创新力。

我的父亲在学习方法上使用了和穆勒父亲同样的方法，另外，他还从各种小事上培养我的这种能力。

有一次，父亲的朋友带着他的儿子——大我两岁的本杰明来我家做客，他们还带给我一份礼物，是一幅拼图。当大人喝茶聊天时，我和本杰明开心地玩耍在一起，但就在玩拼图游戏时，发生了争执。本杰明认为，应该完全按照样图来拼，而我认为，把一块红色图拼在中间更好看。我说道："你看，红色的在中间不是更好看吗？""才不是，不好看，必须依照样本拼。""为什么？我拼得比样本好看多了！""你不守规矩，我爸爸说坏人才不守规矩，你是个坏孩子，好人就不应该破坏规矩。""我爸爸说，敢于打破常规才是好孩子。规矩也是人定的呀！我不是坏孩子。""你胡说，你爸爸也胡说，你们不守规矩，上帝会降罪于你们的。不论怎样，你必须得听我的，我说怎样拼就怎样拼。""为什么得听你的？"我不服气地问。"因为我比你大，比你懂得多，你就该服从我。"本杰明理直气壮地说。"谁懂得多，我们可以比一比，你古板、胆小又没有自己的见解，像只学别人说话的鹦鹉。我才不听你的。"听到我这样骂他，本杰明气得发疯，向我扑过来，我们扭打起来。我们的声响惊动了大人，大家忙跑过来，把我们分开，问我们为什么吵架。

于是我和本杰明争先恐后地把事情说了出来，父亲笑道："哦！为这点小事两个好朋友就打架，这可不好。卡尔，本杰明是客人，你怎么可以那样骂他呢？现在马上向他道歉。"

我心里不服气，但又不敢违抗父亲。不过，在我给本杰明道歉之后，他的气也消了，他也向我道了歉。见我们都平静下来，父亲拉着我和本杰明一起玩拼图游戏，父亲看了我拼的图，问本杰明："本杰明，你真认为卡尔拼的图难看吗？""也不是这样啊！只是我觉得应该按照样本才对。"本杰明不好意思地说。"哦！是这样啊。其实，我认为卡尔并没有做错呢！做事不能太死板，要有自己的见解，学会灵活思考问题。其实，玩拼图游戏的目的就是开发你们的创新能力，样本也只是一个参考。所以我们的思维不应该被样本所局限。你认为呢？""可是，我爸爸说人要守规矩才对。""是，人必须得遵守一些规矩，但不应该被它限制，不然我们今天也许还在过原始人的生活呢！"

后来，我听见本杰明的父亲对我父亲说："你这样教孩子，会把他教得无法无天的。"父亲说："不是，我只想把他教育成具有勇于创新精神的人，这是成为一个优秀人物的必要条件，不管是一个学者、艺术家、科学家、政治家、经济学家、军事家，还是一个商人或者农夫。"

第八章
如何做游戏和选择朋友

和玩具在一起度过童年，不仅仅是浪费时间，还会让孩子从小养成一些将来很难改掉的恶习。既然孩子可以破坏玩具，那么他们也可以破坏其他东西，一个从小就破坏性很强的孩子长大之后很有可能成为社会上的不良分子。

1. 游戏也要把握分寸

一个人成年后变得滑头滑脑、放纵、不能自制、任性，大多是从小没有被教育好的缘故。

放任不管就会使孩子不加选择地和任何一个孩子一起玩耍，从而有可能沾染上各种坏习惯，有时还有可能学到一些坏毛病。我经常看到一些没有被管束的孩子聚在路旁赌博，他们在一起打架，互相用肮脏的语言谩骂着。不知有多少次，我去劝说这些孩子，也不知道为他们拉过多少次架。

每当看到这样的情景，我都感到非常的寒心，他们本可以接受良好的教育，成为有礼貌、有学识的孩子，可他们并没有那样。

这些孩子很不懂事，常常互相抛甩石头，结果造成流血、受伤甚至眼睛被打坏而致残，这是多么可怕的事呀！即使是抛雪球，有的孩子也去选择那种像石头一样硬的冻雪块，使对方受到各种伤害。

我看到瞎眼睛、缺鼻子、少指头的孩子时，就常常去询问其原因，结果大都是在玩耍中受伤所致。这使我时常感到毛骨悚然。

小时候，我曾经也有一群小伙伴，可当父亲发现那帮孩子很粗野时，便再也不让我与他们玩了。在这里，我并不是想说那些孩子本身有什么不好，孩子毕竟是不懂事的，由于没有大人对他们进行正确的指导，使他们经常做出一些傻事来。

特迪是一个健壮的男孩，可以说是那一群小孩子中的领导人物。他有威严、聪明，而且有非常强的组织能力，他经常带领着那些比他稍小的孩子玩打仗的游戏。

　　或许特迪天生就有这种才能吧，他把自己的"军队"管理得井然有序。但是有一天，这位"英雄"终于被"敌人"打倒了。

　　那天，特迪将小伙伴们分成两组玩攻城堡的游戏。特迪带领五六个小朋友守城堡，另外的几个人扮作攻城的敌人。

　　特迪挥舞着他的宝剑——一根木棍，英勇地站在一辆拉货的马车上。他一手叉腰，一手拿剑，他将两只脚踩在高大的马车轮上，口中喊着自己的同伴："快，把敌人打下去……"这真是一副大英雄的气派。

　　当时我也在其中，我和特迪并肩作战。"敌人"将石块、树枝向我们猛烈地投掷过来。特迪用"宝剑"把它们一个个地打落在地。

　　"一定要守住城堡。"这是特迪和我们的一致想法。可是敌人的冲锋越来越猛，我们终于抵挡不住了。

　　敌方中的一人，就是他们的领袖，冲到了马车上，趁特迪不注意时向他的背部狠狠地踢了一脚，特迪"啊"地叫了一声，从马车上栽下来。

　　当时我就在特迪旁边，被这突如其来的事情惊呆了。看见特迪倒在地上，痛苦万状，并且还有血流出来，我没看清发生了什么事，就慌慌张张地跑回家，去找正在家里接待客人的父亲。由于害怕，还没进门我就惊恐地叫喊道：

　　"爸爸，不好了……出事了！"

　　从我的表情上，父亲看出一定是发生了不同寻常的事，于是急忙跟我走出去。

　　在我的带领下，父亲和客人匆匆地赶到出事的现场。那种情景使我终生难忘，连我家里的客人都惊恐万分。

　　这时我才看明白，当特迪从马车上摔下去的时候，正好踩在一把放在地下的镰刀的木柄上，也许是太巧了，那把镰刀从地上弹了起来，刀锋正好插进特迪的大腿里。

　　特迪倒在地上，疼痛得大喊大叫。孩子们没有谁敢去取下镰刀，是的，那太恐怖了。特迪的腿上全是血……

"特迪真是个大英雄。"事后我这样对父亲说。

"儿子，你真的以为他是个英雄吗？"

"是的，他是为了保护城堡才受的伤，他表现得很勇敢。"我的眼睛中流露出敬佩的目光。

"不，儿子，特迪的做法不叫英雄；至于把他从马车上推下去的那个孩子，更是显得无知。"

"爸爸，您不是说过做人应该勇敢吗？难道特迪不勇敢吗？"

这时，父亲看到我的单纯和幼稚并没有对我发火，而是耐心地告诉我哪些事是应该做的，哪些事是不应该做的。

"儿子，今天你们在做什么？"

"我们在玩攻城堡的游戏。"

"对了，那只是一个游戏，那不是真正的战斗。"他从"游戏"这个字眼来开导我，让我分清什么是真，什么是假。

"儿子，我知道你们都喜欢那些英雄人物，可是，你要知道，英雄并不意味着鲁莽，并不意味着不顾一切地打打杀杀。"

父亲抚摸着我的头，仔细地给我分析其中的对错。

"既然你们是在玩游戏，而且你们都是好伙伴，为什么非要真打呢？这种打仗的游戏很容易把朋友变成敌人的。你看，特迪很有可能会永远记恨把他推下去的那个孩子，因为他受到了伤害。本来很要好的朋友变成了敌人，或许有一天特迪还会去找他报仇呢。我不希望让你和你的朋友们心里面产生仇恨。仇恨会产生邪恶。"

"可是特迪的确很勇敢啊。"我还是没有懂其中的道理。

"我相信他是个勇敢的孩子，也很聪明。但如果成天这样打打杀杀会有什么结果呢？今天被镰刀砍伤腿，可能明天会被石块打坏眼睛，后天又会被摔断手臂。这有什么好结果呢？一个屡屡负伤的孩子，长大后什么也干不了。如果他想当一个将军，那么现在就应该懂得如何保护自己。一个缺胳膊少腿的人，怎么能够去领导军队打击敌人呢？"

"你们还是孩子，不能把握好游戏的分寸。你要知道，游戏仅仅是游戏，不能真刀真枪地干。如果有一天你们上了真正的战场，敢和敌人去拼个你死我活，那才算真正的英雄呢。"

"爸爸，我懂了。"听到父亲说完，我幼小的心灵豁然开朗。

孩子们在游戏中受到的伤害来源于他们的无知。如果父母不能对他们加以细心的教导，结果往往是极为可怕的。

父亲时常告诫我，不要去参与那些孩子们的斗殴打架，那种伤害比玩游戏中的伤害更加严重。那不只是对身体的伤害，更重要的是会在孩子幼小的心灵中留下不健康的阴影。

天下没有什么比在孩子的心灵中产生仇恨更加可怕的事。仇恨能让一个人虐待他的父母，蔑视周围所有的人，更会让他陷入孤立无助的境地。

有些孩子由于没有得到家庭细致的教育，不懂得是非善恶；由于父母没有给他们提供最好地度过童年的方式，他们闲散、无聊。他们不知道世界上有许多美好的东西，他们不知道读书，不知道书本里的魅力，更不会在文学、艺术中得到快乐。由于没有人给他们任何的指导，他们怎样去度过本应该属于自己的美好童年呢？有的孩子成天无所事事，有的孩子以打架和欺负别人为乐，更有的沉浸在邪恶的赌博之中。我一点也看不清这些孩子有什么美好的未来。这些孩子是不幸的，因为他们没有受到父母的良好教育，没有给他们有童年意义的家庭。

有人会说，孩子的性格和才华都是天生的。他们经常说："我的那个孩子坏透了，简直不学好，怎么教他都没有用。"每当听到这样的说法我都会感到悲哀。你自己都不相信孩子，弱小的孩子还会有什么好的发展呢？

我可以毫不客气地告诉这样的父母：你们不配做人的父母。孩子本身是好的，他们的一切过错都归结于你们。

由于各种原因，父亲在对我选择什么样的同伴上要求得非常严格。他尽力将我和那些有相同爱好的孩子组合在一起，他的目的是让我们可以在一起就某个问题进行探讨，可以相互之间学到一些好的东西。

每当父亲看到我和某个孩子一起朗诵诗歌，或者扮演某个戏剧里的角色时，他绝对不会去打扰我们，并为此而感到欣慰。

2. 正确处理和玩伴之间的矛盾

父亲怕我从那些玩伴中受到不良影响和学到坏的习惯，对我选择玩伴要求得非常严格，使得我曾经一度没有玩伴。亲戚朋友们对父亲一再说，孩子必须有游戏的小朋友。否则，孩子就会感到生活没趣，以致情绪低落，性格孤僻。

即使父亲并不赞同这种说话，但由于说的人多了，他也有些妥协。最后他和母亲商量，相继选了两个小女孩做我的玩伴。

这两个小女孩都是附近受过最好教育的孩子，会唱歌、会跳舞，我和她们俩玩得很愉快。可是结果正如父亲所预料到的，出现了一些不好的情况。

父亲告诉我，自从让我和两个小女孩一起玩耍以后，并不任性的我变得任性起来，从不说谎的我也开始说谎了，并开始使用一些低俗的语言，我竟然变得自以为是和傲慢了。

那时，这种变化令父亲很担心。

他对我与两个小伙伴玩耍时的情形进行了观察，发现这是由于两个小女孩什么事都顺着我而造成的。

为此，他告诉小女孩们："不要什么都听卡尔的，如果卡尔自以为是，就跟我说。"但仍然无济于事。最后父亲只得选择不让我再跟她们玩了。

对于这种情况的发生，父亲事后对此进行认真细致的分析和研究。

"首先，她们都是受过良好教育的孩子。有人会说，既然她们都受过好的教育，那么彼此之间就只有好地影响了吧。其实不然，人都有好胜之心，更不用说孩子了。

两个女孩子都会唱歌、会跳舞，卡尔也会，这里面就有一个谁做得好的问题。每当两个女孩翩翩起舞之时，卡尔总是会在旁边指手画脚，说她们这个动作不对，那个姿势不好看。这时女孩子们就会请他也来一个。卡尔会毫不客气地跳起来。由于他是男孩子，他的动作肯定会有力而舒展，不像女孩那样婀娜多姿，这时女孩子们又会说他的舞姿太生硬、太难看了。

这样，矛盾就开始产生了。

结果是，儿子和女孩们展开了激烈的争论。如果是争论其他的问题还好一些，就舞蹈来说，他们各有不同的观点。儿子说舞蹈应该有力，而女孩子们却说跳舞应该优美。

由于他们掌握的知识和词汇都有限，争到后来，就看谁的嘴快、谁的声音大了。卡尔是个男孩子，由于他强硬的语气，往往在这种争论中不得不让女孩们认输。即使她们心中不服，却又找不到说服卡尔的理由。

卡尔的胜利完全是因为气势压倒了对方。这样就会给他造成一个印象，女孩子们没有他行。他的优越感由此而产生。可是实际上他没有意识到，自己的获胜并非是在知识上比她们强。

于是，在错误的感觉中，他就变得自以为是，认为自己什么都懂了。

第二，由于在争论中屡屡获胜，儿子开始渐渐地轻视同伴，认为她们的智力不如自己。

我发现儿子在很多情况下为了说服女孩们而开始撒谎。他对待争论已经超出了问题本身的范围。为了获胜，儿子开始变得不择手段，甚至编造一些虚假故事来欺骗她们。

两个女孩和卡尔一样，都是年幼的孩子，她们的知识面都是非常有限的。单纯的孩子是极易被欺骗的。潜在的危害随之而来。

一方面，卡尔从一个不撒谎的人变得像一个骗子，他的欺骗不是为了金钱或其他的什么东西，而只是为了在争论中获胜。这就会使他产生什么都可以通过欺骗得到的想法，这种恶果将会危害到他的将来。另一方面，两个女孩子成了受害者，她们从卡尔那里得到了错误的知识。这也会对她们的将来产生不良影响。

由于卡尔本来就有一定的知识，再加上他的气势以及撒谎的伎俩，这样无论在什么情况下他都能占上风。因此，卡尔就让两个女孩佩服得五体投地。最后，她们干脆什么事都听卡尔的，什么事都顺着他。

到了最后，卡尔甚至认为可以随意指使她们，还常说她们太蠢、太笨，一些低俗的语言也就随口而出了。"

父亲找出这些原因后，就有针对性地对我进行教导，教我如何和玩伴们一起玩、如何对待玩伴、如何处理和玩伴之间的矛盾，使我改掉了那些坏的毛病，变得谦虚谨慎，不骄不躁，这使得我受益很深。

3. 父母是孩子最好的伙伴

孩子在童年的时候没有小伙伴，是否就意味着孩子失去了童趣呢？

父亲就认为小孩子没有伙伴是不会失去童趣的。他认为孩子不同别的孩子玩就没有乐趣，这是非常错误的想法。诚然，孩子们在一起玩耍时，他们更加随心所欲，想说的就说，想做的就做，他们当然喜欢这么干。习惯上人们就是把这些叫做孩子们的乐趣。

然而，这样的乐趣不如没有的好，在某种程度上也是父母在推脱与孩子一起玩耍的责任。

做父母的如果能理解孩子的心理，同孩子一起玩耍，那么孩子同样会感到高兴，并且这也是有益而无害的。因为这种玩耍使孩子既不会任性，也不会自以为是；既不会品质变坏，也不会沾染上各种恶习。

让孩子们一起玩，即使对方是好孩子也有弊害，这一点前面已经讨论过。如果是坏孩子，弊害就更大了。

好孩子的好习惯如果能传给坏孩子，这当然是很好的事，但遗憾的是，这种事根本就不可能发生，多数情况是只有坏孩子的坏习惯非常快地传给了好孩子。

为什么会这样呢？这是因为学习好习惯需要努力和自我控制，而坏习惯却无须任何努力即会沾染上。

从这个意义上说，有人认为学校正是孩子的恶习集中场所是有一定的道理的。这种情形，在学生品质不好的学校尤为严重。但是许多家庭不具备在家里学习的条件，所以学校应当尽最大努力来避免这一点，对学生的游戏给予严格的监督。

很多父母认为孩子必须和小朋友在一起才能高兴地玩，其实并非这样。父母能陪孩子玩，可能更是孩子喜欢的事。但是有很多父母都忽视了这一点，借口自己太忙或其他什么理由推脱掉与孩子一起玩耍的责任。

我经常这样想：父母的身体是孩子锻炼身体最好的工具，父母的肌肉可以给孩子补充力量。不是有很多小孩子喜欢在父母的身上爬来爬去吗？这可能是孩子最早的体育锻炼。

父母的面容和声音让孩子着迷，父母所做的工作和使用的东西让孩子惊奇，父母对孩子的关心和帮助就是孩子最好的娱乐。

因为孩子的好奇心，所以对任何物品都会产生新鲜的感觉。我小时候就很爱围着母亲转来转去，我对母亲使用的那些东西好奇无比。

父亲对我讲，我几个月的时候，我经常去摆弄那些杯子、盘子、木勺、小锅、锅盖等等。其实，我关心的不是这些物品的使用，因为我不会使用，而是关心物品的色彩、形状、重量和手感等。我还喜欢那些纸张、书本，这些都是我最好的"玩具"。

孩子希望父母跟他一起玩游戏，这是孩子非常渴望的事情。为人父母，应该有这份"闲情逸致"。有的父母根本不明白这一点，要么拒绝孩子的请求，要么随意中断正在进行的游戏。这样不仅影响了父母与孩子应有的情感交融，而且也打击了孩子参与游戏的积极性。

父母应该积极参与孩子的角色游戏，因为这有利于让孩子体验和认知他人的生活。父母应该经常提醒并鼓励孩子观察日常生活，了解各种人物的活动，特别是要让孩子观察父母本身的生活。

父母要有意识地让孩子也当当"爸爸"、"妈妈"，体验一下做父母的滋味。这种滋味尽管是肤浅的，但千万不要忽视它，因为它是有益的。孩子会从中体验到父母的辛劳，不断地加深对父母的理解。

父亲在教育我的过程中，他深深地感到在这种游戏之中，父母不仅是一个角色，而是主谋，要担当指挥行动的重任。

如果孩子违反游戏规则时，父母要注意提醒他，但千万不要让游戏半途而废。如果这样的话，会极大地打击孩子对家庭角色游戏的兴趣和积极性，影响是比较严重的。

可以这样说，我之所以能够健康成长，并有了今天这些成就，在很大的程度上都归功于父母与我一起玩的过程。这不是我在过分地赞扬他们，事实就是如此。

对于不同年龄的孩子，"玩"对他的意义是不同的，"玩"的方法也是变化和发展的。"玩"不仅仅在于"有趣"，而且还在于通过"玩"，孩子可以从中学习更多的东西，发现许多他认为神奇的东西。我们知道，玩可以充分运动孩子身体的各个部位，可以帮助他的各个感官的发展，可以开发与培养孩子的智力和创造力。

我的成长始终在父亲的关注之下，我的一举一动都在他的观察之中。他从中发现，对于我来说，并非只有游戏才是玩，吃、喝、拉、撒、动，甚至睡觉都是一种玩。

在我有兴趣的时候，父亲总会让我玩个够，玩得开心。

玩是孩子的天性，这一点很多做父母的都知道。但是怎么玩、玩什么，很多人未必有清楚的认识。很多孩子"玩"得很盲目，为玩而玩。由于这样，孩子本来可以从玩之中开发智慧和能力，但却被白白地浪费掉了。应该明白，孩子不能为玩而玩，而是要玩出名堂来。

孩子的潜力是无限的，但是孩子的潜力需要父母把它们诱发出来。

孩子在玩的时候，充满了积极性、主动性，他们的大脑在飞速地运动，思想在不断闪出火花，这对培养孩子的各种能力，特别是想象力和创造力，是其他手段难以与之匹敌的。我们知道，"玩"中有生活的影子，但绝不是对生活的照搬，孩子会根据自己的认识和理解去改造生活，父母不应该用条条框框去加以限制，这样孩子的创造力才能够容易得到充分发挥。

"玩"本身是一种运动，通过玩，可以增强孩子的体质，可以协调孩子的动作，可以振奋孩子的精神，更可以愉快孩子的情绪。但是，在玩的过程中，父母应该给予孩子良好的指导，否则就会发生前面所论述过的种种不良后果。

父母和孩子玩的时候，一定要仔细去观察他，尽量去了解他的内心世界。即使孩子很小的时候也应该这样。

人们通常认为几个月的孩子因为太小而什么都不懂，这是大错特错的。

在我儿子五六个月时，我发现他也是有情绪的。情绪好时，他浑身是劲，那些翻来滚去的游戏玩起来也很过瘾。他似乎从中感到了自己的力量，并且慢慢地学会控制自己力量的能力。情绪不好时，他会感到浑身没劲，如果此时父母再叫他玩这种游戏，他会觉得不舒服，认为自己无能为力了。

孩子的适应能力、反应速度比父母所想象的要慢得多，特别是在做游戏的时候。父母陪孩子玩的时候，要根据孩子的反应速度来进行，否则，孩子会心有余而力不足。父母必须顺应他的反应，需要有耐心，否则就成了父母的独角戏。父亲在我很小的时候就发现了这一点。比如他和六个月的我说话，如果他不断地讲，或只停一下又继续自己的长篇大论，我是完全弄不懂的。又如他递给我一个好玩的东西，我要一个较长的过程才会伸出手来接。这时，父亲就必须耐心等，直到我伸手来接，不把东西直接放在我的手里。如果他亲吻了我一下便马上转身离开，那么我就不会感到有趣，我很想给他一个微笑，但他没有给我足够的时间。要跟孩子玩，就应该给他足够的时间。

父亲认为，最好是孩子的大部分时间都在靠近父母的空间中度过。这样，孩子可以时时得到父母的关爱，不断交流感情。否则，孩子就会感到孤独、厌烦，感到不安全。父母应该尽量避免这种情况的发生。为了避免这种情况，可以把孩子带到父母做事的地方去，叫他临时在那里玩。对于我，父亲和母亲都时时鼓励我参与他们所做的事，而他们发现我也乐意这样。

比如父亲在用水时，我很想玩，他就让我积极参与。有时我还会帮助母亲扫地、洗碗。这些简单的家务事在我这里就都变成了游戏。

每个孩子都是一个独特的个体，他们的适应能力都有所不同。对于孩子的适合程度应该是又能引起他的注意和兴趣而又不至于吓着他。有的孩子荡秋千时开怀大笑，有的则吓得大喊大叫；有的对催眠反应灵敏，有的则毫无反应。因此，父母要善于了解自己的孩子，看他的反应适合哪一种游戏。

能够发现孩子的个性是父母必须具有的素质。

在父亲对我的教育过程中，他尽力做得能够让我事事愉快。因为他能够理解我的心情，同我一起玩耍，我和他都从中得到了无穷的乐趣。可以这样说，虽然我的童年几乎是和他——我的父亲，一个成年人度过的，但我一直都有着孩子天真的童趣。

4. 近朱者赤，近墨者黑

作为成年人，我们都知道交朋友是件很慎重的事。我们不但应该用爱心去对待别人，而且还希望我们的周围都是同样用爱心对待我们的人，谁都不愿意去和魔鬼打交道。

成熟的成人有时都会在不良的影响下走上歧途，何况孩子呢？所以在我小的时候，父亲就一直主张不让我去接触那些有坏习惯的人。

有的人曾对我父亲说，"你这样不是太自私了吗？你应该去帮助那些有坏习惯的人。"其实，他也想这样做，但他知道这几乎是不可能的。其实每个人只要认真地对待自己，坏习惯自然会消失。

父亲的好友和同行沃尔夫牧师与他持有不同的观点，沃尔夫牧师认为好孩子的好习惯能够传给坏孩子。父亲只认为这是一个美好的愿望，但这几乎是不可能做到的。

就这一问题，父亲曾经和沃尔夫牧师讨论过很多次，但他始终坚持自己的观点。父亲觉得既然不能用理论去说服他，那就只能看事实了。

威廉是沃尔夫牧师的儿子，他接受的几乎是和我相同的教育。父亲也不得不承认，沃尔夫也是一位非常出色的教育家，因为他的儿子在很多方面都不比我差，无论是知识面、语言，还是品德，威廉都表现得相当出色。

沃尔夫牧师与父亲不同的是，他鼓励他的儿子去和那些坏孩子交往，他告诉自己的儿子应该去帮助那些有不好习惯的小朋友。

帮助别人，是一种美德。但在父亲看来，沃尔夫牧师的做法未免太迂腐了，父亲认为他对自己孩子极为不负责任。

由于对玩伴的不加选择，沃尔夫牧师的儿子威廉渐渐地发生了变化。父亲曾经无数次告诫过沃尔夫，但他仍旧一意孤行，他坚持自己的观点，他相信最终一定是自己的儿子会改变那些坏孩子。

对于沃尔夫牧师的固执，父亲又能有什么办法呢？

不该发生的事终于发生了。

沃尔夫牧师有好几次发现儿子威廉很晚才回家，已经超出了他规定的游戏时间。于是他问威廉为什么会这样。儿子告诉他，因为有几个小朋友在一起发生了矛盾，他试图去劝解他们，他还给他们讲一些《圣经》上关于友善的故事。

"原来是这样。"沃尔夫牧师相信了儿子的话，并为他的这一举动感到非常高兴。因为这是他所希望的，儿子能够帮助别人，真应该为他高兴。

然而，他不知道，他被自己儿子的谎言欺骗了。这也不能怪他，因为儿子威廉在此之前从来都不说谎。善良的沃尔夫牧师做梦也没有想到儿子会渐渐地染上了那些坏孩子的恶习。

后来，当沃尔夫牧师知道真相后，几乎气得昏过去。威廉所谓的帮助别人，实际是他们聚在村外的树林中赌博或是讲那些低级下流的故事。沃尔夫应该知道，赌博在农夫之中非常盛行，这是那些没有受过教育的人的唯一乐趣。而那些下流的故事在他们之中也极为流行。可是，沃尔夫牧师完全没有引起重视。

威廉的那帮小伙伴几乎都是这些农夫家的孩子，他们从小就没有得到很好的管教，没有良好的教育，他们只是去模仿家人的做法，坏习惯和低俗的语言对于他们来说是家常便饭。威廉天天和他们在一起会有什么影响，那是显而易见的事了。

有一天，威廉气喘吁吁地从外面跑回家，什么话也没有说就跑进了自己的房间。沃尔夫牧师看出他显得惊恐万分，赶忙去问他发生了什么事。威廉却一言不发，无论沃尔夫牧师怎样问他始终不肯说一句话。沃尔夫牧师感到非常奇怪，他还认为是有人欺负了自己的儿子呢。

"沃尔夫牧师……沃尔夫牧师……"门外有人叫他。

当沃尔夫牧师走到门外时，看到了一个满脸怒气的农妇。

"太不像话了，沃尔夫牧师，您应该好好管教您的儿子。"

沃尔夫感到很惊讶，他一直以为自己的儿子是个好孩子。有什么事会让这位农妇那么生气呢？

"请问出了什么事吗？"他迷惑不解地问。

"您的儿子带着其他的孩子来偷我们家的鸡。这不是第一次了。以前我们家的鸡无缘无故地失踪，我还以为是魔鬼干的，但今天我发现是您的儿子威廉干的。您是牧师，怎么能教孩子干这种坏事……"

原来，有很多次，那些孩子指使威廉去偷农妇家的鸡，并一起在野外烤着吃。

我不知道沃尔夫牧师知道了事情的真相后会怎么想，但他一定会非常的难过的。

后来，沃尔夫牧师终于承认了父亲的观点，再也不让儿子和那些坏孩子玩了。

很多人都有这样的观点：孩子如果没有游玩的小朋友就会变得自负或者任性。这种观点极端错误。

在我看来，真实情况恰恰相反：不加选择地让孩子们在一起玩，他们就会互相逞能，有可能变成利己主义者，结果沾染上狡猾、虚伪、说谎、任性、嫉妒、憎恨、傲慢、争吵、打架、诽谤、挑拨等坏品质。

5. 有限接触其他孩子

父亲这种让我与其他孩子少接触的方式，最大的好处是使我能心态平和地处理一些事情。

由于我在家里没有争吵的机会，所以就不像有的孩子那样容易激动。

不管怎样坏的孩子，都不能使我发怒。所以，我被大多数孩子所喜欢，从不吵架。现在我已长到三十多岁了，从未跟别人吵过一次架。

我在大学学习的过程中，因为学问上的问题经常和同学们交换意见，但决不伤害他们的感情。由于我与学友们相比年龄小得多，我的表现很容易引起其他同学的妒忌，但由于我坚持真理，以理服人，就自然交到了很多朋友。父亲知道这些情况后常常高兴得流下眼泪，他对我说，他从心里感谢这些可爱的青年。

在我的成长过程中，父亲并不是绝对禁止我和其他孩子一起玩，而是提倡在父母的监督下让我们相互进行有限的接触。由于是有限的接触，所以，我们就会互相客气，就不致串通一气去干坏事。当然前面提到的那些弊害也就避免了。

父亲对我这样的限制，结果证明效果非常好。由于我没有沾染上各种恶习，就不会同别的孩子争吵和打架。即便有的孩子恶意挑衅，我也可以巧妙地避开。

父亲曾经带着我去过好多地方，回来时，那里的孩子们常常在依依惜别时流泪。

我可以根据自己的经历断言，认为如果孩子没有同龄玩伴就没有乐趣，并将造成精神颓废、变得孤僻等说法是错误的。

6. 在游戏中感悟人生

对我来说，一生之中最大的幸运莫过于我有一个好父亲和一个好母亲。父亲仁慈、纯朴、宽厚，母亲是一个善良而聪慧的女人。在我的教育中，母亲也倾注了大量的心血，也是一个非常能干而有责任心的母亲，我能有这样的母亲，是我人生中的最大幸福。

当父亲给我买了炊事玩具后，我的母亲与其他母亲不同，她不是把炊事玩具交给我就撒手不管了，而是借此进一步开发我相关方面的潜能。

我的母亲已经习惯于一边做饭，一边耐心地解答我提出的各种问题。并且还监督我，让我用炊事玩具学做各种菜。我母亲还通过各种烹饪游戏来使我从中享受到生活和增长知识的乐趣。

有时，我会扮演主妇的角色，而让母亲当厨师。因为我是主妇，母亲是厨师，所以做厨师的母亲就得向我请示各种事情。如果我下达的命令不得要领，那么，我就失去了当主妇的资格而降为厨师。

这时，当上主妇的母亲就发出各种命令。例如，母亲命令我做某某菜，去菜园里取某种佐料等。

如果我拿错了佐料，那么接下来我就连厨师也当不成了，只能被"解雇"。

长大后，我时常听到我的母亲给我讲她和我之间发生的趣事。

有一次，母亲对我说："在你小时候，有时让你当母亲，我当孩子，真有意思。那时你就给我下了各种命令，而我故意不好好做或者干脆不做。如果你没有看出来，那你就失去了做母亲的资格。但是，你一般都能看出来，而且还一本正经地给我提意见。那时，我就说：'请原谅，今后一定注意。'有时我故意不认账，这时你就用我斥责你时所用的语言来训斥我。"

"还有的时候，让你当先生，我当学生。当我故意把你讲得很成功的地方说成失败时，你一发觉了就会批评我。"

我认为，这些游戏对我在今后生活中减少失败起了一定的作用。

类似这种演剧式的游戏是很多的，导演当然是我的母亲。而且有时我和母亲还将之深化。比如，我们常常演出某个故事或者书本上的某个历史事件的某些情节。

有时我们还在周游过的地方，进行"旅行游戏"等等。通过这些游戏，她又教给了我有关地理和历史等方面的正确知识。

不仅仅是我的母亲，父亲有时也会和我玩类似的游戏。当然我不是去扮演什么主妇或厨师，而是扮演将军或士兵。无论是当将军或是士兵，父亲总处在一定的位置。有时，父亲可能是一个威武的将军，来指挥命令我这个士兵；一会儿，他又会变成个冲锋陷阵的士兵被我指挥。

我根据自己的体验和理解，常常把角色扮演得活灵活现。我的扮演充满了想象力和自主性，并且还会按照自己的体验去装扮成不同年龄、性别、身份或职业的人。

我认为这种游戏对孩子有很多好处：可以满足孩子的好奇心和求知欲，可以训练孩子的主动性、独立性和创造性，能够提高孩子的观察力、记忆力、判断力、想象力和创造力，并且能够丰富孩子的内心世界，还有利于提高孩子的语言能力，训练孩子的组织能力。

书本中的故事或童话对孩子有很大的吸引力，可以说这些是孩子的智慧源泉。父亲时常引导我把这些故事表演出来，有时他和我的母亲也一起加入进来。那是非常有趣的事，我那时觉得玩起来很开心。

这种游戏可以帮助孩子加深对故事的理解，而且还可以开发孩子的创造力。在游戏中，我充当各种不同的角色，用不同声调或动作去演绎一些优秀的作品。这对我各方面都会产生有益的影响，特别能够对我的心灵产生美的启迪。

父亲在同我进行这种游戏时，总是选择一些适合我表演的故事。这类故事的内容健康，情节生动，语言优美，角色可爱，表演起来也比较容易。为了方便我理解和记忆，情节的主线都比较简明。一般来说，选择的故事对话很多，以培养我的语言能力。在表演之前，父亲会把故事给我讲清楚、讲明白，不仅让我明白自己扮演角色的语言和动作，还让我明白整个故事和其他角色。

为了调动我的表演积极性，父亲尽量让我参加准备工作并为我创造一种环境和气氛。他时常告诉我，不要太拘泥故事本身，可以大胆想象，自由处理。无法表演的东西，如爬山、过河等，他就教我用象征性的语言和动作来加以表现。

在表演过程中，父亲一般会对我进行适当的指导，让我知道自己干些什么，充当什么角色，并要对自己担任的角色产生兴趣。有时候，他会为我做些示范来提示我的表演，但从不要求我一定要照着他的样子去做，因为这样会减少让我想象和创造的机会。

为了让我玩得有趣味，他还做了许多形状各异的木块，让我或者用这些木块盖房子，或者建教堂、修塔、架桥，或者筑城。由于建筑游戏需要做游戏者仔细动脑筋，因此非常有利于我的智力开发。这一点，我在前面已经提到过。

不仅如此，这种用木块来玩的建筑游戏还能够培养我的毅力。

有一次，我花了很大的工夫用木块搭起了一座城堡，有房屋、城门、城墙，还有做得精致的小桥。

当我正准备去叫父亲来看时，由于太激动，不小心我衣服的一角在城堡的主要建筑——一个高高的钟楼上扫了一下。顿时，钟楼坍塌了下来，并且把其他的建筑也砸坏了，还毁坏了我精心搭建的那座最令我满意的桥。顷刻之间，我的杰作变成了一片废墟。

当父亲在外面看到我正愁眉苦脸地坐在屋里发呆时，他不知道发生了什么事，便走进来，看到那些东倒西歪的木块时，他心中已经隐隐知道发生了什么事。

"爸爸，它被毁掉了，是我不小心毁掉了。多可惜呀！它本来很美……"我说着都快要哭了出来。

父亲问清情况后对我说："儿子，既然是你自己不小心，就没有理由抱怨，也不应该难过。你自己能做好第一次，也一定能做好第二次。为什么傻坐在那儿呢？干嘛不重新再做一个，也许还会更好呢。"

我顿时欢欣鼓舞起来。

其实我知道，这话说起来容易，做起来难。因为我搭建的是一组很复杂的建筑群。要我做第二次，非要有很强的耐心和毅力不可。但我相信我能够做到。

在父亲的鼓励下，我终于完成了，并邀请父亲来欣赏我的作品。他看了非常吃惊，简直没有想到我会做得那么复杂而完美。

"爸爸，我认为这一次比前面那个做得要好一些，因为我在做第二次的时候又对它做了不少的修改，并且做得快了许多。"我自豪地对父亲说。

这种结果是肯定的，只要我能够有信心开始第二次，那么就会有更好的成果，因为我已经在第一次中积累了丰富的经验。

除此之外，父亲还教我做模仿人生各种活动的游戏，但这只是在我很小的时候，他在那个时期努力通过游戏让我各方面得到发展。

父亲认为，与孩子做游戏切不可胡来，应当让他尽量地动脑筋。这样孩子就很少会感到无聊，就不会借此哭闹滋事。

虽然我的玩具很少，但是不管冬天有多长，我在屋里都不会无聊。因为我能利用这些非常有限的一点玩具，愉快而幸福地玩耍。

7. 父亲和我的各种游戏

我认为，只要善于利用游戏，那么游戏就不仅仅是一种娱乐，也会成为一种孩子学习知识的有效方法。

当孩子哭时，为了不让他哭，许多父母的做法是给他玩具或给糖果等。这些父母曾多次干这种事，而且不厌其烦。我对这些父母的做法深感气愤，这些做法实际上是非常错误的。因为孩子的乐趣，绝不是很多人所认为的那样，只是吃喝。孩子除了味觉的乐趣之外，还有视觉和听觉的乐趣。在我小时候，为了不让我哭，我的母亲给我颜色好看的东西或是敲钟给我听。而如果孩子吃喝过多，就会变得迟钝，并易生病。

为了使我各方面的能力都得到发展，父亲开设了与之相配套的游戏。他给我专门开设了一个卡尔运动场。那里的各种器具，有的可以用棒子敲打，有的可以悬重，以促进我练就发达的肌肉。我认为，孩子做游戏一定要有明确的目的，必须使他在精神上、身体上、道德上等各方面的能力都成长起来，不可白白浪费他们的精力。

做发展孩子爱好方面游戏，十分必要，也容易开展，因为这是孩子的本能。父亲和我就常常做蒙眼睛的游戏。事实上，几乎所有的孩子都喜好这一游戏。具体的玩法是把孩子的眼睛蒙上，给他各种物品让他猜测是什么东西。另一种玩法是蒙上眼睛，在屋子里摸索，碰到一件东西就让他猜测是什么，这类游戏也能有效地发展孩子的触觉。

为了发展我的视觉能力，我们还做一些数数的游戏。父亲把几颗棋子、豆等放在桌上，让我看一下就说出数字。父亲利用一切机会和我做这类游戏。在饭后，见到盘子中的水果，父亲马上问："这是几个？"或在走路时，见到路旁的东西，父亲就问："那是几个？"或者在桌子上放上各种物品，让我看一眼就说出是些什么东西。这种游戏可以使我的视觉变得灵敏，并发展记忆力。

在我很小的时候，父亲还经常带我到各处走走。为了训练我的判断力，以后再去那里时，他就让我在前面领路。经过这种训练，从一岁半时起，我就能带我的母亲和女佣到各处去。

训练视觉的游戏有很多。父亲经常问我室内的某一件东西，先告诉我这个物品是红色的，然后让我猜猜是什么。我就猜是字典、花、桌布等等，猜上三次或五次，但必须在规定的次数内猜对。若猜不着，就轮到我说而父亲猜了。

我们还做乘法口诀的游戏。把5×7或8×9写在口诀卡片上。把这些卡片字朝下摆起来，一张一张地往外抽，抽出一张翻过来看，尽快地说出结果。如果不能马上说出或说的不对，父亲便说出来，并把说对的卡片拿走。

为了让我学会控制自己的身体，父亲还和我做"模仿铜像"的游戏。他让我摆出某种姿势，然后开始数数，在规定的数字内不许动，这样做的目的是让我学会控制自己的肌肉。据说希腊人喜欢做这种游戏，他们的动作之所以那么优美，恐怕原因就在这里吧。

父亲还教我搞园艺。这样不仅使我很高兴，而且可以促进智力发展和身体健康。在我刚会走路的时候，他就给我买来小铁锹和小铲子等工具，在院子的一角开辟出一个小园地，教我播种、栽花草、除杂草、浇水的方法。这些简单的劳动，在我眼中也是一种极为有趣的游戏。通过搞园艺，使我产生新的兴趣并养成劳动的习惯和忍耐精神。

前面提到的卡片游戏是从纸牌游戏中发展来的，这类游戏既能提高我的记忆力，又能使我动作敏捷。父亲把我所有的功课：历史、语言、数学、地理等都编成卡片，和我一起做游戏，让我在这种巧妙的游戏中轻松愉快地学习各种知识。我非常感激父亲的这种游戏教法，这使我在快乐中学到了很多知识。

第九章
用鼓励夸奖来增强孩子的信心和勇气

　　人生的道路都是由心来描绘的。所以，无论自己处于多么严酷的境遇之中，心头都不应被悲观的思想所萦绕。由大智中产生大勇，在理解中加强信心，才是最坚毅的大勇与最坚强的信心。

1. 有效的夸奖可以产生无穷的信心

夸奖是每个人都喜欢听到的，有效的夸奖可以使人产生源源不断的信心和勇气，而过度的夸奖则容易使人妄自尊大，骄傲自满。尤其是对孩子，夸奖更要适度。

"你是非常聪明，非常好的孩子。"这是父亲在对我的教育之中用得最多的一句话。每当我遇到困难和挫折时，他总是用这句世上最美的语言帮助我摆脱内心的苦恼。

每当我痛苦和失落之时，父亲会对我说，"你一定行的，我相信你。"在父亲看来，那时我毕竟是个孩子，而且还很弱小，在我的人生中会遇到很多难题，他应该尽可能地帮助和支持我。每个人都会有失落的时候，每个人都会有失去信心的时候，何况是个孩子。只有让我充满信心，我才能在未来的人生中面对一切挑战，才会拥有幸福的人生。

信心从何而来？来源于父母有效的夸奖。孩子需要夸奖，需要鼓励。"夸"不仅仅表明了父母的爱心，同时也坚定了孩子的信心。只有孩子对自己充满了信心，父母才能培养出优秀的人才。如果从一开始父亲就对我缺乏足够的信心，我现在会变成什么样子，这是我不敢想象的。

我刚开始学习写作的时候，对自己一点儿也没有信心。当我战战兢兢地把我的第一篇文章递给父亲时，他就注意到我眼中的不安，似乎我在等待着他的审判。读完我写的文章后，父亲发现那的确是篇糟透了的文章：问题没有交代清楚，句子不完整，还有很多错别字。父亲想，"我应该怎样去评价这篇文章呢？"由于父亲感到我对写作缺乏自信，所以知道他不能只简单地说一声"不好"就能解决问题。在父亲沉默之时，我流露出忧伤的眼神。可我没有想到，父亲对我说了一句令人兴奋的话："非常不错，这是你第一次写作，爸爸刚开始写作的时候比你差远了。"这时，我的眼光中闪烁出兴奋的光芒。

不久，我把我的第二篇文章给他时，他认为这两篇文章有着天壤之别。

"自信"是信心的基础。没有自信，谈不上信心。通过有效的夸奖可以很容易培养起孩子的自信。

自信其实很简单，就是自己相信自己。无论大人还是孩子，无论干什么事情，如果缺乏自信，必然一事无成。反过来，一个人如果充满自信，对工作信心十足，那么他无论干什么事情，都会百折不挠。

从父亲对我的教育中我深深地感到：最重要的教育方法就是要鼓励孩子去相信自己。

我认识很多这样的父母，他们对自己妄自尊大，而对孩子却缺乏应有的尊重。幼儿虽然并不明白什么叫做自尊，但他们却拥有自尊心。他们能够十分敏锐地感触到父母对他们的情绪。对于抚爱和夸奖，他们以微笑和撒娇加以回报；对于嘲弄和漠视，他们以发怒和任性来加以回应。

我时时反省自己，是不是对我儿子有足够的尊重。在我儿子的成长过程中我发现，认真调整自己对孩子的态度和做法，孩子的任性则很容易被克服。

以上面的事情为例。如果父亲看到我的文章不尽如人意，立刻就把我否定了，甚至骂我"笨"、"蠢"，这样就会伤了我的自尊心，也毁掉了我的自信心，恐怕我以后再也不会用笔写文章了，也就扼杀了我的一种才能。

评价事情总有个优良中差之分。孩子得了"优"，做父母的自然要夸奖他一番，更增加了孩子的信心。得"良"或"中"，夸奖也是必要的，可以找找差距。即使成绩很差，也要善于夸奖，不要给孩子世界末日之感，多帮孩子找一找原因，关键是要找出孩子闪光之处给予夸奖，在这种时候，千万不能让孩子失去信心。

美好的东西总是让人回味无穷，丑陋的东西总是令人胆战心惊："夸"可以使被夸者产生美好的心境，从而留下美好的回忆，并以此激励自己不断前进。

每当我做了一件好事，父亲总会夸奖我一番。这时我总会眉飞色舞，信心百倍。我认为，只要孩子有一点可取的地方，就应该毫不吝惜地给予夸奖。即使他有什么地方做得不对，也不能去挖苦讽刺。孩子做错了事，只要他能够诚恳地改正，父母就应该既往不咎。

任何人都有成功，也有失败，失败往往比成功更多。孩子失败了，父母决不能说"我就知道你不行"之类的话，而是要帮助孩子从失败中走出来，要多加鼓励。

2. 孩子在多方面都有天赋

孩子的天赋表现在方方面面，父母要善于发现并为之提供良好的环境。只要父母能够发现并及时加以夸奖，孩子都是大有可为的。孩子的潜能是否能够最大限度地得到发挥，关键在于父母而不在孩子。只要父母及时发现并夸奖他的天赋，孩子一定会扬帆前进。从父亲对我的教育中，我深深地感受到了这一点。

孩子一生下来就在学习，逐渐形成了自己的长处和短处。让孩子扬长避短，优先发展，是每一个做父母的神圣职责。

孩子对音乐有天生的兴趣，听优美的乐曲可以使大脑得到有效的训练。如果孩子对音乐节奏十分敏感，对音乐十分入迷，那么这个孩子可能有音乐天赋，父母应该为他提供更多的"音乐奖励"，孩子一表现出这方面的兴趣，父母就应该用各种方式进行"奖励"。

孩子的绘画才能是从分辨各种颜色开始的，如果孩子对颜色有很大的兴趣，并且经常在地上、墙上涂画各种东西，那么这个孩子可能具有绘画的天赋，父母就应该为他购买画笔、颜料和纸，鼓励孩子画画的兴趣，还应该及时带他去观察大自然的风光，开阔孩子的视野。这些都算是对孩子的夸奖，对开发孩子的天赋十分有益。

孩子喜欢背诵、说话、讲故事是具有语言天赋的表现。说话特别早的孩子尤其应该引起父母的重视。孩子的语言天赋除了天生之外，很大程度上是后天训练而成的。常常与婴儿"说话"，尽管他可能还不会说话，但至少可以激起他对语言的兴趣。

语言能力是人的一种最基本的能力，因此，父母对此要特别加以"夸奖"。孩子小时候说话多，长大了肯定是个能言善辩的人。父母对孩子发音不准或用词不当，决不能讥笑，应该在他无意中加以引导，给予相应的鼓励。

要明白，孩子说错了话是完全正常的，不说错话才是奇怪的事。只要孩子说话就应该鼓励。

我在9岁时就能熟练地运用并翻译法语、意大利语、拉丁语、英语以及希腊语，在很大程度上归功于父亲对我年幼时的夸奖。

对我的教育，父亲把培养我的想象力放在第一位，往往把它看得比知识更重要。不少人教育孩子，总是使劲灌输各种知识，却忽视了他们的想象力。从我自己的学习经验来看，我不主张只把孩子学习知识作为目的，而是主张学习知识只是手段，让孩子通过学习知识去开发他们的各种能力，培养他们的各种能力和素质。

想象力没有一个具体目标，只有在具体活动之中才可以有效进行。孩子越小，这一点显得越重要。

每当我在扮演古代骑士，或者模仿小鸟的飞翔，我知道这是我的一种想象力的表现，在此时父亲往往夸奖我做得很好，其效果是不言而喻的，这样使得我年龄越大，想象力就越丰富、越独特。

孩子喜欢听故事，这似乎是一种天性。他们会不厌其烦地让父母及大人讲一个相同的故事，并且时常在父母讲述过程中查漏补缺，有时甚至添油加醋，这是一个绝好现象。父母应该及时进行鼓励，夸孩子有想象力，即使补的不对，加的不合理，也千万不要打击他们的积极性。

我有时会虚拟一些并不存在的事情，尽管漏洞百出，前后矛盾，父亲也没有认为我是在说谎，而是力图给我堵补漏洞，化解矛盾。父亲认为，父母的责任应该是夸奖孩子的想象力，并引导着他们继续想下去。

通过父亲对我的夸奖和诱导，我发现我的想象力越来越精妙，越来越发达。

很多孩子的大胆想象常常不被父母所理解，这是因为父母心目中有许多条条框框，并且经常用这些条条框框去扼杀孩子的创造力。

我认为，孩子的创造力之所以如此大胆丰富，就是由于他们的脑袋里没有什么条条框框，而且根本不想受条条框框的束缚。

有一天，父亲的一位老朋友来我家做客。他看见我正在用蓝颜色画一个大大的圆圆的东西。

他问我："孩子，你画的是什么啊？"

我回答道："是一只大苹果。"

朋友说："可为什么要用蓝色呢？"

我回答："我认为应该用蓝色。"

朋友对父亲说："我的老朋友，你应该教教孩子。他用蓝颜色画苹果，你应该告诉他那是不对的。"

父亲感到很惊讶，说："这是为什么呢？我为什么一定要告诉他用红色呢？我认为他画得很好，也许孩子今后真的会栽培出蓝色的苹果呢。现在的苹果是什么颜色，他吃苹果的时候自然会明白的。"

我的创造力就是在这样的不断的夸奖中培养起来的。如果用要求大人的标准去要求孩子，那么，孩子一举手一投足都有许多不合"规矩"的地方。如果对孩子的不合乎"规矩"的行为时时加以"纠正"，那么孩子的创造力就会不断消失。

我小时候，经常爱趴在地上，聚精会神地观察两只蚂蚁搬一颗饭粒，这是因为好奇。在这种时候，父亲绝对不会去打扰我。我有时还会把观察后的结果告诉父亲，说那只蚂蚁怎么啦，另一只蚂蚁又怎么啦。这时，他会夸奖我观察得仔细。

夸孩子的好奇心，对孩子创造力的培养十分有益，通过夸奖可以使孩子的好奇心更强。父母时常把孩子引向大自然，让他们去观察花鸟草虫，去遥望满天星星；闪电雷鸣、阴晴雪雨，他们会很感兴趣；日升月落，昼夜交替，他们也会不断提问。

对于孩子的好奇心，父母不能感到厌烦，而应该加以保护，并且善于将其引入恰当的轨道。这种夸奖，能把孩子带进知识的海洋，读书、做手工、搞实验，会给孩子带来无穷无尽的乐趣。

3. 勇敢面对失败

在我5岁的时候父亲就开始培养我各方面的能力了，但我认为更重要的是，从那时起父亲培养出了我乐观的性格。

人一生之中会有很多失败，教育孩子学会面对失败、不怕失败，是非常重要的事。很多时候，因为害怕失败而失败了；很多时候，因为不怕失败反而胜利了。

害怕失败，孩子的心理压力就会增大，本来能够轻而易举做的事情也做不好，做不了；害怕失败，孩子心里就会产生不做不错、多做多错的想法，丧失尝试的动力，以至于长期处于无能的心理状态。

父亲在这方面对我很宽容，即使我在某一件事上失败了，他也能够允许我再失败一次。任何人都知道，孩子吮乳、说话、走路，谁也说不清楚，到底失败了多少次，可是最终却胜利了，成功了。这不是对做父母的一个最好的启示吗？

害怕失败的心理不予消弭，久而久之，孩子就会形成一种对事物缄默冷淡或者不积极参与任何活动的习惯，这对他的健康成长极为有害。这种心理会导致孩子变得自闭、忧郁、消沉，这样的人怎么会有快乐的性格和美好的人生呢？

无论我做什么，只要我不违反固有的原则，不做有损于自己和他人的事，父亲都尽力支持我去闯、去干，在行动上鼓励我去尝试。他认为，只要让孩子有了不怕失败的勇气，再加上正确的引导，一切都会成功。

我不赞成父母把孩子本来自己可以做的事全包下来。久而久之，孩子便失去了独立思考的能力。无论何事，都要父母拿主意，这是完全错误的。

对于我，自己能做的事情父亲总是叫我自己去做。他尽力杜绝我以"我不会"作为借口来换取父母的帮助。每当我对某件事说不会的时候，他总对我说"我教你"，而不是他自己一做了之。

由于我在各方面都得到了良好的发展，每当我遇到挫折的时候都会得到父母的帮助和鼓励，我也从鼓励和夸奖之中逐渐建立起了自信心，直到现在，我的性格一直是乐观的。

4. 夸奖的诀窍

从父亲对我的教育过程中，我发现良好的行为在得到不断夸奖时，这一行为就会不断重复而形成习惯。很多父母可能没有意识到这一点，他们认为孩子良好的行为是自己与生俱来的，是理所当然的，因此就不想夸奖。其实，孩子良好的行为若得不到及时的夸奖，孩子的心里不会增加任何印象，良好的行为就慢慢停止了。

我发现不少的父母甚至在不知不觉之中采用了完全相反的做法，对孩子的不良行为给予夸奖，比如对撒娇的孩子给予不恰当的呵护，父母们就在这样的不经意之中强化了孩子的不良行为。

在生活中，我经常发现这样的情况：孩子表现出了不良行为，比如打架、浪费、偷东西、撒谎……这时父母开始着急了，训他、骂他，甚至打他。我认为这样做的结果非但解决不了问题，而且会产生更大的副作用。

孩子的不良行为引起父母的注意，他们往往在这些行为上的印象更加深刻。因为孩子往往会选择引起父母注意的行为，而不愿选择父母毫不理会的行为。

有些父母错误地认为，关注孩子的坏行为，对孩子进行惩罚，可以制止不良行为的发展。其实，对孩子来说，这种惩罚似乎是一种奖励，因为这一行为引起了父母的重视。这就是很多孩子爱恶作剧的原因所在。

父母关注什么样的行为，这种行为就会逐渐形成孩子的习惯。因此，我认为父母应该多加关注孩子好的一面，对良好行为给予及时、恰当的奖励，而对不良行为采取漠然处之的态度，让它没有加深印象的机会。

对于孩子好行为的夸奖越早越好。孩子年龄越小，实施起来效果就越明显，也就越容易。我曾经对其他的孩子做过一些研究，当孩子进入少年时代，这种夸奖就有一定难度了，因为在少年时代的成长过程中，孩子有一个反抗父母的阶段。为了更好地实施这一方法，父母应该明确区分孩子的情感与行为。孩子的内心世界，如爱、高兴、生气等，是孩子独有的，孩子感到高兴或生气时，他们自己也无法控制；孩子的行为是外在的，是看得见、摸得着的，孩子自己也能控制。孩子无法控制自己的情感，但是可以控制自己的行为；父母难以控制孩子的情感，但是却可以对孩子的行为施加极大的影响。

我认为，对孩子的夸奖，针对的应是孩子的行为而不是他的情感。

我认为父母应该注意到孩子的行为是指具体的行为，而不是抽象的或分析出来的。那些说不清楚的行为，父母无法施加影响，也无法去加以控制。明白这一点至关重要。

那么，到底哪些行为是说不清楚的行为呢？

比如："这孩子尽做些令人最头疼的事情"，"这孩子爱欺负人"，"这孩子不负责任"等。

而哪些行为又是具体的行为呢？

比如："他打了别人的小孩"，"他在墙上画了一只小动物"等。

我们应该明白：夸奖的是孩子的行为而不是孩子的情感；应该夸奖具体的行为而不是"说不清楚的行为"。

作为父母，主要应该对孩子好的行为给予及时夸奖。如果孩子没有做到，千万不要责备。孩子偶然做到就是一个不小的进步。只要孩子表现出良好的行为，父母就应该及时进行正面强化，巩固这种行为。

父亲对我的夸奖，一般有两种方式，一种是情感方式，一种是物质方式。我深深地感到，情感方式往往比物质方式更有效。

情感方式有表扬、亲吻、拥抱等口头或身体的行为。这种方式来之于父母，千万不要吝啬。

物质方式是一种补充方式，如给孩子一块点心等。我每次得到奖励总是欢欣鼓舞，但并不在乎奖励的多少。

在我年龄很小的时候，父亲大部分时候采用情感方式奖励，特殊情况时才采用物质奖励。

我认为，只要及时地对某一行为给予正确夸奖，这一行为就会在孩子身上不断重复出现，良好行为得到及时的强化和巩固。时间长了，孩子就会养成自然而持久的良好行为习惯。

但是，父母何时夸奖孩子，并不是随意确定的。如果太随意，那么孩子就无法明确地知道父母因为什么夸奖他。父亲总是在我表现出良好行为时给予夸奖，并且告诉我因为什么事而得到他的夸奖。

每当我开始使用新的且令人满意的方式做事时，父亲都会及时给我奖励。我认为这对培养我良好行为起了十分重要的作用。当我学会了新的行为，并且理智地去实施这一行为时，父亲便不再每次都夸奖我，而是拉长夸奖的时间间隔，实施间断性或随意性的夸奖。这种夸奖只能偶尔为之，目的是要让我感到意外。

当我适应偶尔得到奖励的方式后，我便会继续表现我的良好行为。因为已经形成习惯，我知道怎样做会使父母高兴，我也为此对自己的良好行为感到满足和高兴。

在此，我建议那些已经做了父母的人，不要因为孩子有不良行为而只是去教训和打骂他，而要去及时发现并鼓励孩子的长处。对于那些个性很强，精神旺盛，从不受别人指使的孩子，更应该这样。

第十章
"善"是人生最美的音符

　　人类先天就要有一种对善美的追求，对生命的歌颂和对造物者的佩服。拥有善良的灵魂，就是对造物者至高的敬意。

　　善良的根须和根源，在于建设，在于创造，在于确立美。善良的品格同美有着不可分割的联系。

1. 记录孩子所做的好事

父亲在培养我的善行上，确实下了很大的工夫。从我很小的时候他就开始给我讲自古到今有关行善的各种故事。只要我做了好事，他就马上表扬我："好！做得好！"有时还在母亲和亲友面前表扬说："卡尔今天做的这一件事很不错。"当然，他对我的表扬并不会做得太过分，以防止我产生自大情绪。他也不把这些事到处张扬，只是对少数了解我的人提及。

在我稍大一些以后，父亲就开始教我背诵各种道德诗。父亲认为，德国有很多讴歌仁爱、友情、亲切、有度量、勇气、牺牲等方面的诗篇，这些都是培养孩子品德和善行的宝贵财富。他一直让我多接触这些美好的东西，在我刚刚3岁时就能很熟练地将这些诗篇背诵下来。

为了鼓励我多做好事，他为我做了一个"善行簿"，将我做的好事记到上面，留做永久的纪念。由于这样的鼓励，幼小的我就立志要一辈子多做好事。在我的孩提时代，总会为自己的好事上了"善行簿"而兴奋，并且时常翻看它们。每当这时，我总会在脸上露出幸福的笑容。

就像培养我其他方面的好习惯一样，在培养我行善方面，父亲从不强迫我去做我不愿做的事，而是将功夫下在让我以此作为一种乐趣上，让我享受做了好事和克制自己时的喜悦。当然，让孩子理解和记住这些喜悦的趣味确实很难，但也决非不可能。我相信，只要耐心教育，孩子就能学到并尝到做了善行和克制自己的乐趣。

父亲下大力气培养我的善行，是为了使我成为一个高尚的人。为此，他常向我讲述有关做坏事的人遭到报应的故事，并对这些人的恶行加以严厉的批判。他用这些反面的典型作为劝诫我从善的手段。

很多父母在孩子成长之时都会碰到一大堆诸如此类的问题："我的孩子为什么说谎？""我的孩子为什么任性？""为什么他这么小就那么残忍地对待小动物？"很多父母在这些问题面前都显得束手无策，只能很痛苦地说："唉，早知今日，真不如不让他来到这个世上。"这些令人头痛的问题，搞得他们既困惑，又狼狈，他们常常难以相信自己会教育好这些小机灵，更不知如何对待孩子身上那些知错难改的坏行为。也有的父母抱怨说我几乎倾尽全力教他，却不知如何改变他没有道德的行为，他一点也不善良，一点也不懂得体贴人，还有那么多不听劝、不悔改的坏行为。我认为，只要方法得当，孩子是会被教育得很好的。

我认为，每一个人的行为都要受社会规范的约束。社会规范不是玄妙的观念，也并非是很空洞的一种说教，它是一种行为法则，包括我们每个人形成的思想、感情和行为。对于孩子而言，最初的约束来源于身边最亲近的人，只要身边这个人善良、公正和有责任感，他就会把这一美德传授下去，孩子是可以和能够被教育好的。作为父母不应仅仅教他如何享受好的物质生活，更重要的是关怀他的成长，让他真正表里如一地成长。

希望培养出善良、有责任感的孩子，仍是绝大多数父母最根本的要求和愿望。美善与公正的标准，对孩子在未来的人生成长中能否成为公正和善良的人非常重要。只要我们在这方面稍加松懈，不良习性就会乘虚而入。一个没有或不讲良知的孩子，会成长为社会罪人，他伤天害理，冷漠，没有任何同情心。他毫无愧疚地去伤害他人，扰乱社会，是多么令人心痛！在揭露他罪行的同时，人们会感叹，这原本也是一棵可以成材的小树，却不知在哪个季节浸染了病毒？很多父母在面对这样的孩子时，一边痛心疾首，一边捶胸自问：为什么我的孩子会是这样呢？

我认为，单纯依靠对孩子的奖惩，无法使他学会分辨是非。很多父母采用这样的办法：孩子某件事情做好了，做成功了，就给他奖励；如果做得不好，就横加罚戒。这种简单的方式，是父母一种不愿意花费时间和精力教育孩子的表现，也是一种对责任的逃避。如果孩子一旦发现了这种规则，就很快掌握了父母的衡量尺度，他也会采取一些对付的办法。这样，孩子心目中只有这种惩罚或交换的关系。作为父母，如果不做认真的分析和教育，不考虑孩子的内心世界，由此而引出的痛苦与慌乱，无论如何也不能上升到明辨是非的程度，当奖赏有所改变，孩子便没有任何理由继续坚守先前的规则。

我认为，惩罚只是一种短期、表面有用的东西，对于真正教育孩子的理由是不充分的，他并不能由此明辨是非过错，是非概念在孩子的心中只是这样认为：这样做了有奖，那样做了有惩罚。所以在对孩子的教育中，父母总要通过一些有效的方法让他懂得什么是善，什么是恶，让他真正感到行善之中的快乐，而不是简单的奖励或惩罚。

我认为，理想的人是品德、健康、才能都得到良好发展的人。只重视他的身体，孩子将成为四肢发达而大脑简单的可悲的愚人、恶人；只重视智力，孩子会成为弱不禁风的病夫，或者成为社会上的恶棍；然而，只重视品德教育，孩子会成为病夫、无用之人。因此，对孩子的教育必须三方面并举。

教育孩子不仅要发展他们的智力，同时也要培养他们的品德及善行。我认为，如同智力的培养需要从孩子一出生就开始一样，孩子优秀的品德也必须从摇篮时期开始熏陶，否则是没有希望的。对孩子进行道德教育，越早，效果也就越明显。

孩子的心灵是一块神奇的土地，播上思想的种子，就会获得行为的收获；播上行为的种子，就能获得习惯的收获；播上习惯的种子，就能获得品德的收获；播上品德的种子，就能得到命运的收获。在孩子品德的教育中，父母起着至关重要的作用，因为父母是离孩子最近的人，也是相处时间最长的人，父母的一言一行都是孩子模仿的对象。

我父亲始终认为，由于社会上没有专门培养孩子品德的机构，这个任务就落在了父母的身上。那些不注重培养孩子品德的父母，是没有尽到责任的父母。母亲爱虚荣，那么女儿必然是这样的。父亲好喝酒，儿子也会好喝酒；父亲管不住自己的嘴，儿子也会这样。父母如果严格要求自己，做孩子的表率，努力培养孩子的好品德，就会为他们的美好前程创造条件。这样的父母是令人尊敬的。

孩子是父母的影子，孩子是父母的翻版。我从父亲那学到的任何东西，都是从父亲所做榜样中获得的。为了培养我的品德，父亲知道他的行为要自慎，应处处做我的表率。

父亲在对我的教育中，特别注意培养我从小养成勤恳的习惯。他认为，勤恳是一个人最主要的品德，是幸福的源泉，而怠惰则是万恶之源。一个孩子的精力不用到有益的方面，就会成为破坏力量，那是很不幸的。

父亲无数次地对我提到柏拉图曾说过的那句话："任何坏人也不是出于本人意愿成为坏人的"，以此来教育我要严格要求自己，一切的行为都要以行善为宗旨。人之所以成为坏人，大多是父母教育不良的结果。

我告诫所有的父母，应从小使孩子养成勤恳的习惯，使恶魔无机可乘。父母应教育孩子从小就爱劳动，好学深思，关心和同情他人，这样的孩子一定会成为幸福的人。

父亲时常教育我一定要成为勇敢的人，因为勇敢是人的一种重要品德。有的父母看到孩子受了一点委屈就过分地安慰他，反而加重了孩子的痛苦，这是一种错误的做法。正确的做法是不要过分地谈这件事，应该把孩子的注意力迅速转移到其他方面去，以帮助他忘记痛苦。有的人专门靠别人的怜悯生活，再也没有比这种毫无骨气的人的生活更加悲惨了。但是，勇敢的人并不是无情的人。父亲常常告诉我，应该做一个既勇敢又有同情心的人。

父亲告诉我，自己的所作所为必然会得到相应的报答。我认为让孩子懂得这一道理非常重要，也按照这一原则教育我的儿子。

父亲告诉我："学习为我们带来现世的幸福，善行则给我们带来上帝的嘉奖。"

2. 用钱来奖励的理由

在我的教育过程中，父亲对我的奖励，往往把用钱奖励和写入"善行簿"两者兼顾使用。

如果我学习好，他就每天给我一个戈比作为报酬。但如果我学习很好，可是行为有过错，那我就领不到这一个戈比的报酬了。

常常有这样的情况，当我犯错误时，我会主动地说："爸爸，因为今天我犯了错误，所以不要钱了。"父亲后来告诉我听到这话时他的想法："我由于激动甚至想给你两倍的报酬。但是为了你着想，我不得不抑制住激动的泪花，克制住自己的情感说：'是吗？爸爸不知道。那么明天做好事吧。'实际上这时我内心里是难受的，为了表达我对你的爱，这时我常常是不由自主地亲吻你。"

在我很小、还不懂得用钱的时候，父亲采用其他的办法。如果我做了好事，第二天起床时，我就能在枕头旁边发现好吃的点心。他会告诉我，"这是由于你昨天做了好事，仙女奖赏给你的。"假若我做了坏事，第二天早上起来就看不见这些东西。这时，他就告诉我，"因为你昨天做了不好的事情，仙女没有来。"

如果我脱下衣服，自己不收拾时，就让它一直放到第二天，他们也不收拾，并且决不拿出新衣服给我穿。

这些做法都是为了让我从小就明白好行为有好报的道理。

很多人问过我，你父亲为了鼓励你的学习，为什么用钱来作为奖励呢？那是父亲为了让我懂得"学习能带来现世幸福"的含义而采取的一种比较实际的方式。这样做是为了让我切身体会到获得一点报酬是多么的艰难。

让孩子明白这一点极为重要。

我反对那些给孩子过多金钱的做法，让孩子轻易地得到想要的东西尤其是金钱，会让他产生依赖别人的习性。如果一个孩子在父母那里很轻易地得到金钱方面的奖赏，那种后果是极为可怕的。一方面，他会毫不珍惜地将钱随便花光，不会把钱用到应该用的地方，甚至错误地使用这些钱；另一方面，孩子由于轻易地从父母那里得到钱，他就会产生挣钱很容易的错误想法，以至长大以后不会去为自己的生存奋斗，甚至会变得懦弱和堕落。

我有一位富有的邻居，由于他过分溺爱孩子，时常给孩子太多的钱。他认为这是应该的，因为他觉得自己很富有，就应该让儿子也过上豪华的生活。这个孩子名叫布莱特，他的零用钱几乎是其他孩子的10倍。

由于得到父母丰厚的零用钱，又没有得到正确教导，布莱特在花钱方面极为"阔气"，在同伴面前始终有高高在上的感觉。他并没有用这些钱来购买对自己有用的东西，也没有用它去帮助那些需要帮助的人。

由于"富有"，布莱特很快就成了那些坏孩子追逐的对象。他们讨好他，奉承他，经常向他说一些动听的恭维话。布莱特时常在这种良好感觉之中飘飘然，于是，他就把从父母那里得来的钱随意请他们吃喝，有时还给他们钱。如果那些孩子得到这些钱能做一些好事的话，那还说得过去，但我想他们不会那样的。

布莱特的大方得到了那些孩子的"尊重"，很快他就成了他们的头儿。他们听他指使，对他唯命是从。在这种情况下，布莱特还以为是自己有独特的魅力才会得到他们的喜欢，他并不知道事实并非如此。

在和那些孩子交往的过程中，布莱特渐渐发现了金钱的力量，于是当有的孩子不听他的指令或和他有矛盾时，他就花钱买通别的孩子去打他。时间一长，布莱特变得蛮横无礼，心地凶残。有一次，一个农夫因不小心在路上撞了布莱特一下，他就命令自己的手下对那个农夫进行报复。那些孩子在路上将农夫团团围住，用石头打得他头破血流，并且还威胁他不能把这件事张扬出去。

布莱特不知道，成天跟随他的那些孩子并不是真的对他好，而只是想从他那里得到好处罢了。他们引诱布莱特参与赌博，并用事先想好的计谋让他输，用各种卑鄙的手法骗他的钱。可是他根本没有注意到这些问题，还为他们能给他提供新的"游戏"而感到高兴呢。对于输钱他也无所谓，因为他的父亲会不停地再供给他用。

可想而知，布莱特在这种"风光"的童年中怎么会有好的学习成绩。他的乐趣都用在吃好吃的东西、打架和赌博上。学习对他来说只是给父母装装样子！他没有尝到学习的快乐，也没有得到学习知识带来的喜悦。他认为知识是没有用的东西，因为每当看书时他就会觉得头痛，而和那些孩子在一起胡闹时他才会感到自在欢快。

不用说布莱特会有什么样的将来，他的放纵很快就让他尝到了苦头。渐渐的，他的恶劣行为传到了他父亲的耳朵里，那位被他打的农夫向他父亲告了一状。布莱特父亲气愤之极，将他痛打了一顿，并且停止了他所有的零用钱。

顷刻之间，布莱特成了一个"穷人"。

在一次赌博中，布莱特把剩下的钱都输光了。当他向其他的孩子借钱作赌本的时候，那些孩子翻脸了。他们告诉他，"你现在没有钱了，就不要再玩下去。""我们都听说了，你的父亲再也不会给你钱，你用什么来还我们呢？"

布莱特气愤极了，他没有想到平时的"好朋友"忽然之间完全变了样。他和他们争吵起来，并开始动手打架。那些孩子围起来打他，让他吃够了苦头。其中一个孩子用一块石头砸破了布莱特的头，他正是那个被打的农夫的儿子。

从这件事中我们不难看出，孩子的成长与父母有多么大的关系啊。布莱特本来能够成为一个正直、爱学习的孩子，他有很好的家庭环境，有很好的学习条件。但他不仅没有在优越的环境中向好的方面发展，而且还为自己的恶行付出了代价。我认为，这完全应该归罪于他那个愚蠢的父亲。

这是小时候，父亲讲给我的一个故事，我听后当时气愤极了，说这样的儿子和这样的父亲都是魔鬼制造出来的，并向父亲表示，一定要好好地利用自己的钱，用它们去做一些应该做的事。

我对我有这样的父亲而感到幸运和骄傲。

3. 取之有道，用之有度

大约到了我5岁时，我已存了一笔对于孩子来说算是数目不小的钱了。从那时起，父亲就开始指导我怎样使用那些钱。

父亲认为，从小对孩子进行严格的教育，也应该教会他如何使用钱，这是一种素质，它是直接关系到人一生中的发展和幸福的一个重要因素。

父亲把这种教育称作理财教育，它是父亲教育我的一个重要组成部分，也是培养我素质的重要内容。

父亲认为，理财能力是孩子将来在生活和事业上必须具有的最重要的能力之一，这种能力的培养应该从少儿阶段就开始进行，做得愈早，效果愈佳，否则将会非常被动。

孩子是最容易犯错误的人，但并非就是应该宽容的人。年少的孩子不具备固定的收入，不具备成熟的金钱意识，他们不知道怎样管理好自己的钱，但有强烈的使用钱的要求和欲望。这就容易导致孩子在用钱方面极易出现种种错误，这种错误直接关系到他们本身的成长，关系到他们的发展和前途。

所以，在这方面父亲对我也同其他方面的教育一样，从我很小的时候就着手培养。

通过对一些孩子的观察和研究，父亲发现他们都有非常类似的错误：滥用父母的钱；现在享用，以后付钱；仅仅把钱看成是现在买某种东西的一种工具；没有存钱积累的习惯，花掉的比积攒的多；钱在被花掉之前，已经有过好多次的购买欲望了；买东西时，把身上的钱花个精光；只在花钱时才有一种满足感；轻易相信别人说出的承诺；不做计划。

这些都是孩子在使用钱上经常容易犯的错误。帮助他们克服这些错误，树立起起码的、正确的金钱观，培养他们拥有将来必需的能力，是每个家庭的基本责任和义务。

有的父母无偿地向自己未成年的孩子提供金钱，一味无条件地满足孩子的花钱要求，放纵孩子过分的物质欲望，这只能助长孩子的某些恶习。当他们在成年以后靠自己有限的收入生活，一旦需要做出影响自己经济境况的重要决定时，就显得手足无措，既缺乏能力也缺乏心理上的应变力。

父亲之所以给我钱，主要是让我从小就学会怎样计划使用我的钱，并且让我了解劳动与报酬之间的内在联系，要让这些在我心中打下深深的烙印。父亲不会无计划地给我钱，而是像在前面谈过的那样，在我做了好事的情况下给我一些。

我从一些资料中看到，孩子在3岁左右的时候就开始萌发出独立的自我意识，产生"我自己来"、"我会做"、"我能做"的自我意识和表现欲望。所以在孩子3岁左右时就应该开始对他进行这一类的教育。这种教育与其他教育一样，对孩子来讲都是自然、适时的。它必然会像其他教育一样，为孩子的成长提供必不可少的丰富养料。

我认为，对孩子在使用钱上的教育，可以把它看成是一种工具或手段。我们教育孩子的目的并不仅仅是让孩子学会攒钱或一定要让他经商，而是要让他成为一个能干的、健全的、真正的人。在这一点上，基础品质的培养显得尤为重要。

首先，应该教会孩子诚实。因为这关系到他将以一种什么态度去从事那些事关钱财的活动以及由此而带来的社会和公众对他的评判。如果在这方面存在问题，就将给他以后带来不必要的麻烦甚至酿成极其严重的后果。

对我这方面的教育父亲采用了这样的一些方式：

父亲经常给我讲述一些能够阐明诚实品格非常有用的事实或其他方面的书籍中的故事，在我的头脑中就加深了诚实的概念及不诚实的后果。

父亲时常认真审视自己的诚实标准。他认为他的行为会在我的脑海里留下深刻的印象，并且也绝对不在我面前讲一些无伤大雅的谎话。

在我小时候，父亲通过对我日常的培养，使我对诚实的品格个性化。特别是到了上学年龄，他就开始鼓励我用自己内心的道德标准来判定某一行为的是非。他教导我，在面对生活中真正艰难的选择时，做到诚实、守信、积极进取。

父亲时常告诫我，让我在金钱面前保持自尊。

我认为，在现实生活中，金钱是一种最容易让人失去自尊而做出违背自己心愿的事情的东西。而一个人如果在金钱面前能保持自尊，不出卖自己的原则，他就会获得世人的尊敬，到头来金钱也就会尊敬他，使他得到事业上更大的成功与收获。

在父母自己的行为上，应该极其注意在金钱方面为孩子树立自尊的榜样。小孩子通过儿时的种种经历和这种榜样的学习就基本上树立起了自尊。

在对我的理财教育中，父亲让我学会节俭，而不是无谓的浪费或对有价值东西的破坏和消耗。对每一个家庭而言，如何持家是非常重要的，父母应该教会孩子认识每件东西的价值，因而爱惜和保护它。

父亲时常帮助我从事一些力所能及的劳动，从而使我得到自己想要的东西；他经常和我一起讨论地球上的自然资源，告诉我金属、木材以及纸张从何而来，让我认识到这些东西是非常有限的。如果我因滥用或疏忽大意而使物品遭到破坏，他会让我亲自去尝试修理。

父亲还告诫我，尽管我们都十分喜爱财物，但不要由此一味贪图财物。因为财物虽然可以给我们的生活提供支持，但它却不能创造一种真正有意义的生活。

父亲是一个简朴而克己的人，一直都非常重视将简朴的作风教给我。孩子决定着一个国家的未来，如果主宰国家未来的是贪图享受、奢靡腐化的一代人，那么这个国家将是不堪设想的。

满足感是简朴的根本所在。"觉得足够就是足够了"的态度肯定会对简朴品质的养成起到巩固基础的作用，父亲常用这句话来教育我不要贪心。

父母应该时常与孩子谈论简朴如何给人带来自由，而不是束缚，让人的价值高于物质的价值。

简朴的作风虽然很难培养，但让孩子时时记住"在所有的事情中，忠爱简朴"这句话，那么孩子简朴的好习惯便会逐渐形成。

4. 在孩子的心中种下"善"的种子

父亲认为品德、智慧、礼仪和学问是每个父亲应该给孩子留下的珍贵礼物。我父亲的愿望也是把我培养成这四者兼备的人物，缺少任何一样，人生就会不完美。品德愈高尚的人，他愈容易获得智慧、礼仪和学问；但是一旦失去品德，要想再重新获得就非常困难了。因此，在这四者当中，又以品德为最重要也是必须。

父亲认为，丰富的学问和才华比不上高尚的品德。在对我的教育上，父亲很看重这个问题，因此，品德的教育从我还是一个什么都不懂的婴儿时就开始进行了。在我8个月大时的育儿日记中，父亲这样写道："今天发生了一件事，很值得我深思。小卡尔现在已开始形成性格了。他能懂许多的事，身体也很好，他妈妈给他喂饭时，他规规矩矩地很快就吃完了。可是当柯蒂喂他时，他却不愿意吃，还手舞足蹈地想打柯蒂，为此，他妈妈还责怪柯蒂没有认真喂他。其实我看见柯蒂对着饭吹了又吹，根本不会烫到他。我看见这一幕，感触很深，一个婴儿能凭本能感觉到一切，他并不是像我们想的那样只知道吃和睡，他虽然不知道什么是好、什么是坏，但是在他的天性中却存在着这两种因素。因此，我们要及早地教育他，让他的长处发挥到极致，而将他的不好压制到最低。"

父亲下了很大的工夫来培养我好的品德。他认为一个人如果没有善的观念，不存好心、不做好事，那么他不可能具有其他的好品德，因为善良是好品德的基础。在我刚刚懂事的时候，每晚睡觉前，父亲总会给我讲一个劝人行善的故事。在我更大一点时，父亲教我背德国的诗歌，三四岁时我就会背许多诗歌，主要包括歌颂爱心、友谊、亲切、宽容、勇敢等方面的诗歌，以及《圣经》中的许多句子、诗歌、教义、十诫等等。

我很赞同父亲的这种教育方式，我在我的儿子身上也使用这样的方法进行教育。可是我的妻子跟许多人一样，认为那些深奥的道理，儿子根本不能理解，教给他也没有用，只要给孩子讲一些童话，让孩子背一背儿歌就可以了。虽然遭到妻子的反对，但我还是坚持认为这些东西对培养孩子善良的品德非常有用。

以我自己为例，在那时对一个小孩子来说，我根本不可能完全理解父亲讲的东西，但是，我从这些话中知道了上帝是独立存在和至高无上的，只爱我们、只给我们一切美好的东西，我们也要爱上帝、敬仰上帝。在我幼小的心灵里形成了对上帝最初的认识，我善良的品德也在此时开始逐渐培养成形。在我的观念中，上帝创造一切、统治一切，他能看见一切、听见一切。因此，从小到大，我每晚睡觉前都有向上帝祈祷的习惯，向上帝报告自己一天做了些什么好事或是坏事。

在我三岁半时，父亲跟我讲了一个到现在我仍然能背诵并且印象深刻的故事。那个故事在《马太福音》第十二章："耶稣坐在银库里，看人们如何向库里投钱，有些有钱人向里面投了好多钱。有一个贫穷的寡妇，她先投了两个小钱，然后又投了一个大的。这时，耶稣叫来他的门徒对他们说：'别人投的钱都是自己多余的，而这个寡妇却是把她所有的一切都投在里面。所以，我告诉你们，这个寡妇投的钱才算是最多的。'"

有一次，为了庆祝我的生日，父亲特地带我去街上买了我最爱吃的麦圈饼。我非常高兴，拿在手里始终舍不得吃。这时，一个吉普赛女人带着一个两三岁的孩子来到我们面前向我父亲乞求道："可怜可怜我们吧！这孩子饿得不行了，我们已有三天没吃饭了。"那个孩子脸色苍白，显得非常虚弱，他一看见我的麦圈饼便两眼发直、紧盯不放。我见那个孩子确实很可怜，很想把自己的麦圈饼给他，可是，我也是好不容易才得到的，更何况我还一口没吃呢！父亲见我犹豫的样子，知道我的心思，便对我说道："你还记得寡妇投钱的故事吗？如果那个寡妇遇到这种情况，你想，她会怎么做呢？"父亲的话提醒了我，我马上就把麦圈饼递给了那个孩子。我一直记得他们那种感激万分同时又不敢相信的神情。父亲称赞我说："卡尔，尽管这个帮助不是很大，但你的麦圈饼就像寡妇的小钱一样意义重大。"我虽然没吃到麦圈饼，但我发觉在帮助别人、给予别人关怀的过程当中，我可以享受到比自己吃饼更大的快乐，这就是做好事的快乐。

从此以后，每当父亲前去看望附近有难的人们时，我都会从自己很少的零用钱里拿出一些来，要父亲买礼物送给他们，当我这样做时，我感到很快乐。

父亲说，获得今生的幸福靠学习，获得上帝的奖励靠行善。因此，我一生都做好事，就可以得到上帝的赞赏。

5. 不要做伪善的小人

我们生存在社会中，社会规范制约着每个人的行为。对社会规范的理解、认识，在不同社会、不同时代都是有差别的，但是，对一些基本价值的尊重和认识却是每个时代所共有的，那就是构成一个良好品德的基本要素：诚实、负责、忠贞。父亲培养我的品德重点就是培养诚实守信。在人的生命里，诚实守信是最重要的品德，俗话说："比珠宝贵重的是诚实，对人有信用胜于给人珍珠。"

父亲经常说："一个人生存于世界上的根本是诚实守信。"因为当今社会存在的基础是契约，那些爱说谎、不诚实的人不可能得到社会的信任，只有诚实守信的人才能在这个世界上生存和发展。撒谎是父亲最不能容忍的事情，只要一提到撒谎，他就非常深恶痛绝。他也决不宽恕我撒谎的行为，他认为许多坏品德的根源就是撒谎。上帝的品格是守信，而撒旦的品格则是撒谎。

有一次，当父亲回家时，我正要去参加好朋友莫克家举行的复活节晚会，父亲高兴地对我说："卡尔，镇上来了一个魔术师，我们去看他的表演。你不是很想知道魔术是怎么一回事吗？"我那时最向往的事就是看魔术表演，现在终于有机会了。我高兴地把去莫克家的事抛到脑后，激动地叫道："走吧！走吧！我们快去吧！"这时母亲提醒我："莫克家你不去啦？"

"不去不去，莫克如果来，你就说我病了，不能去。"我对母亲说道。"什么，你跟莫克约好去他家吗？"父亲停下脚步问道。"是的。"我不敢在严肃的父亲面前撒谎，只得老实回答。"那你为什么不告诉我？""我想去看魔术表演。"我低声说。"那你就对莫克失约？""是的，可是莫克家的人很多，我不去也没有什么关系。"父亲怒吼起来："没关系？你居然认为不守信用没关系？撒谎不诚实也没关系？那么你是想做一个不诚实没道德的人喽？你不愿意做一个诚实守信、光明磊落的人，是吗？""不！不！""你忘了我教你的话吗？我告诉过你，说谎是可耻的行为，是不能被容忍的极坏品质。现在你居然认为不守信用没关系，撒谎也没关系。继续这样下去，将来你就会成为一个无耻的、令人恐惧的骗子。你太让我失望了！"看见父亲如此生气，我更觉得羞愧难当，于是大哭起来。父亲没有理我，继续说道："你对莫克不守信用，还想撒谎欺骗他，你对他也不诚实，这是你的两个错误。本来，我可以明天再带你去看魔术表演的，可是你撒了谎。为了惩罚你，现在你必须去向莫克道歉，我也不会带你去看魔术表演了。""我哪儿都不去。"我哭叫道。"不行，答应了别人你就必须去！"父亲不容置疑地说。

接下来，父亲又跟我讲了一个故事《鳄鱼的眼泪》。

从前有一只叫哈布亚的鳄鱼，一天，它想改变一下它的居住环境，它就从水里爬出来，到了一片沙漠中。由于天气很热，它被太阳晒得不能动弹，可是它又没有力气再回到水里去。这时，一个青年从一条小路走来，哈布亚大声把青年叫来，说道："我给你很多钱，你把我背到河里去吧！我想，你的力气一定很大，你的脚看起来又粗大又结实。如此好心的你，一定不会拒绝我的请求吧？"青年想："它如果给我很多钱，我就可以用来买米了。"

于是它答应了哈布亚的请求。当青年把鳄鱼背到河里，他叫道："快给我钱吧！哈布亚。"哈布亚这时却流着泪，说道："现在我要吃掉你是很容易的一件事，但我不是一个以德报怨的人，我很感谢你把我背到河里来，所以现在我只吃你的一只脚就行了。""什么？我救了你，你不但不给我钱，反而要吃我？"青年大叫起来。"哎！我本来可以吃掉你整个人的，但现在我只吃你一只脚，这是我给你多大的恩赐呀！你还不懂得领情。"鳄鱼又流着泪打断了青年的话。可怜的青年这才知道被欺骗了，便大骂鳄鱼，鳄鱼也骂青年。他们的吵闹惊醒了一只正在睡觉的白鹭，白鹭便问他们为什么争吵，青年就把这事告诉了白鹭。白鹭不相信地说："你能把它背到河里去吗？除非你背给我看，不然我是不信的！"鳄鱼想："这个青年现在一定没力气再背我了，白鹭肯定不会相信他的话。"于是它答应了。青年没有办法，只好又把鳄鱼背回到沙漠中。这时，白鹭说道："现在就看青年还愿不愿意救你回去了，鳄鱼，你问他吧！"青年说道："骗子！我不会再上你的当了。"然后便跟白鹭一起离开，把哈布亚留在沙漠中，哈布亚这时后悔也来不及了。

父亲讲完这个故事后对我说："这只鳄鱼撒谎骗人，不诚实、不守信用。你想变成一个像它那样让人讨厌的人吗？""不，爸爸，对不起！我没对您说实话。我马上去向莫克道歉，我不要做虚伪的鳄鱼。"

这个故事给了我很大的启示。后来，为了让我的儿子也能成长为一个诚实守信的人，我也常跟他讲这个故事。

6. 母亲是一个外交家

在我的成长过程中也得到了我母亲的亲切关怀。母亲在我身上付出的心血不亚于我父亲对我的教育。可以说，我之所以有良好的品德、开朗活泼的性格，以及对他人所具有的同情心，与我母亲对我细心的培养是分不开的。

我的母亲是我的一个外交家。她教会我怎样与人说话，怎样与人相处，甚至衣着方面怎样才会得体，都是母亲一手操办的。

无论是孩子还是成人，对于命令他们干这个、禁止他们做那个，都会产生些反感的。在这方面，我的母亲总会采用一种绝妙的办法，她不说要干什么就能使我自然地去干；不说不许干什么就能让我自觉地不干。我母亲曾经对我父亲说过，命令孩子学习、强迫他学习是无效的，与其命令他学习，不如引导他正确地对待学习。虽然我的学习由父亲负责，但母亲也给父亲出了不少主意。

从我自己所受的教育中使我意识到，母亲应该努力保持住自己在孩子心目中的权威。有的母亲好穿新奇的服装，打扮得过分艳丽，走在街上成为人们的笑柄；还有的因懒惰而衣冠不整，也同样让人耻笑。当孩子看到自己的母亲被其他孩子讥笑时，就会感到很难堪。不仅如此，这还会给孩子的精神带来很不好的影响。所以，做母亲的必须检点一些，既不应散漫，也不应过于浓妆艳抹。不然的话，母亲的权威就会下降。这种下降就是教育孩子失败的开始。很多做母亲的都不注意这一点，以为自己的行为与孩子无关。其实不然，往往很多孩子在这种母亲的不经意中失去了良好教育的机会，甚至越来越糟。

我母亲曾经对我说过一件事，这件事就充分说明了母亲在孩子心目中没有权威将会带来什么样的后果。

有一位母亲把女儿送到女子学校去上学。她省吃俭用，使女儿在学校有足够的花销。尽管如此，她女儿还是一点也不喜欢这位妈妈。有一次，她女儿对我的母亲说："我妈妈穿着那么花哨的服装到学校来，使我感到非常难堪。从我4岁起，由于母亲这样做，就使我感到非常难为情。"

做母亲的不应该这样。她虽然对女儿好，但还是失去了女儿对她的尊重。也许有人会责备她女儿的无情，但我却很同情她。虽然这位母亲在女儿身上花了很大的工夫，把女儿送到洋气十足的女子学校去，但是，我认为她没有尽到做母亲的义务。

父母是孩子的范本。母亲衣冠不整，孩子也是如此，这是不言而喻的。散漫的坏习惯往往缠绕一个人一辈子，这对个人来说极其不利。社会上有许多人因衣冠不整而失去飞黄腾达的机会。所以，一个人的装束如何并不是一件小事。

我的母亲非常注意这一点。她不仅自己衣着得体，也把我装扮得整洁大方，堂堂正正。

我的母亲曾对我说："衣冠不整，精神上也必然是散散漫漫。所以，衣冠端正，能使人精神抖擞。"母亲给我穿着的服装虽不奢侈，但都是整洁的。

我认为，整洁的服装能使人产生自尊心。不仅是人，就连马也是如此。给马换上好鞍，它就表现得扬眉吐气；给它换上破旧的马鞍，它就表现得垂头丧气。连马都是这样，更何况人呢？穿着不体面、不整洁的孩子，绝不会有任何出息。

在注意服装的同时，我的母亲还非常注意让我保持身体的清洁卫生。她教我洗脸、洗手、刷牙、梳头。因为身体清洁也能促使孩子保持自尊心。我的母亲把分寸把握得特别好，并没有让我沾染上好打扮、好漂亮的习惯。孩子之所以有哪些坏习气，大多是受母亲的影响，因此必须警惕。

人既然活着，就不可什么时候都无所事事。有的母亲对于个人的修养和教育孩子不感兴趣，这种人往往埋头于"打扮竞赛"。为了孩子的一生，这是应当避免的。

母亲除了关心我的教育和衣着外，也很关心我的游戏。多数母亲不关心孩子的游戏，这很不好。她们为家务事所累，当孩子做一件事情要她看一看时，她却头也不回。因此孩子倍感无聊，心事重重。这完全是做母亲的不是。

为了使我养成良好的品德，我母亲还给我绘制了品德表，一周一张，内容有：服从、礼节、宽大、亲切、勇敢、忍耐、诚实、快活、清洁、勤奋、克己、好学、善行。如果我做了与这些项目相符的行为，就在那天的一栏中贴上一颗金星，反之，则贴上一颗黑星。每个星期六数一下，若金星多的话，下周内就可得到和金星数相符的书、鲜果、点心等；如果黑星多，就不能得到这些奖品了。

这个品德表，在星期六统计之后也不准我将其扔掉，这样做是为了使我下定决心，在下周消除黑星。这样就有利于培养我积极的心态，因为如果长期保留黑星，会使我感到沮丧。

有一天，我独自一人在家，我把家里养的一只小狗拴在屋外的院子里。不久，天下起雨来，但我并没有把小狗带到室内来。小狗在外面"汪汪"大叫，冰冷的雨水使它浑身发抖。

这时，母亲从外面回来，看到这种情况，赶忙将小狗牵到了屋里，并立刻质问我。

"卡尔，你为什么让小狗在外面淋雨？"

"我……我忘记把它带回来了。"

"可是，你没有听见它在叫你吗？"母亲听我那样说非常生气，因为她知道我在撒谎。

"我想它在外面没什么！"我为自己辩解道。

"没有什么？那么把你也放在外面去淋一会儿雨，你愿意吗？"

"不愿意。"

"卡尔，你自己都不愿意，为什么要小狗去淋雨呢？你看，天气这么冷，小狗也会生病的。把小狗放在冰冷的雨水中，这是多么残忍呵！假若有谁让你去淋雨以致生病的话，做妈妈的会该有多么伤心呀！"

听了母亲的话，我低下了头。我承认是自己错了，并表示以后再也不会那样，一定要爱护小动物。

我的母亲就是从生活中的一些小事开始，一点一滴地培养我的善行，并教会我做人的道理。

7. 对孩子切不可过多斥责

父亲无论在教我学习知识还是培养我的善行时，从不斥责我，而是耐心地讲道理。父亲认为这才是最有效的教育方法。

其实，孩子做坏事，罪过在大人身上，而不在孩子。孩子做坏事是由于父母不把孩子的精力引向好的方面，是他们放任不管的结果。要想把孩子的精力引向好的方面，必须尽早开始让孩子对工作、对劳动感兴趣，并且培养他多方面的能力和爱好。只有这样，才能渐渐培养孩子健康的内心世界。

很多父母以为用打孩子的方法就可以教育好孩子，这是一种极为错误的观点。所罗门的箴言中有这么一句话：不鞭打孩子，就会惯坏孩子。我认为这是不正确的观点，它不仅误导了很多年轻的父母，也伤害了孩子。有些父母时常打骂孩子，以为这样就不会惯坏孩子，实际上这只能使孩子变得顽固、冷酷、残忍。

有一次，我遇到一个孩子正在虐待一只小狗。他用一支棍子使劲地打那只可怜的小家伙。我赶忙走过去制止他。

我问他："孩子，你为什么这么打狗？你不认为它很可怜吗？"

他回答："因为我父亲就时常这样打我，我都不被人觉得可怜，那么小狗也不应该被觉得可怜。"

在我们周围的很多家庭中，有些孩子被父亲打坏了耳膜，他们的脸上经常有父亲留下的手印。这真是令人痛心，可悲可叹啊！上帝叫我们爱别人，可是在这种粗暴的教育下成长出来的孩子将来怎么能够去爱别人呢？

我多次说过，自尊心是一个人品德的基础。若失去了自尊心，一个人的品德就会瓦解。人之所以变成醉汉、赌徒、乞丐和盗贼，都是由于失去了自尊心的结果。父母经常责打孩子，只会伤害他们的自尊心，除此之外没有任何好处。父母经常絮絮叨叨地数落着孩子的过失，只能有损孩子的自尊心。这些都是不正确的做法。

父亲始终主张不能体罚孩子，也从不对我施行体罚。许多父亲一生气，就毫无顾忌地打孩子。等他们平静下来以后，又去亲吻、去抚摸打疼的地方，或者给孩子糖果吃。

这种教育方法决不会培育出优秀的人才，只能造就出懦夫和蠢才。孩子的教育也包括着父母的教育。做父母的，在管教孩子之前，必须首先学会管好自己。

小孩子都是很贪婪的，虽然这是孩子的本性，但是，也不应该随便责打他，而是要注意教育方式。只要注意正确地引导他，孩子很快就会成为不自私的人。

从我小时候起，父亲就鼓励我把学习用具等送给贫家子女，以便培养我的慈善精神；同时，还鼓励我帮助别人干活。所以，从小我就成了母亲和女佣的好帮手。

有些孩子爱说谎，但也不应该动不动就因此而打他，要充分地思考他为什么说谎。由于孩子缺乏经验，又富于想象，有的时候会说谎，并且也知道这是坏事。父母不应该过分指责他，但要注意时刻帮助他矫正这一坏习惯。因为从无害的说谎，到欺骗他人的撒谎，它们之间只有一步之遥。但是一定要注意采用有效的方式方法，而不应该以打骂来解决问题。

父亲认为，孩子的很多毛病都可以用阅读和劳动来帮助他改正。书本中的知识和道理能让他得到良好的指导，而劳动可以让他感到一切都来之不易。孩子只要具备了学习和劳动的习惯，那么就会向良好的方面发展，进而成为有教养的人。

有个恶汉曾在法庭上傲慢地说："我自生下来，就不知道书本是什么东西，也一天没有劳动过。"所以，犯罪必定是无知、懒惰、不劳动的结果。

父亲有一个朋友，因为他的孩子顽劣成性，经常去糟蹋花园中的花草，弄得他伤透脑筋，毫无办法。父亲告诉他："你最好给你儿子买一个锄头和铁锹，让他自己种花。"

朋友马上照办了，并且取得了显著的成效。这是为什么呢？这当然是由于把孩子迷失方向的精力引导到种花上去的结果。

后来，这个孩子不仅种花种草，还非常爱惜它们。人们再也看不到他顽劣的身影了，而是经常看见他在花园中照顾那些小花、小草。并且，他对待别人的花园也非常爱惜，从来不去破坏它们。

可见，良好而有效的教育方法能够产生多么大的魔力。

常受斥责、打骂，孩子对于这种责打就会习以为常，父母也就失掉了威信，使父母和孩子之间产生了隔阂。其结果，对孩子的教育就彻底失败了。

父亲认为，对孩子既不可娇生惯养，也不应过多地斥责。只有采用合理、有效的教育方法去引导孩子，才能培养出孩子的善行以及以后做人的能力。

第十一章
培养良好习惯，消除不良习惯

习惯真是一种顽强而巨大的力量，它可以主宰人生。因此，人自幼就应该通过完美的教育，去建立一种好习惯。

不良习惯正一天天地把我们的生命变成某种定型的化石，我们的心灵正在失去自由，成为平静而没有激情的时间之流的奴隶。

1. 用心一处见成效

有的父母常请教我父亲，"为什么我们的孩子每天都坐在书桌旁苦苦学习，却丝毫没有一点长进呢？为什么卡尔学习得那么好，而我们的孩子却始终那么差呢？"这些父母对此产生深深的疑问，他们认为自己的孩子已经非常的勤奋，但仍没有好的成绩，是不是自己的孩子太笨，或者实在因为卡尔太聪明的原因。

特别是当我在学习上略有所成的时候，父亲经常被那些善良的父母们包围，他们总是不约而同地向他问这些问题。

对于这种问题，有时父亲真不知该怎样回答。因为一个孩子的成长是由多种因素支配的。但有一点可以肯定，那些孩子在学习上之所以没有取得令人满意的成绩，大多是由于没有从小养成良好的学习习惯。我不相信我具有多么高的天赋，也不相信那些孩子就一定是天资不足。

我认为，这些都全在于父母，父母怎样去培养孩子，怎样去引导他们才是真正至关重要的。

有的孩子天生就很聪明，在他们很小的时候就聪明伶俐，灵气逼人，但由于没有得到父母良好的教导，他们容易对什么都产生兴趣，对什么都想学，聪明的孩子最容易如此。

有求知欲和多种兴趣肯定是一件好事，但这要看父母去怎样教导他们。如果没有正确的指导，他们很有可能什么都要学，但什么都学不好。

就拿我自己来说，小时候我也是个好学而有多种爱好的孩子，但我并没有因兴趣广泛而影响学习。关键在于父亲从我很小的时候就严格地教育我学会计划和安排。

无论在我学习什么的时候，父亲都要求我达到专心致志。学语言的时候就只考虑语言，学数学就专心于数学。他决不允许我在学习的时候想着玩，而玩的时候又担心学习跟不上。因为不能用心一处，那么一切都是白费；如果不能专心一处，即使孩子整天坐在书桌旁，那也只不过是装装样子而已，只是一种对时间的任意糟蹋，也是对自己和别人的一种欺骗。

很多孩子成天在书桌旁学习却没有好的成绩，大多是由于不能专心一处导致的。他们坐在那里发呆，捧着书本却心系别处，或者望着天空想入非非。这样的状态，怎么能够学好知识呢？我认为，与其这样，倒还不如到外面去痛痛快快地玩一场。

不久前父亲给我讲述了一个二十多年前的故事。

他的一个朋友的儿子叫哈特威尔，是一个非常聪明的孩子，他的年龄比我整整大10岁。我的父亲和他的父亲是多年的老朋友。父亲几乎是看着哈特威尔长大的，所以对他非常了解。哈特威尔小时候几乎和我一样，对万事万物都有极强的好奇心，也有很强烈的求知欲。

每当父亲去他们家串门时，那个可爱的哈特威尔总围着他问这问那。或许是父亲对孩子有很好的耐心吧，他对哈特威尔的问题总是给予认真的解答。由于这样，哈特威尔还把父亲当成他的好朋友呢！

但是，当哈特威尔开始接受正规的教育时，他的父母告诉我父亲，哈特威尔的成绩总是不尽如人意。起初父亲感到非常奇怪，因为那个孩子很聪明，他的父母也都是很有学识的人，他们对孩子的教育应该是很不错的，可是为什么会这样呢？

为了解开这个谜，有一次父亲要求哈特威尔的父母允许他偷偷地观察哈特威尔是怎样学习的。

学习的时间到了，哈特威尔像往常那样坐在书桌前准备背诵《荷马》的诗，父亲在另一个房间从门缝里悄悄地观察他。当时他在默诵，父亲能听到他小声地诵读。可是，不一会儿，他小声地诵读声渐渐没有了。父亲发现他的眼睛并没有放在捧着的书本上，而是抬起头呆呆地望着窗外。

父亲明白了，哈特威尔学习走神了，他一定没有把精力集中在书本上。于是父亲把哈特威尔的父亲也叫过来观察他。他的父亲看到这样的情景顿时火冒三丈，立刻就要进去训斥他。

父亲及时地阻拦了哈特威尔的父亲，小声地对他说："不要这样，让我去和孩子谈谈。"

父亲悄悄地走进了哈特威尔的房间。当父亲已经走到哈特威尔身后的时候，他仍然没有发现。那时父亲想，这孩子一定是在想什么东西都想得入迷了。于是，父亲轻轻地在他的肩膀上拍了拍，他似乎受到了惊吓，浑身微微地抖动了一下。

"哈特威尔，你在想什么呢？"

"哦，是威特先生。"

"你在想什么呀？学习的时候应该用心，为什么走神了呢？"父亲轻言细语地问。

"我……我没有想什么。"

"那好，我再考考你刚才背诵的诗。"父亲拿起了他的书本，看着他说。

过了很久，哈特威尔一句也不能背出来。他满脸通红，羞愧难当。

"孩子，你如果没有想别的事，那么怎么会一句也记不住呢？"

后来，哈特威尔只得承认他在刚才学习时走神了。

"我也不知道为什么，看书时总是这样，总要去想别的事情。"

"那你刚才在想什么事？"父亲又问。

"我在想昨天发生的一件事，有一个小朋友仗着他身强力壮，就欺负别的孩子，我很气愤。我刚才在想我如果是一个武艺高强的剑客就好了，那么我一定会教训教训他。我会骑着高大的白马，挥舞着长长的宝剑去帮助那些弱小的小朋友，一定要让坏孩子尝尝被欺负的滋味……"他一边说着，一边比划起来。

这时，父亲看到哈特威尔的脸上充满了奇异的光彩，他在憧憬着自己成为英雄的场面。

"听我说，孩子，"父亲打断了他，慢慢地开导他，"你知道吗？帮助别人是好事，但不能光坐在这里想呀！你现在看的书是《荷马》，这里面有很多英雄的故事，你应该在书中寻找那些英雄的事迹，看看他们是怎样成为英雄的。更何况，你现在正在学习，其他的事情都应该暂时放下，努力地学好本领才会使自己成为一个强者。你想成为英雄，想帮助别人，就应该在书本中学习那些英雄的智慧，而不是在书桌前幻想自己成为英雄。你说对吗？"

"我明白了。"哈特威尔好像忽然悟到了什么东西一样，"现在我在书本中学习英雄的智慧，等学完后我再到外面去锻炼身体，也把自己的身体锻炼得强壮有力。那么等我长大后，就可以真正地帮助那些弱小的人们了，你说对吗？威特先生。"

"是啊，道理就这么简单。"父亲知道他解除了心中的迷惑，也为他感到高兴，"现在，哈特威尔骑士，你知道怎么做了吗？"

"知道了。"说着，他便捧起了书本，专心致志地学习起来。

后来，他的父母碰见我父亲时说："威特牧师，你的教育方法真棒，现在孩子的学习成绩提高得真是惊人。"

哈特威尔学习不好的症结在于他不能用心于一处。父亲发现了这一点，并用巧妙的方式让他全心用于学习，那么他的成绩有很大的进步是很自然的事。对别的孩子，父亲都能如此成功教导，对我就更不用说了，这也充分证明了父亲教育方法的正确性。

2. 要有雷厉风行的作风

在我学习功课时，父亲决不允许有任何干扰。他严格地规定我的学习时间和游玩时间，培养我专心致志的学习精神。

在我刚开始学习时，父亲平均每天给我安排45分钟的功课学习时间。在这个时间，我如果不专心致志地学习，就会受到他严厉的批评。

在我学习的过程中，即使是母亲和女仆有事想问他，他都一概予以拒绝，他会对她们说："卡尔正在学习，现在不行。"

有人来访的时候，父亲也不会放下对我的辅导，他吩咐家人："请让他稍候片刻。"他这样做的目的是想让我在学习时养成一种严肃认真、一丝不苟的态度。

不仅如此，父亲还非常注意培养我做事敏捷灵巧的习惯。如果我做一件事磨磨蹭蹭，即使做得好他也不会满意。这对培养我雷厉风行的作风很有积极的作用。

培养孩子敏捷灵巧的习惯非常重要。我们周围有许多人，他们坐下来不磨蹭很久是不会开始工作的，这正是由于他们自幼形成了一种很坏的习惯所致。

他们在磨蹭之中白白地虚度和浪费了多少宝贵的时间啊！

在对于我的严格教育上，父亲并没有使我牺牲很多吸收其他知识及玩耍的时间，并且使我每天只花费一两个小时的时间在学习上就能达到良好的学习效果，这一切正是得益于他培养我形成的做事敏捷的习惯。

我并非别人想象的那样由于学习而失去了玩耍的时间，反而正是由于我在学习知识时专心致志，效率极高，才使我赢得了很多时间去从事运动、休息和参加各种交往活动。

要想做事专心、提高效率，必须从小养成敏捷灵巧和雷厉风行的习惯。因为我们每个人的生命都十分有限，人的一生就只有几十年，还有大部分时间花费在睡觉、休息上，如果不善于抓紧时间做一些事，那么宝贵的时间就会像流水一样悄悄地流走，生命也就像天上的流星那样转眼即逝。

父亲时常告诫我，一个完美的人应该做事果断，行为灵巧，那样才会在有限的生命中做出有所作为的事情来。

有一次，我准备做一道数学练习题。父亲把题目告诉我之后就离开了。因为每次遇到这样的情况，他都会给我一个时间限制，在时间未到时，他不会去打搅我，目的是让我能够专心地独立解决问题。

可是这一次，父亲为了拿一本书，在时间未到时就走进了我的房间。他发现我并没有像往常那样在书桌前做练习，而是在房间中转来转去地玩。

他立刻问我："卡尔，你在做什么？为什么不做我给你布置的练习。"

"这道题很简单，时间还早呢。在时间到达之前我一定能够做出来。"我根本没有把这件事当回事。

"是吗？你觉得它太简单吗？"听我这样说父亲很气愤，"那好，我再给你加两道题。"

"可是，为什么？"

"你不是觉得时间太多了吗？那你就应该多做些事。"

父亲平时对我是非常严格的，言出必行，我是知道他的作风的。

他把新加的两道极难的数学题布置给我后就离开了。

到了规定的时间，他走进来检查我的作业。那时，我已经做完了两道题，正在解第三道最难的数学题。

"卡尔，停住。"

"可我还没有做完呢？"

"我只是给你加了两道题，但并没有给你加时间。"父亲严厉地说。

"可是，爸爸，这不公平。"我委屈地对父亲说。

"不公平吗？你自己认为有太多的时间，那么就应该在多余的时间中多做两道题。"

我对他的做法仍然不理解，我还没有明白，他这样做是为了不让我养成拖沓的习惯。

"如果在之前你没有磨磨蹭蹭地浪费时间，那么你就有足够的时间来做那两道题了。"父亲对我说道。

这时，我若有所思地看着他，似乎悟到了什么东西。

"你想想看，"父亲继续开导我，"如果在这之前，你没有把时间浪费在磨蹭上，那么早就做完了我给你安排的题目，就可以用你剩下的时间去看你爱看的书和干自己喜欢的事了。在你磨蹭的那一段时间中，你什么也没有做，就好比你把一杯可口的牛奶倒在了地上，那不是一种最大的浪费吗？所以，由于你今天浪费了时间，我也会浪费你的牛奶。当然我不会将你的牛奶倒在地上，而是送给我们的柯蒂喝。我才不会像你那么傻，把美好的东西浪费掉，而不是尽可能地去发挥它的作用。"

那天，父亲按着他所说的去做了，把我的牛奶送给了柯蒂。

从此以后，我明白了这个道理，再也没有发生类似于上述的那种事情。

3. 切忌蜻蜓点水，不求甚解

在学习语言和数学等知识上，父亲严禁我在学习当中敷衍了事，这是为了培养我养成精益求精的习惯。

父亲认为教孩子学习知识就如同砌砖一样，如果不严格要求，就决不会收到好的效果。做事力图精益求精是一种美德。他最讨厌那种敷衍了事的人。如果我们无论做什么都不去进行深入的研究，那么，我们做的事往往就没有大的效果，没有让人值得回味的东西，甚至在很多方面有着不可饶恕的错误。

世上有些所谓的学者，在说话或写文章中专喜欢用一些装腔作势的语言，以显示他们的学识渊博，但结果却使人费解。

从小父亲就教我做事要认真，尽量把一切事都做得尽善尽美。无论对于学习还是对于爱好，都要讲究一个"精"字。他告诉我，任何事情只要有了给人以"精"的感觉，这件事一定就有了价值。

小时候，我很喜欢画画，父亲就从这一方面去教我理解精益求精的道理，因为艺术的创造是尤其讲究精益求精的。

他给我买了很多名画的复制品，经常给我讲解艺术家是怎样完成它们并力图达到完美的。

我特别喜欢画小桥，特别是秋天金色阳光下的小桥。我曾经告诉父亲，在晴空万里的时候，强烈的阳光洒在小桥的石头上时能泛出如黄金般的光芒；小桥下清澈的河水是蓝色的，太阳的反光犹如蓝宝石一般美丽，阴影中是深蓝，显得神秘而又变幻莫测。

有一天，我带着画具到村外的河边画画，我是专门去画我最喜爱的那座小石桥的。我坐在河边的石头上专心地画画，父亲在一棵大树的影子下看书。

他捧着书本细细地读着，偶然望一望不远处的我。父亲心情很愉快，也许是天气比较好，也有可能是我也把他带入了一种宁静之中。

不一会儿，我站起身来。我认为我已经画完了，拿着画板向父亲走去并把那张画给他看。

父亲仔细看后，发现这幅画还是有些缺点。换作别的父母，可能会对孩子夸奖和鼓励一番，这幅画也就算完成了。可父亲却没有这样做，他认为发现了缺点就一定要给我指出来。

"卡尔，你不是给我描述过你想画的那种感觉吗？可我从这幅画里怎么没有看出来呢？"父亲问我。

"可是，我认为我已经画出来了。"我不服气地回答。

"你对我说过，水在阴影中的颜色像宝石那样深蓝，而且还有种神秘感，我怎么没有发现呢？"

我摸了摸后脑勺，仔细看了看画面，又向小桥下的阴影处望了望，然后很不好意思地说："对了，我忘了用深蓝色去画水中的变化了。"

于是，我又坐到了河边的石头上。

"爸爸，你看这下行了吧。"不一会儿，我又把画拿到了他的面前。

"嗯，不错，颜色比刚才要好多了。虽然这块水中的阴影已经表现出来了，可是仍然没有蓝宝石那样晶莹透明的感觉，更谈不上神秘感了。"父亲对我说道。其实我心里知道，我把这个画画成这样已经相当不错了。我连阳光下的水和阴影下的水之间不同的色调都能很准确地区分出来，除非专业画家，就是经过一定训练的成年人也很难做到。

我本想这幅画画到如此的程度也就算完成了，即便有些缺点，可以留在以后慢慢解决。没想到父亲居然给我提出这些意见。听到父亲的这些话，便激起我好胜的心理。

"我再去仔细观察一下。"我愤愤地说。于是，我又重新坐到那块石头上。

父亲看见我一会儿端详自己的画，一会儿又眯起眼睛仔细观察小河中的流水，一会儿又咬着笔端认真地思索。

这一次我在那里待了很久，就连他都觉得应该回家了，可我仍然在那儿坐着。

"卡尔，该回去了。"父亲催促道。

"等一会，马上就好。"我在远处向他答应了一声。而我却突然埋起头，拼命地在画面上涂抹着。嘴里还嘟嚷个不休。

当我把画第三次拿到他面前时，简直把他惊呆了。桥下那片处在阴影中的水，真如蓝宝石般的美丽，富有变化，神秘莫测。

"儿子，你真行！你是怎么做的呢？"

"我发现了阴影中的奥秘，它不是一整块深蓝，而是由不同的蓝色组成的，里面有深蓝、普鲁士蓝，还有钻石蓝，甚至还有一两点红色，那是岸边的花在水中的倒影……"

当时父亲很激动，我所说的都是绘画中很专业的东西，没有人专门教我，而我却自己悟了出来。可见我的观察力已经被父亲训练得非常强了。

"那你刚才在那儿不停地嘟嘟囔囔，你在说什么呢？"

"我不停地说，'蓝宝石'，'神秘感'……'蓝宝石'，'神秘感'，我想只要我用心去做，一定会把那种感觉表现出来的。"

面对我这样的回答，父亲没有说什么，看得出他在努力压抑住心中的激动，和我手拉手一起向回家的路走去。

在路上，他告诉我其实第二次就已经不错了，问我为什么有那么大的兴趣又开始第三次。

"你不是对我说过吗？做什么事都要力图精益求精。"

看着我那股既天真又快乐的劲儿，父亲把他内心的喜悦和兴奋隐藏在沉默中，只能紧紧地握住我的手。

4. 在生活中要学会坚持

人在一生中会遇到很多很多的问题，无论是在生活当中还在学习上都会有很多难以预料的困难。父亲时常教育我，认准一件事后就要竭尽全力地去努力，只要有恒心，只要能够坚持，那么一切困难都会迎刃而解。

父亲在育儿日记中写道，在我还没有出生的时候，我的父亲和母亲就决定要把我培养成一个成功的人。尽管当时还无从谈起应努力让我在哪个领域里成功，但他们有一点是十分清楚的，就是要想取得成功，只有认准目标，坚持不懈。所以，在我还只能趴在床上蠕动的时候，他们就开始对我进行持久力的训练。在这一方面，我的母亲做得非常好，只要我遇到困难，她就会用各种方法去鼓励我，直到我取得胜利。

在我很小的时候，为了训练我的持久力，母亲先从我的注意力的持久性开始训练，因为注意力持久是行为持久的前提。为了培养我注意力的持久性，母亲用了一个能够引起我注意和兴趣的玩具，一只用布做的黄色的小猫。母亲先把那只小猫放在我前后左右吸引我的注意力，等到我发生兴趣之后就把小猫放在我伸出手差一点就能够得着的地方，吸引我去抓。当我老是抓不着准备放弃的时候，母亲便用手推着我的脚鼓励我："使劲儿！使劲儿……"我在母亲的鼓励下往往会用力蹬几下腿，尽力地将小猫抓住。在小猫被我抓到手后，母亲就用欢呼和亲吻来庆祝我的胜利，让我体验奋斗、成功的喜悦。在我能够爬行的时候，母亲便增加了训练的难度，在我马上就要够着目标的时候，把吸引我的玩具挪到更远的地方，然后鼓励我继续爬过去拿。母亲认为，这样做既培养了我的毅力，又练习了爬行，实在是一举两得。

当我懂事能够开始学习知识后，父亲和母亲仍然用类似的方法去培养我坚持不懈的能力，久而久之就让我形成了一种习惯，只不过后来不是用玩具而是用书本而已。

我在学习上每一次有质的飞跃，都是通过在一个困难问题面前坚持不懈地努力的结果。

由于我在学习上一直都表现得特别轻松，任何有关数学的题目似乎都能够很不费力地解答，为了让我的能力有所提高，有一次父亲给我安排了一道远远超出我能力范围的题目。

我对那一次记忆犹新，因为那天我为了做出那道数学题的确费了相当大的功夫，这也体现出我所具有的超出常人的毅力。

父亲给我指定题目之后，我就开始像往常一样专心致志地在书桌前认真思考起来。每当这时，父亲会离开房间让我能够在安静的环境中独立思考。

过了很长时间，我还没有从房间中出来。父亲感到有些诧异，虽然那道题很难，但我以前从未用过那么长的时间去解题，何况现在已经远远超出了他给我规定的学习时间。

父亲走进房间时看见我仍然在那里冥思苦想，而桌上用来做习题的纸仍然是空白一张，什么字都没有。

父亲问我："怎么，是这道题太难了吗？"

我抬起头来看了看他，一言不发。

父亲看到我此时满脸通红，虽然天气不热却满头大汗。他当时的第一反应就是我一定生病了。

"卡尔，有什么地方不舒服吗？"父亲问。

"没有，我在想怎样解答这道题。"我回答道。

"现在已经超过了时间，如果你认为太难就先休息一下吧，明天再来解决它。"父亲说道。

"不，爸爸，再等一会儿，我似乎就快要找到答案了，请您再给我一点时间。"我说完继续埋头思考。

父亲认为我正在解答问题的关键时候，不应该打断我，于是，他又走到了房间外，和我的母亲谈论这件事。

快要吃饭的时候，我的母亲有些按捺不住了，她对父亲说："你应该让儿子出来了，恐怕那道题太难，卡尔的自尊心太强，害怕做不出而难为情。你去劝劝他吧，不要让他太累。"

于是父亲又走到了我的身旁。

"卡尔，你已经尽力了。解不出来没有关系，这道题的确太难了。"父亲对我说。

"不，爸爸，快要做出来了，"我说，"您不是告诉我要坚持不懈吗？我已经找到了解这道题的方法，就是差一点点。我想我马上就能完全解答它。"

面对我这样的态度，父亲还有什么话说呢？只能和母亲在外面耐心地等。其实他们已经做好了我不能解出那道题的思想准备，只是觉得我既然有那份恒心就尽量支持我。

"爸爸！爸爸！"不久，我终于兴奋地喊道。在那一刹那我感到了无比的激动，从我的声调中，父亲和母亲已经知道我成功了。

不出他们所料，我拿着那道题的答案，蹦蹦跳跳地跑了出来。

父亲看了我的答案，完全正确，并且我的理解思路巧妙之极，似乎还在标准解题方法之上。

那天在晚饭的餐桌上，我不停地对父亲说我是如何去思考，又是如何去寻找解题的着眼点。我也承认那道题确实太难了，我说我从未碰见过这样的难题，但我同时也为自己能够成功地做出来而感到自豪。

当父亲问我在解题过程中有没有想到过放弃的时候，我是这样对他说的："想到过，因为它确实太难了，有很长一段时间，我感到头疼，脑袋都要涨破了。我真想跑出去对你说做不出来了，但每当那个时刻，我就会听到自己心中有一个声音在说：'坚持一下，再坚持一下。'所以，我就发誓一定要坚持下去，非要把它解答出来不可。"

那天晚上，我吃了很多东西，睡觉也比平时香许多。因为我的确累极了。

自从那次之后，我的解题能力得到了大大地提高。在以后的很多时候，我都能够用两三种方法解答一些极难的数学题。我也通过这一次的练习对"只要坚持就会成功"的道理有了更深的体会。

5. 避免让孩子产生不良习惯

由于父亲对我的教育取得了一些成绩，很多认识的人，甚至是不认识却慕名而来的父母们时常向父亲提出很多问题：孩子不听话怎么办？孩子成绩不好怎么办？孩子有不良习惯又怎么办？

这一大堆问题确实令父母们担心，但父亲认为只要父母能够仔细地注意观察孩子，尽量站在孩子的立场上看问题，那么一切问题都可迎刃而解了。

有一位慈祥的母亲对父亲说，她的儿子脾气暴躁，动不动就发脾气，真不知该怎么管教他。父亲告诉她，要想让孩子变得有涵养而不粗暴，首先要弄清楚是什么原因造成的。

为什么容易发脾气呢？

父亲认为，小孩子之所以容易发脾气，是因为孩子的感情比较脆弱，容易被激怒，心中有一种无法遏制的东西，这种东西就是挫折所形成的一种负担。孩子太小，不知该怎么办，只有通过发脾气才可以发泄出来。

孩子发脾气时忘掉了周围的一切，内心被怒火所控制，他感到害怕、痛苦，但是自己又无法控制。孩子发脾气时很可怕，好像着了魔似的。父母不仅应该充分注意孩子发脾气的问题，还要弄清楚他发脾气的原因并且采取一些可行的方法避免他们发脾气。

父亲认为，父母应该尽力去安排好孩子的生活，让孩子少受挫折，或者让孩子所受的挫折在能够容忍的限度之内。不要过分地规定孩子做什么事，也不能太过分地强迫孩子不做什么事。严格地教育是理所应当的，但万事都有个限度，不能让孩子去承受他们极限之外的事。因为这样反而将孩子逼上了死角，他因此就会不知所措，会情绪极差，那自然就会乱发脾气了。不仅是孩子，连成年人也会有无法承受的东西。

当孩子情绪不好时，不要过多地招惹他，在他遇到困难时不要用过激的话去刺激他，要等他平静下来之后再去慢慢地开导。

如果孩子发了脾气，应该采取相应的办法处理，以免造成更坏的结果。

在父亲教育我和我在研究别的孩子的过程中，我逐渐积累了一些经验：当孩子为某事就要发火时，应该转移他的注意力，使他暂时忘记不高兴的事，慢慢地安静下来。父母在这种情况下一定要冷静，不要火上浇油，更不要用简单粗暴的行为加以制止。孩子安静下来之后，父母应该加倍体贴，好言安抚他。有的孩子发脾气时不准人抱，抱着他就等于火上浇油，那么父母不要硬去抱他，只需收拾好易碎的东西，保护好孩子不受伤就行了。万事都要等他安静下来后再说。

当孩子正在气头上时，不要直接去与他讲理，因为这时他是什么都听不进去和不讲理的。这时，父母更不应该向孩子发脾气。发脾气就像传染病，用发脾气的方法制止发脾气是不明智的，这只能使脾气越发越大。

对于孩子的坏脾气，父母不应该去奖励或惩罚，应该让孩子懂得发脾气得不到什么也不会失去什么。例如，孩子因为不想吃饭而发脾气，脾气发完之后，饭还是要吃的，当然父母要给他讲清楚其中的道理。如果平时吃完饭后会得到奖励，那么脾气过后吃完饭仍旧要给以奖励。

如果孩子在大庭广众之下发脾气，父母一定不能顺从他。很多父母由于害怕孩子当众发脾气而常常顺着孩子，这种做法是极为有害的。因为孩子虽小，但自有狡猾的一面，他们常常利用父母的弱点发起进攻。父母一定要想办法不要让孩子知道这一点。要做到这一点也不难，如果孩子当着他人提出什么要求，父母最好给予帮助，合理的要求就要满足他。如果硬要等到他发脾气再去帮助他，后果就不好了。对孩子的要求要有选择地满足，不合理的要求可间接地答复他，如告诉他回家再说，或对他表示等客人走了再说等等。

孩子发脾气主要是因为自己太弱小，面对问题感觉到无能为力。随着孩子一天天长大，他们的能力逐渐增加后，日常生活中受到的挫折也就会越来越少，他也会慢慢变成一个心平气和、通情达理的孩子。

有的孩子很任性，动不动就又哭又闹，使性子，把父母搞得一筹莫展。很多时候，父母只好迁就。我认为这种做法是极端错误的，因为这样孩子就会得寸进尺，越来越任性。

　　大家都知道，父母是最了解孩子的。对于孩子的脾气和性格父母应该最清楚，应该知道孩子在什么情况下会发生什么样的任性行为。在预料到他要做出任性行为之前，父母应该采取一些预防措施，避免孩子发脾气。比如，孩子吵着要买玩具，但是父母以为这样没有必要，就应该对孩子说："我去问一下你的姨妈，看你这样大的孩子适不适合买这种玩具，如果她说适合，我再给你买。如果不适合，那么就不给你买了。"事先把不买的可能告诉孩子，孩子会进行自我调节，做好心理准备，这样就可以防止孩子任性的发生。

　　在我的成长过程中，父亲非常注意观察我内心世界的变化，目的在于养成我良好的性格。从一开始，父亲就注重用各种方式培养我的品性，因为一个人的成功与否不光是他的学识和能力，性格往往是决定他成败的关键因素。

　　在我3岁时，我的一位亲戚来我家做客，他带来了自己的小女儿，也就是我的小表妹。起初我们俩在一起相处得非常好，由于我们年龄相差不大，又是早已听说过的兄妹，所以在一起极为投缘。可是，在一起待了两三天，我们之间就开始产生矛盾了。

　　有一天我们在外面的院子里玩，我正在用那些木块搭建房屋，小妹妹也在兴致勃勃地给我帮忙。

　　我像一位工程师，指挥我的表妹做这做那。开始一切都很正常，可是后来小表妹就不听我的话了。她非要把一块圆形的木块放在我没有指定的地方。我们在外面僵持了很久。小表妹把木块放上去后，我一定要把它拿下来，但小表妹偏不妥协又重新把它放上去。这样她来我往的不知多少次，最后，我们终于开始争吵起来了。

　　父亲和亲戚听见我们的争吵，赶忙跑了出去。

　　我怒气冲冲地坐在地上，而小表妹在那儿哭，哭得非常伤心。

　　"怎么啦，卡尔？"父亲严厉地责问我。

"她不听话。"我说道。

当父亲弄清楚是怎么回事后开始开导我："卡尔，你比妹妹大，就应该让着她。那块圆形木块放在那儿不是挺好吗？"

"不，那样不好看。"我坚持道。我说完就冲过去一脚把还未搭建好的小房屋踢翻，然后头也不回地向房间快步走去。

我的做法让父亲感到非常吃惊，他还从未发现我有这么任性，也从没见过我发这么大的脾气。

面对这样的情况，父亲并没有发怒，也没有立即去理会我，而是把坐在地上哭的小表妹抱了起来。

晚上吃饭的时候，父亲特意把我和小表妹安排坐在一起。

"卡尔，你今天怎么那样对待妹妹呢？"父亲问我。

"我又没有对她不好，只是因为她不听我的话而气愤。"

"为什么她一定就要听你的话呢？"父亲又问。

"因为她不懂，而我很精通搭建筑。"我回答。

"妹妹在搭房子时捣乱了吗？"父亲问。

"没有。可是我认为那块圆形木块放在那儿不好看。"我回答。

"可是你想过妹妹为什么要那样做吗？"父亲问。

"没有。"

"我认为，妹妹之所以那样做是因为她觉得那样好看。"

"可是……"

"卡尔，你平时一个人搭建筑的时候，我们都没有管你，是要你独自发挥想象力。可是今天不同了，既然妹妹也在参与这件事，你怎么不给她发挥想象力的机会呢？"

"我……"

"今天你和妹妹在一起，不仅应该玩得很高兴，而且还要充分发挥你们两个人的能力去把房子搭得更好。你要记住，一个人的能力是有限的，要想把事情做得完美，就要集合很多人的力量。妹妹有些地方不会，你应该耐心地教她，而不是任性地胡闹。你想想，如果你有什么地方不懂，而我不耐心地指导你却跟你发脾气，会有什么样的后果呢？"

父亲说完后，我一言不发。这些话使我明白了很多道理。

第二天，我和小表妹又在一起愉快地玩耍，并且我们合力搭起了一座极为壮观的"宫殿"。

不少父母看着孩子一天天长大，却发现他们在一天天变坏，而且是越大越不听父母的话。这虽然是孩子一天天变得独立的表现，但是如果管教不力，就很容易养成各种各样的不良习惯，甚至"恶习"。

6. 当孩子有了坏习惯时

孩子毕竟是孩子，在他们成长过程中不可避免地会产生各种不良习惯。因为他们太小，对事物的判断及对事情的处理上都显得能力不足。作为人之父母应该首先注意到这个问题，不能把孩子的"恶习"与成人的恶习相提并论，因为孩子的"恶习"还不具备成人恶习的性质和危害。比如说，当一个孩子说"我恨死你了"的时候，就和成人所说的"我恨死你了"不是一个概念。父母在面对这些时，应该多从孩子的立场出发，多去考虑一下孩子说话、做事的动机，以免小题大做，弄假成真。

有的父母认为，只有在大庭广众之下教训孩子才会树立起父母的权威，令孩子口服心服。我认为这种做法极端错误，因为这种做法的直接危害就是伤了孩子的自尊心。

父亲在我的教育上，从来不采取当众训斥的办法，因为他认为对孩子的教育应该建立在不伤害他自尊心的基础上。否则，不但不会在某一问题上帮助孩子，反而会使他向相反的方面发展。

自尊心是一个人的基本需求，自尊心受到伤害所造成的身心危害是难以估量的。对幼小的孩子来说，尽管他不完全懂事，但自尊心多次受到伤害，会对他的性格乃至整个心理的健康成长造成深远的影响。孩子的自尊心就像一朵娇嫩的花朵，只要稍不留意就很可能会受到伤害，进而产生难以预料的后果。所以，我父亲无论在对我的教育上，或与其他父母谈论教育孩子时，都一再强调要尽力去保护孩子的自尊心。

我和父亲的观点一样，都认为，父母教育孩子时必须维护孩子的荣誉感。任何人都需要得到别人的肯定和赞扬，这是人之常情。孩子在这方面表现出来的欲望往往比成年人更加强烈。对于孩子来说，得到别人，特别是父母的承认，对孩子的心理健康发展具有重要的意义。一个失去了自尊心和荣誉感的孩子是很可怕也是最难教育的。如果当着众人，特别是孩子的小伙伴面前数落孩子，会让他感到失尽面子，羞愧难当。这非常容易使他在伙伴面前感到自惭，经常自觉低人一等，也会成为其他孩子羞辱他的把柄，久而久之就会形成不良的心理障碍，影响孩子身心的健康成长。所以，父亲一直强调，对孩子的不足之处，要讲究用适当的方法去细心教导，要掌握合理的时间，一定不要简单蛮横，不能以成年人单方面的思维去对待孩子。

在对孩子的教育过程中，无论是他做了好事或坏事，父母都应做到心平气和，用一种平静的心态去对待他，因为教育孩子是一个最需要耐心的工作。父亲极力反对那些动不动就怒火冲天、对孩子责打频繁的父母。这些父母的方法只能把孩子吓得浑身发抖，只能在表面上看起来管住了孩子，实际上什么问题都没有解决。用心平气和的态度去处理有关孩子的问题，是一种最好的方法。这样，父母在孩子面前既有威严却不显得无理，既和蔼却又显得严肃。

我小时候也会做错事。每当面对这种情况时，父亲不会像其他父母那样总是使用"不准这样"、"不要这样"、"不行"这些消极的、否定的词语，因为这些语言容易使孩子觉得自己一无是处，会增加孩子的消极情绪。父亲总是用积极的、肯定的语言，给我以明确的行为指导，增加我的积极情绪。从父亲教育我的经验中，我感到这样做在我身上确实收到了较好的效果。那时，我在父亲那里听得最多的话就是"这样做"、"努力去做"这些积极的、带有鼓励性的语言。

很多父母认为，为了防止孩子养成不良习惯就要对孩子了如指掌。其实这种想法也不完全正确。孩子都有自己的秘密，大孩子有，小孩子也有。绝大多数父母都没有注意这一点，要么认为小孩子没有什么秘密，要么就是千方百计地挖掘孩子的秘密。这种想法和做法都是不正确的。孩子自有孩子的秘密，只是在大人看来算不上秘密而已。孩子是非常幼稚的，他们心目中那种秘而不宣的东西就是秘密。父母不应该时刻窥探，不要对此进行过多的追问，更不要干涉，特别是对健康合理的、无害的秘密。这样，哪怕是两三岁的孩子也会更加信任父母，与父母更加亲密。有了这种信任和亲密，孩子可能会把他们的秘密告诉父母。如果父母一味追问，孩子得不到父母应有的尊重和信任，孩子会感到他没有地位，就会心灰意冷，渐渐失去积极性，甚至很小就会关闭自己的心灵大门。当然，尊重孩子的秘密，并不等于对此不管不问，而是要求父母时时刻刻关注孩子的内心世界，在充分尊重和理解孩子的前提下，去关心和引导他。

在我犯错误时，父亲总以最简单的方式让我明白道理，而不是长篇大论和喋喋不休。在教育我的过程中，父亲那种长话短说、要求明确、大度和气的方式往往会达到令人满意的效果。

父亲从来没有打过我，因为那是一种粗暴的行为，是最让人厌恶的。很多父母用体罚的手段去管教孩子，效果往往很短暂的。他们不仅责打孩子，还说一些非常伤人的话——"不要你了，滚！""你太蠢了！""你不可救药！"。这些都会对孩子产生很多不良影响。

7. 采取有效的方法改正孩子的不良习惯

对于孩子来说，能够得到父母有效的教导是非常有利于他们健康成长的。有些父母对孩子的管教仅仅停留在管住孩子上，让孩子循规蹈矩，没有活力，没有创造性。这种办法根本不能让孩子健康地成长。也有些父母因为顾及孩子的自尊心而不去管教孩子，这也是一种错误的做法。

在对我的教育和管束上，父亲竭力做到既有效制止我的不良行为，又尽量减小或不产生负面影响。父亲认为这是管理孩子要遵循的最基本的原则。

除了我之外，父亲还接触过不少和我年龄相仿的孩子。他发现几乎任何一种不良行为，孩子都会凭着自己的理解去获得某种自以为是的"奖励"。父亲认为，父母的责任就是要去发现和取消这种"奖励"。

父亲有一位朋友，他的儿子是一个非常调皮的孩子，处处都让人感觉到他的与众不同，经常干些令人心烦的事，经常欺负妹妹和别的小伙伴。

有一天，这位朋友找到父亲，想让他提供一些管教孩子的办法。

他对父亲说："我的儿子真令人讨厌，他不仅喜欢嘲弄别人，连吃面包也与其他孩子不同。他明明知道我讨厌他的某些行为，可他偏偏那么做，好像是专门在气我。"

听了他说的话，父亲感到很奇怪。这孩子连吃面包都会惹家人生气，恐怕也有些太与众不同了吧。于是，父亲要求去看看这个孩子。

那天父亲和他的朋友一家共进午餐。在饭桌上，父亲特意仔细观察了这个调皮的孩子。

他发现，这个孩子在吃面包的时候，把面包皮细心地剥下来，然后把它捏成一个球形吃掉，而把剩下的部分丢在盘子里。与此同时还得意洋洋地对他母亲说："妈妈，我把面包皮剥下来了！"

于是，他的母亲开始训斥他："你怎么总是这样，居然还当着客人的面。"这时，他的父亲似乎也要发怒了。

父亲给他的朋友使了一个眼色，示意他不要发怒。饭后父亲给他讲了一个"对付"孩子的办法。

第二次，这个孩子故伎重施，像往常那样把面包皮剥下来后，也对母亲说："妈妈，我把面包皮剥下来了。"可是她的母亲只说了一声，"我知道。"

孩子说："你怎么不说我了？"

"不说了。"

没过多久，父亲的那位朋友又找到了他，说孩子现在已经没有剥面包皮的习惯了，也和其他人用一样的方法吃面包了。他觉得很奇怪，问父亲是什么原因。

父亲对他说，其实道理很简单，孩子的那种做法就是为了引起别人的注意，即使被父母责骂，他也会觉得受到了重视。在他眼里，父母的责骂就是一种奖励，而他的做法就是为了这种奖赏。后来，父母对他的这一举动不闻不问，毫不关心，他自己也渐渐觉得没趣了，所以在不知不觉中改掉了坏习惯。

还有一个小男孩，染上了说粗话的坏习惯。因为他的一个小伙伴爱说"屁股"两个字，他学会了带回家里。由于这两个字不是什么风雅的词，他的母亲觉得很讨厌，很快就加以制止。可是相反，孩子不但没有停止说这两个字，还一连几个星期编造出不少关于"屁股"的坏话，说什么"天上有个屁股"、"屁股点心"、"甜屁股"，等等。他的母亲气得不行，最后干脆懒得理他。后来孩子发现这样说已经不能够引起父母的注意，也就慢慢地不说了。

这是因为孩子起初说的粗话得到了旁人的奖赏而反复地说，后来没有了鼓励，曾经使他颇感兴趣的粗话也就渐渐地被遗忘掉了。

孩子在成长的过程中，可能会出现各种各样的坏习惯，有的是任性、自大，有的是时刻都不忘记表现自己，有的是爱捉弄人，有的甚至是以自己的行为危害他人、损坏财物。面对这许多问题，父母应该采取不同的办法去加以解决，以达到最好的效果。

我小的时候喜欢在墙上乱画，虽然父亲给我买了学习绘画的用具，但我仍然克制不住自己的这一癖好，总是趁他不注意时偷偷地用笔在墙上涂抹。

有一次，正当我在墙上画得高兴的时候，被父亲抓了个正着。

"卡尔，你在做什么？"父亲立刻制止了我。

我迅速地转过身，把笔藏在了身后，并用身体挡住了刚刚涂抹的东西。

父亲当时并没有给我讲道理，也没有训斥我，只是制止我别那样干下去，并让我独自一人到我自己的房间里待一会儿。

过了一阵，父亲把我叫出来，并询问我为什么要在墙上画。

我说："爸爸，我知道错了。因为我刚才在房间里想了很久，我想我的行为破坏了墙壁的清洁。其实我有画画的纸张，我应该在纸上画画而不是在墙上画。你曾经给我讲过不能随便弄脏东西的道理，所以我犯错误是不应该的，请您惩罚我吧。"

父亲并没有惩罚我，他叫我去房间里一个人待一会儿的目的就是让我自己想清楚这个道理。因为孩子有时在做某件事时，纯粹是一时兴起，他可能也懂得这些道理，只是一时管不住自己。如果父母当场就去训斥他，或把那些讲过多次的道理再给他讲一次，一定不会有什么好的效果。只有孩子从内心里真正认识到了自己的错误，这样的印象就会深深地印在他的脑海里，也就会减少他再犯错误。

父亲这样做，只是为了让我无聊而乏味地单独待一会儿，这不算是一种惩罚的方法。我一个人待着的时候，做什么事都没有关系，只是把刚才在墙上画画的那股劲冷下来。使我能在房间里对自己的行为有所反思，然后就会意识到自己的做法是错误的。

我认为，这种方法可以适用于很多情况。比如，当两个孩子发生争执或打架时，一般来说都会互相告状，争论不休。父母只要让他们停下来，把他们分开让他们各自单独待一会儿，可能什么问题都会得到轻松的解决。因为孩子之间不可能有什么深仇大恨，只是在一时气头上发生争执罢了。如果父母不是这样将他们分开而是去给他们讲道理的话，那么会更加深他们之间的矛盾，带来更多的麻烦。

当然也会有这样的情况发生，孩子拒绝到自己的房间或指定的地方去。有的孩子还会对父母的命令采取蔑视的态度，不去执行父母的命令。如果碰上这种情况，我认为父母仍然要坚持把他带到指定的地方去，即使孩子哭闹，也要把他关进房间里。父母要守在门外，在规定的时间之内不能开门。必须要让孩子明白，任何对抗都是没有用的，要让孩子必须面对这个现实，要让孩子懂得应该为自己的行为负责。值得庆幸的是，我有一个非常懂得教育孩子的父亲，由于他得法的教育使我小的时候非常听话，父亲也从来没有对我采用过任何一种粗暴的行为。

8. 控制孩子的贪吃行为

由于父母过于溺爱孩子，无规律无限制地让孩子进食，从而使孩子的食欲紊乱，以至于使孩子的精力仅仅用于消化，而大脑却得不到很好的发展。

在这样不合理的状态之中，即便实施了早期教育或其他什么教育，也是白费的。很多父母用他们如此之"爱心"对待孩子，在父亲看来是一种愚蠢透顶的做法，他们的"爱心"实际上是害了孩子。

父亲认为，不合理的饮食会对孩子产生许多负面影响，然而，这种情况，却没有引起很多父母的注意。有很多孩子，他们往往不知饥饱，由于吃得过多而生病。

贪吃的习惯并非是孩子的天性，而是由于父母的无知和纵容造成的。在大多数父母的头脑中，只想到为了加速孩子的成长，为了使自己的孩子身体变得很强壮，就拼命地对他们加强营养，只要听说有什么食品能强身健体，就不惜一切地为孩子买，毫无节制地灌进孩子的胃里。

我的父亲和母亲都非常注意这一点，他们严禁我随便吃点心、零食。为了给我加强营养，他们对我规定有固定吃点心的时间，并对此有合理的安排。

为了我的健康，也为了让我不要养成贪吃的习惯，父亲时常对我讲吃得过多的害处。

他告诉我："人吃得过多脑袋就会发笨，心情就会变坏，有时还要闹病。生了病，不仅苦恼和难受，而且也不能学习和玩耍了。不仅如此，你一得病，爸爸妈妈为了照顾你，好多事也不能做了，就是说你一个人病了，会给许多人带来麻烦。"

为了让我懂得身体健康及饮食合理的重要性，父亲在凡有朋友的孩子生病的时候，都会带我去探望，让我有更为直接的体会，对我进行这种很实际的教育。

有一次，父亲带着我散步，遇见了他的一个朋友的儿子。

"你家里人都好吗？"父亲首先问候道。

"谢谢，都好。"他朋友的儿子说。

"但是，你弟弟病了吧？"

"是的，您是怎么知道的呢？"他朋友的儿子惊讶地说。

"我知道，因为圣诞节刚过。"

父亲并不是胡猜。因为他知道那孩子特别贪吃，圣诞节过后准会闹病的。

果然不出父亲所料，于是他就带着我去探望。在谈话中，父亲问明了孩子的病因，正如他所预料的那样，是由于吃多了。

在这种场合，父亲与对方谈话，总是注意到要使坐在旁边的我能了解事情的真相。

为了让我不在饮食问题上受到损害，父亲特别注意培养我的饮食习惯。在吃饭时，尽力让我愉快地进餐。

我认为，让孩子愉快进食有利于增进孩子身心的各方面发展。

对孩子来说，食物不应该是一种奖赏，也不应该是一种义务，千万不能用食物贿赂他，也不要用不让他吃来惩罚他。父母完全没有必要去浪费时间和精力把食物当做奖励、惩罚或威胁的手段来对待孩子。重要的是要把管教孩子和食物分开，给孩子营造一种和谐轻松的进食气氛和环境，让孩子独立自主，轻松愉快地进食。

很多父母总是担心孩子吃得太少或者害怕孩子不会吃，就餐时如临大敌，全部精力对付孩子，这样不行，那样不对，挑这样，拣那样，无形中给孩子造成一种压力。久而久之，孩子把吃饭就当成了一种负担，这不仅给孩子进食带来影响，还会给父母带来多余的麻烦。

父母们应该知道，只要孩子不太贪吃，就应该让他觉得吃东西是一件很重要和愉快的事情，一件自己想做和能做的轻松自然的事情。但应该注意，不能让孩子觉得吃就是唯一的乐趣，千万不能让他养成贪吃的习惯。

孩子那种"有机会就吃"的情况，不是出于天性，更多的是由于父母给他创造了过多"吃的机会"。

我基本上没有因为吃多了而伤害了胃。每当父亲带我到他的朋友家里，主人总是要热情地拿出点心之类来款待。但不管是多么好的点心，都难以让我动心，我是坚决不多吃的。

父亲的朋友们看到我的反应，认为这不是我的真心，可能是由于父亲管教过于严格的结果。但事实并非如此，完全是我自愿的，因为我已养成了良好的饮食习惯。

那些人之所以这样认为，是因为他们在用自己和对自己孩子的标准来衡量我，他们无法理解我的自制能力。

其实，这也并没有什么难的，只要从小对孩子经常做这方面的健康教育，就会像我一样很容易地能够做到。

9. 贪吃会使人愚笨

胃过于疲劳会使大脑功能减弱，所以贪吃能够使人蠢笨。父亲时常将这一观点讲给我和周围的人听。其实，不仅是父亲，历史上的很多伟大的人物都非常注意这一点，特别是那些积极用脑的大思想家、哲人，更是这样。

麦克尔德是我们这一带有名的小胖子，据说他的食量很大，在他很小的时候，就能和大人吃一样多的东西。每天除了正常的用餐外，还要不停地吃很多零食。

我曾经问过他的父母，孩子怎么从小就长得这么胖。本来我是个不爱打听别人的事的人，可是每当看到麦克尔德那种胖乎乎甚至走路都有点困难的样子，在我的脑子中总会出现这个问题。

为了培养好我自己的儿子，我也采用父亲教育我时用的方法，我不轻易给儿子东西吃，甚至有时他哭闹着说饿，我也不予理会，所以妻子总是说我铁石心肠。但我认为这样做对孩子是有好处的，所以，每当我遇见有些父母对孩子的贪吃行为纵容放任时，我就会去问一问其中的原因。

麦克尔德的父亲告诉我，因为他和妻子一直没有孩子，等到年龄很大的时候才有了麦克尔德，所以倍加疼爱他。特别是他的母亲，更是把儿子当成自己的心肝宝贝。

他们给儿子吃最好的东西，穿最好的衣服，可以说对儿子百依百顺，万般迁就。只要儿子想吃的东西，他们都要绞尽脑汁地给儿子弄到。

麦克尔德的父母都是体形较瘦的人，他们对儿子长得如此之胖也有些感到不愉快，但他们只是觉得儿子长得太胖有些难看罢了。他们没有考虑过肥胖已经成了孩子的负担。

麦克尔德由于长得胖，被同伴们称做"小胖子"，他行动缓慢笨拙，几乎无法和别的孩子一块玩，甚至有的孩子还欺负他。每当受欺负后回家哭闹时，他的父母解决问题的唯一办法，还是吃。他们以为在儿子身上，只要给他吃好喝好，问题就能自然而然的解决。

麦克尔德由于太爱吃东西，以至于他在看书和学习时也要拿一些点心在手中。我也问过他的父母，孩子的学习怎么样。他们只能一边摇头，一边叹气。

每当麦克尔德学习不专心时，他的父母就会给他一块糖果和点心。他们认为这样就会让儿子用心读书，其实他们的做法简直大错特错。因为这样不仅干扰了孩子的学习，也让他形成了一种极坏的心理，他不会认为学习好了才会有奖赏，反而会以为只要我不学习就会有好吃的。

麦克尔德同年龄相仿的孩子相比，不仅仅行动缓慢，反应迟钝，而且学习成绩也是一塌糊涂。

麦克尔德为什么会这样呢？我认为这完全应归罪于他愚蠢的父母，他们不懂得去怎样教育孩子，以为孩子仅仅需要吃喝，根本就没有从小去培养孩子各方面的潜能。

这样愚蠢的父母只能培养出愚不可及的孩子。我非常感谢我的父亲，他用如此科学而正确的方法教育我，使我取得了今天的成就。

第十二章
谦受益满招损

伟大的人物是不会滥用他们的优点的，他们清楚他们超过别人的地方，但却不会因此就不谦虚。

一种美德的幼芽、蓓蕾，是一切道德之母，这就是谦逊；有了这种美德，我们会其乐无穷。

1. 适度地表扬孩子

在我小时候，尽管父亲对我的善行会加以表扬，但他仍然告诫那些善良的父母们：不要对孩子过多表扬。因为随便表扬，表扬也就失去了作用。

即便我学得非常好，父亲也只是说到"啊，不错"的程度。当我做了善行时，他对我的表扬可能会进一步，他会对我说："好，做得好，上帝一定会高兴。"但不会表扬过头。

当我做了特别大的好事时，他会抱着亲吻我，但这并不是常有的。

父亲这样做的目的，是想让我明白父亲的亲吻对我来说是非常可贵的。通过这些不同程度的表扬方式，他让我深深懂得：对善行的报答就是善行本身的喜悦，是上帝的嘉奖。

现在，我非常注意不过分地表扬我儿子，就是为了不让他自满。因为孩子一旦自满起来以后就难以纠正了。

那时，父亲教给我很多知识，但从不强调这是物理学上的知识，那是化学上的知识等等，为的是防止我狂妄自大。

有些父母的想法或许与这不同，他们大多喜欢在众人面前炫耀孩子在这方面或那方面的"与众不同"，这样就很容易使孩子感到自满。我很担心，这种做法很可能把一个本来很有潜质的孩子毁掉了。

父亲认为，没有经过早期教育而靠天赋产生的神童，只不过是一种病态的暂时现象。这样的神童，往往很容易夭折。这就是"10岁神童，15岁才子，过了20岁是凡人"这一谚语所表达的现象。一些潜质很好的孩子之所以不能如愿地成为栋梁，正是源于孩子的骄傲自满，狂妄自大。

世界上再也没有比骄傲自大更可怕的了。骄傲自大会毁掉英才和天才。

2. 不要过多地表扬孩子

在我成长的过程中，父亲不仅自己不过多地表扬我，同时也决不让别人表扬我。

每当别人要表扬我时，父亲就会把我支走不让我听。对那些常常不听忠告仍一味夸赞我的人，父亲就谢绝他们到家里来。为此，他甚至被人视为不通人情，是一个老顽固。但是，为了杜绝让我养成妄自尊大的不良习惯，父亲对别人的议论是不会去计较的。

父亲教育我：知识能博得人们的崇敬，善行却能得到上帝的赞誉。世上没有学问的人是很多的，由于他们自己没有知识，所以一见到有知识的人就格外赞赏。然而，人们的赞赏是反复无常的，既容易得到也容易失去，而上帝的赞赏是由于你积累了善行才得到的，来之不易，因而是永恒的。所以不要把别人的赞扬放在心上。

他告诉我，喜欢听人表扬的人必然得忍受别人的中伤。仅仅因为别人的评价而或喜或忧的人是最愚蠢的。被人中伤而悲观的人固然愚蠢，稍受表扬就忘乎所以的人更是愚蠢的。

现在，我也用各种方法来教育我的儿子，防止他骄傲自满，尽管这样做要花很大的工夫，但我想最终我也一定会获得圆满的成功。

由于我很小时候就取得了很多成就，那时世界上大概再没有像我那样被人们广为赞赏的孩子了。而对这些赞誉，父亲努力地让我免其害，教导我要谦虚，不断地进取，不要满足。

有一次哈雷的宗教事务委员塞思博士对父亲说："你的儿子骄傲吗？"

父亲说："不，我的儿子一点也不骄傲。"

"这不可能，像他那样的神童如果不骄傲，那你的儿子就真不是常人了。他一定会骄傲，骄傲也是自然的。"他不相信，一口咬定我是个骄傲的孩子。

事后，父亲带他来看我。他和我在一起谈了很多话，最后，他终于完全了解了我。

塞思博士事后对父亲说："我实在佩服，你儿子一点也不骄傲。你是怎样教育他的呢？"父亲让我站起来，让我把他的教育方法讲给塞思博士听。

听后，塞思博士服气了，说："的确，如果实行这样的教育，孩子就不可能骄傲了，真是佩服。"

还有一次，有个外地的督学官克洛尔先生到哥廷根的亲戚家去做客。他在来哥廷根之前就已经从报上和人们的传说中知道了我的事，到了亲戚家后知道得就更详细了，因为他的亲戚和我们家有密切的来往，非常了解我的情况。克洛尔先生想考考我。为了得到这一机会，克洛尔就拜托他的亲戚请我和父亲去。

父亲接受了邀请带着我去了。

克洛尔先生提出要考考我。按照惯例，父亲也要求他答应他的条件，即："不管考得怎样，决不要表扬我儿子。"

克洛尔先生擅长数学，所以他提出主要想考考数学。

父亲回答说："只要不表扬，考什么都没有关系。"

商量妥当，就把我叫进去，考试开始了。

克洛尔先生先从世故人情考起，然后进入学问领域。我的每个回答都使他感到满意。最后开始了克洛尔先生所擅长的数学考试。

由于我也擅长数学，所以越考越使克洛尔先生感到惊异。每一个题我都能用两三种方法去完成，也能按照克洛尔先生的要求去解题。到了这一阶段，克洛尔先生已不由自主地开始赞扬我了。

父亲赶紧给他递眼色，他这才住了口。

但是，考试还未结束，由于我们二人都擅长数学，考着考着就进入了学问的顶峰，并最终走到克洛尔先生难以驾驭的程度。

这时，他竟不由自主地叫了起来："哎呀，你已经超过我了。"

父亲想，这下坏了。于是立即泼冷水："哪里，哪里，由于这半年卡尔在学校里听数学课，所以还记得。"哪想到克洛尔先生兴致不减，又拿出更难的题来考我："你再考虑这道题，这道题欧拉先生考虑了三天才好不容易做出来，如果你能做出来，那就更了不起了。"

听了这话，父亲开始担心起来。

他并不是怕我做不了那么难的题，而是担心如果我真的把那道题做了出来，就由此而骄傲起来。

可是，父亲又不好说"请不要做那道题了"，因为克洛尔先生不太了解我们，怕引起他的误解，以为父亲害怕我做不出那道题才这样说的。

父亲只好故作镇静地看着。

那道题是一个农夫想把一块地分给三个儿子，分法是要把它分成三等份，而且每个部分都要与整块地形相似。

克洛尔先生把问题说明后，就问我有没有听说过，或者是在书上看到过这个题。我回答说没有。克洛尔先生说："那么给你时间，你做做看。"

说完，他拉着父亲的手退到房间里面，对父亲说："你儿子再聪明，那道题也很难做出来，我是为了让你儿子知道世界上还有这样难的题才给他出的。"

可是，克洛尔先生的话音刚落，就听到我喊道："做出来了。"

"不可能！"克洛尔先生说着走了过去。

我向他解释说："三个部分是相等的，而且各个部分都与整块很相似，对吗？"

这时，克洛尔先生有些疑惑地说："你是事先知道这个题吧？"

我一听就感到委屈，含着眼泪反复声明："不知道，不知道。"

看到这种情况，父亲再也不能沉默了。

他向克洛尔先生保证："我儿子做的一切，我全都清楚。这个问题他的确是第一次遇到，更何况我儿子是从不撒谎的。"

这时，克洛尔先生赞不绝口地说："那么你的儿子已胜过欧拉这个大数学家了。"

父亲掐了一下他的手，立即说："瞎鸟有时也能抓到豆，这只是偶然的情况。"

克洛尔先生这才领会我父亲的意图，点着头说："是的，是的。"然后就附耳小声地对我父亲说："哎呀！我真佩服你的教育方法。这样的教育，不管你儿子有多大的学问决不会骄傲。"

我很庆幸父亲对我的教育有如此的成效。他曾经无数次地告诫我：无论怎样聪明、怎样通晓事理、怎样有知识的人，与无所不知、无所不能的上帝相比，只不过是九牛之一毛，沧海之一粟。只有粟粒大的一点知识就骄傲的人，实际上是很可怜的。奉承话大抵八成是假的。说来可笑，正是这八成是假话的奉承话竟是世之常习。因此，谁要不折不扣地相信这种奉承话，那他就是糊涂虫。

3. 不要被浮华的虚荣蒙蔽

当我还不到10岁时，我的一些专长就得到了许多人的赞扬，那时有一种不正确的思想影响着我，那就是我极力地想要在人们心中保持住我"神童"的地位。由于这种无用的虚荣心影响着我，我因此差一点走向错误的道路。因为从那时起，我的学习目的变成为了博取大家对我的夸奖，而不是出自我本身对学习的兴趣。这种不良的心态使我自我封闭起来，不再像从前一样常出去玩乐，整天都把自己关在书房里。虽然这只是我童年生活的一小段过程，但我希望能引起别的孩子及父母的重视，并引以为戒，因此我把它写下来。

有一天，我的小玩伴詹姆斯来找我，希望我能参加他们周末的野外旅行。在父亲的允许下，詹姆斯来敲我的门，"卡尔，卡尔。""干什么呀？我在读书，别吵我。"听到詹姆斯的叫唤，我不耐烦地回答。要是以前，我一定会高兴地去开门。

詹姆斯听出了我不太高兴，低声地说道："怎么啦？卡尔，我是专程来告诉你，星期天我们约好出去玩。""玩什么玩，我要看书。"我更加不耐烦。"怎么啦？连门都不开，反正我已经告诉你了，去不去随你。"詹姆斯说完话就走了，我能从他的脚步声中听出来他生气了。

这时，父亲来到我的书房。听到父亲的开门声，我依然坐在书桌前，装成一副很认真的样子，其实我的心早已不在书本上。

父亲也看出了我的心不在焉，他故意问我："卡尔，你看到哪一页了？"我急忙瞥了一眼我的《自然史》，说道："第一百二十八页。"

父亲拿起那本书看了看内容后问我："一百二十八页写的是些什么内容呢？""这，这……"我根本没看，所以当然答不出来。

听到我这样的回答，父亲没有生气，他把话题转到了另一个方面，"卡尔，詹姆斯来找你，你为什么不开门呢？""我要读书、做功课，他们就只知道玩。""大家喜欢你才来找你，你这样对詹姆斯是不礼貌的。""他们都玩一些没意思的游戏，我不想和他们玩。""那么，你认为什么是有意思的事呢？""读书、学习。"我斩钉截铁地回答。"你今天读了多久？""大约六个小时。""六个小时？可是你却连《自然史》

的第一百二十六页到一百二十八页讲些什么都不清楚。""我刚刚才翻到这几页。"听我这样回答，父亲又问我前面的内容，我依然没有答出来。

"卡尔，这你又怎样解释呢？"对于这种情况，我知道自己无法解释。

父亲又问："在今天的读书过程中，你感到快乐吗？""没有。""为什么呢？""不知道为什么，这几天的功课好像特别困难，也记不住内容，没有以前那种轻松愉快的感觉，只感到很累。"我回答道。父亲说："这是因为你学得太久了，应该休息一下了。"我说："爸爸，如果休息的话，我会落后的。我这样拼命地用功，就是因为学习重点我还没有掌握呀！"父亲关切地说："卡尔，其实这正是你学习效果不好的原因，如果继续下去，你真的会赶不上进度，到时候会更糟。"我伤心地问："那怎么办呢？"父亲说："最好的方法就是出去呼吸一下新鲜空气，好好玩一会儿。""可是……"看见我犹豫不决的样子，父亲又开导我："卡尔，你怎么忘记我以前跟你讲过的，会玩的人才会学习呀！只有轻松愉快地学习，才能取得更好的效果呀！""道理我懂，可是如果我现在就去玩，我会差得更远的。"父亲说："相信我，今天不要读书了，出去玩一玩，休息一天，明天你一定会感觉到很好的。"尽管我仍有一些怀疑，但在我的心中，父亲一直是正确的，所以我还是听从了他的意见。

我先去找詹姆斯，为刚才的行为向他道歉，然后我们一起去找其他小玩伴，对周末的活动我们进行了讨论并发表了各自的意见。

当我回到家时，一件奇妙的事情发生了。我变得神清气爽。要是在以前，可能我会马上回房间看书，但那天我没有这样做，而是继续和母亲谈天。

我想，经过足够的休息，明天我的学习成效一定会更好，精力会更充沛。我们一家人在欢乐的气氛中度过了那个美好的夜晚。

那天我更加理解了这句话——会玩的人才会学习。我还懂得了一个深刻的道理，不管什么人，如果因为你很优秀、很出众，就把自己当神看待，把自己凌驾于别人之上，那么这将会变成你极大的精神负担。

第十三章
要具备良好的心理素质

人的心灵好似一块田地，这块田地即使天生肥沃，但倘若不经耕耘和播种，也是结不出果实的。

1. 进取的动力是勇气

勇气，是一个人积极进取的动力。

父亲在我的教育中，把对我勇气的开发和培养作为一项重要的内容。现在，我的心目中形成了这样的概念：勇敢和坚忍是受人尊重的，懦弱和胆小是被人瞧不起的。

担心孩子受到意外伤害，是所有父母经常虑及的事。如果仅仅为防万一而牺牲了孩子接受锻炼的机会，孩子得不到锻炼，勇气也就无从培养。

父亲认为，做父母的这样做是自私的表现。他们当然是担心自己的孩子会受伤害，而深层次上的事实是万一孩子受到伤害，自己的感情会受到更大的伤害。

这种表现实际上是父母们的一种自我保护。可以这样说，要锻炼孩子的勇气，实际上是对父母们自身勇气的一个考验。

我从小就明白勇气的价值。

有一次，我和别的孩子一起做游戏。不小心手指被同伴弄出了血，疼痛异常，实在令我难以忍受。但我在心里告诫自己，一定要忍住。最后，我强忍住快要流出的眼泪，装出一副若无其事的样子，和同伴们继续玩耍。

后来，我告诉父亲，我不能让同伴们看到我的软弱，一旦眼泪掉下来，他们会瞧不起我，也许从此不再和我一起玩了。

英国人在这方面做得比较好。他们的小学里有所谓的童子军，经常组织小学生探险，在恶劣的环境中生存，目的十分明确，就是为了锻炼孩子们的勇气和探索新鲜事物的热情，以及在艰苦的环境下生存的本领。

在某些成年人看来是危险的、认为不适合孩子做的事情，实际上孩子是可以胜任的，只不过是父母出于爱心或对孩子的能力缺乏正确的认识，导致阻止孩子去探索新的事物，熟悉新环境，剥夺了孩子锻炼自身的机会。父亲一直认为，受到过多呵护长大的孩子，自然会具有缺乏勇气的弱点，对他的人生会有不良的影响。

一个人是否具有勇气和自信心，是他能否获得成功的重要因素。父亲时常对我说："你能行！"这就是在鼓励我充满自信，让我有勇气去做一切我想做的事。

尤其在处境困难的时候，自信心显得特别重要，而是否有勇气往往决定事情的成败。在我小时候，父亲和母亲都不会主动替我做事，哪怕是那些对我来说有些难的事情。这就是为了培养我敢于面对挑战的勇气，从而增强我独立做事的能力。

父亲认为，父母对孩子的过分保护会使孩子失去自信和勇气，久而久之，孩子会产生强烈的依赖心理，并认为自己不能独立做事，没有力量。

父亲对我的关心是非常有分寸的，他从不过分地呵护我，而是培养我在各方面都具有独立的能力。要知道，日常生活中的意外伤害是随时随地存在的，有些磕磕碰碰的事情是不可避免的。对孩子来说，有些时候应该不逃避各种危险，学会去面对、去忍受，因为长大之后的生活环境需要忍受的东西会更多。所以从小培养孩子的自信、独立和勇敢的精神是为了他日后能更好地工作和生活。

可以肯定地说，一个碰伤的膝盖是容易治愈的，而受了伤的自信心和没被开发出来的勇气是终身难以实现其真正作用的。

父母不必事事包办，许多事情孩子自己完全可以做得很好，这一点非常重要。放心地让孩子做自己的事，让孩子认识到"我能行"，能够培养出孩子的自信心和勇气。

很多父母在教育孩子时最容易犯的错误就是事先假定孩子什么都做不好，什么也不用做，所以事事都会阻止他自己干，都要由他代劳。殊不知，这样做孩子就会慢慢地对自己失去信心，失去自己努力去探索、去追求、去锻炼的自觉性。

对于我的教育，父亲一直在努力避免这样一种先入为主的错误观念，用激励的办法去促使我主动做事，在行动的过程中并不是以年龄画线去阻止我做某件事情。

"你能做好"，是父亲对我教育首先预定的一个前提。父亲认为孩子和大人一样能把事情做好，孩子随时随地都应该学习生活的本领，尽管他可能学不好或做错事情，但其中的道理和大人学习做事一样，有成功也有失败，不能因失败而影响孩子发现自身的价值。关键之处在于孩子是否敢于面对失败，同时他们的自信心和勇气不要受到影响。

父亲时常鼓励我主动做事情，既不打击我，也不过分表扬，因为过分表扬容易使孩子产生骄傲的情绪。这种观点我也赞同。

其实，孩子有时也很反感父母的过分保护。有个孩子曾对我父亲说："我期望父母不要总是事无巨细地过问，总是过于细致地表现出关心，这样会使我在伙伴面前没面子，好像我是个无能儿。其他小朋友能做的，我却不能做，这是多么的不公平！"

很容易看出，父母越是怕孩子冒险，去阻止孩子做事，孩子越是反感，内心感到失衡，有时会产生逆反心理，执拗地去做父母不让他做的一些事情。

2. 培养孩子的独立意识

父亲反复地强调，孩子自己能做的事，就让他自己去做，千万别替他做。这是个很重要的准则。父亲对我的教育，一直是按照这个准则去做的。

替孩子做他们能做的事，是对他们积极性的最大打击，因为这样会使他们失去实践的机会，这样就等于在对他们说："我不相信你的能力、勇气。"

如此一来，孩子会感到危险、不安全。安全感是建立在能够用自己的能力去对付要处理的问题的基础上。如果孩子不自信，安全感从哪里来呢？

特纳的父亲去世了。他的母亲倍加疼爱他。当特纳4岁时，他母亲还是整天喂他吃饭，给他穿衣、穿鞋。当特纳长得再大一些的时候，他仍然不会自己吃饭，不会自己扣衣服上的纽扣，也不会穿鞋。而和特纳同龄的孩子做这些小事都做得非常好，相比之下，他显得手忙脚乱，而且很可怜。有人告诉特纳的母亲，让他学习自己去做这些事情，因为像他这么大的孩子应该学会穿鞋戴帽。可是特纳的母亲却说："我爱我的儿子，他现在是我的一切，我宁愿为他做出更多的牺牲。"

这位好心的母亲并不知道，她这样做对孩子的发育是有害的。实际上，她对儿子的爱是对儿子的可怜。她认为她是一个好母亲，她把自己的一切都奉献给了孩子，却不知道她的做法实际上是在告诉儿子：你是无能的，没用的，不行的。这种超常或过分的爱引起的负效应是很多的。由此特纳会产生极强的依赖性，他可以什么都不干，不想学习做什么事情，只顾自己玩耍。特纳母亲这样的无私行为实际上是自私的，因为她忽略了儿子本身成长发展的需要。

等特纳长大之后，这位母亲还是一如既往，不断地替他做事情。特纳这不会做，那不愿学，更使他感到自己不如别人，甚至认为自己是一个无能的人，而没有勇气和同学们在一起。

这样的孩子，他将面临一个陌生的世界，毫无准备。

父母要是替孩子做他自己能做的事，就是在告诉孩子，你们比他强，比他灵活，能力比他大，比他有经验，比他重要。你们在他面前显示出你们的伟大，他的渺小。如此教育成长的孩子，人高体大，仪表堂堂，却是畏畏缩缩，缺乏勇气与能力。他失去了独立的能力，怎么能有一个美好的将来呢？

我的母亲在培养我自己做自己的事时做得就非常好。

当我应该学会自己穿衣服的时候，她就开始让我自己尝试，并不是替我穿好了。她一边指导示范，一边看着我自己穿好。她不催促我，而是慢慢地说："你可以自己穿上，慢慢来，不行妈妈再帮你。你忘了，你已是一个大孩子了。"如果我还坚持我不能自己穿，她也并不理会这些，继续鼓励我："你肯定能自己穿上。妈妈闭着眼睛数十下，看你能不能穿上。"这时我可能继续下去，也可能开始哭起来，不再做任何努力。母亲这时就不再理我，当我发现我的哭闹并不能引起母亲的同情时，我便继续尝试靠自己解决自己的问题。事实证明，我很快就学会了自己穿衣服。

父亲和母亲就是从这些小事上培养我的独立意识的。

在德国，古代的时候，儿童就被当做独立的成人来对待。贵族们往往让自己的孩子离家到另一个城堡的其他贵族那里学习怎样做真正的骑士。他们认为在离家独立成长的过程中，可以使孩子具备一个骑士所应有的素质和知识。由此可见，对孩子独立意识的重视，是我们民族的一个优良的传统，这对我们民族和国家的发展是何等的重要！

其实，充分考虑到孩子作为一个未成年人的能力范围和性格特点，也放手让孩子去锻炼去、挑战困难，以培养孩子自立自强的品质，这种传统意识至今并未遭到摒弃，我们周围有很多父母甚至认为这是比传授孩子知识更重要的职责。这种做法应该得到极力推崇。父亲就是这样教育我的。

孩子在感到不安和无能为力的时候，会习惯本能式地到父母那里寻求慰藉，他们知道父母的爱会给自己以温暖与支持。因此为了确保可以始终获得这种舒适的感觉，有些孩子一直把情感的支点放在父母身上。而这些人在交出了自己情感领地的独立权的同时，也就不得不接受他人对自己的情绪支配。

一些在这方面有心理障碍的人，情绪上通常高度依赖别人。因为他们没有自我感，自己不能为自己创造心理上的满足。他们按照父母或其他权威者的样式思考和行动。他们的自我感实际上是他人的反映，而由于他们精神世界的寄生性，所以当他们依赖的权威体系一旦坍塌，他们通常会陷入一种绝望而危险的境地。

父亲认为，真正具有独立精神的人对自我意识有一种强烈的需要，他们不借助这样或那样的依赖就形成了具有自己特征的意向，做出他们自己的决定，自我实现的方向指引着他们履行自己的动机和纪律。"伟大的人们立定志向来满足他们自己，而不是满足别人。"

由于这种依赖意识相对而言更具有隐蔽性，所以就对父母提出了更高层次的要求。父母必须追问自己对孩子的爱当中是否有这样的成分：固然知道应该让孩子独立，但由于害怕失去孩子，而总希望孩子生活在他们为孩子所设想并安排的状态里。

替孩子做太多的事，会使孩子失去实践和锻炼的机会。这是显而易见的。不仅如此，更严重的是过分地为孩子做事，实际上等于告诉孩子他什么也不会做，是个低能儿，他必须依靠父母，否则就不能生活。在这种环境中长大的孩子，一旦走上社会便会无所适从，会到处寻找帮助。然而家庭之外是找不到父母式的照顾的，独立意识更无从谈起，这实际上是害了他。

父亲在对我的教育中，十分注意对我独立精神的培养。我刚出生还是婴儿的时候就让我单独睡在摇篮中，而不是母亲的怀抱里。我的哺乳时间有严格的规定，如果不到规定的时间，即使我怎样哭闹，母亲也不会随便喂奶。

有人认为这种行为有些残酷。实际上从幼年开始教育并训练孩子的独立精神是十分必要的。其实，无微不至的关怀往往会造成孩子能力低下，同时也不为孩子全部接受。进入少年的孩子经常与父母发生冲突，有许多情况是对父母关怀他们的一种反抗。他们不愿让别人看到自己是一个无能无用的人，他们需要在人们面前显示自己的存在，显示自己的能力，父母的包办自然造成他们的反抗。

3. 锻炼孩子的心理承受力

从一个人成长的一般规律看，逆境、挫折的情境更容易磨砺意志，顺境当然可以出人才，逆境更可出人才。在逆境中经过挫折千锤百炼成长起来的人更具有生存力和更强的竞争力。因为，逆境中奋斗的人既有失败的教训又有成功的经验，更趋近成熟。他们能把挫折看成一种财富，深谙只有失败才可能成功，成功是建立在失败的基础上的，因此更具有笑对挫折、迎难而上的风范。

要想让孩子具备能够勇敢面对挫折的能力，必须从小磨炼他们的心理承受力。

挫折就是遇到困难或失败时在心理上的感受。当然这种感觉是不好受的，因为它使你的需要得不到满足，或者难以得到满足。然而对不同的人来说，确切地说是对意志品质不同的人而言，挫折的意义极为不同。

父亲时常告诫我，人的一生要遇到很多困难和挫折，但他必须成为一个坚强的人。心理承受力差的人很容易被困难打垮，而一个坚强的人往往在挫折中找到成功的途径。父亲教育我必须能够接受失败，否则无法养成持之以恒的性格。他教我要学会忍受失败带来的负面影响，并勇敢地面对它。

父亲告诉我，为了避免失败而逃避工作，是那些劣等性格中最顽固不化的东西。那些坏孩子就是这样，他们通过拒绝参加学习来逃避考试。越是这样，他们的自卑心就越来越膨胀。那些坏孩子为了给自己这种自欺欺人的想法找出正当的理由，他们往往会自我美言，贬低自己不愿意干的事，或攻击勤奋的人"虚伪"、"愚蠢无知"等。他们会自我安慰，"失败"标志着独树一帜，标志着个性强等，借此给自己创造一份虚假的自豪感。

父亲尽力教育我懂得一个道理：犯错误，甚至失败都是走向成功的必由之路，关键是要尽自己的最大努力改正错误。

父亲告诫我：无论在什么情况下都不要走极端。有些爱走极端的孩子，甚至用自残来避免失败，因为他们害怕不能满足父母、老师的期望而焦虑甚至恐惧。少年时代，掩盖对失败的恐惧感的最普遍方式就是酗酒、打架。父亲认为，这些坏行为都是孩子们到了最在乎别人对自己看法的年龄后才开始的，并非巧合。

许多经验告诉我们，只要从小培养孩子勇敢、坚强、自信的心理，采用理解、信任、鼓励、谈心的方式帮助他们，那么，一些不良的极端行为自然能够避免。

父亲认为，人的自我欺骗的能力是无穷无尽的，因而他对教会我以现实为基础进行思考是非常重视的。一个人只有面对现实，才会有所成就。很多人不能面对现实，整日沉浸在幻想之中，就是一种对现实的逃避心理。

虽然，人总是不可避免地具有逃避现实的心理，但也必须学会面对现实。父亲时常这样教育我，尽量让我的行为既有利于自己又有利于别人。

为了防止我形成自我欺骗的心理，父亲教育我要按照世界真实的样子认识它，并做出恰当的反应和决定。

许多的父母没能教会孩子这方面的技能，反而教得孩子不能面对现实。有些人总想保护孩子不受残酷现实的影响，结果更加强化了他们的逃避心理。在父亲看来，这些父母在不自觉中对孩子造成的不良后果，可以说是一种犯罪。

父亲对我采取的做法是：不管有多么痛苦，都要帮助我正视现实。当父亲向我解释事实、教我处理问题时，我就会渐渐明白：我有能力来面对和应付那些哪怕是最困难的处境。

4. 用"平静下来"的游戏培养孩子的心理素质

我们知道，不论人有多大的力气也无法把自己提起来，人要战胜自己是一件不容易的事，而要战胜自己就是对自己控制的成功。

情感的自我控制是一个人必备的基本素质，也是一个人走向成熟的心理要素之一。我父亲认为，要想让孩子学会控制情感，必须"以毒攻毒"，用以情感为基础的解决办法来解决情感问题。

父亲曾经用名为"平静下来"的游戏来训练我的自我控制能力。

父亲认为和我玩的这种"平静下来"的游戏，可以帮助我对付他人的干扰。这个游戏的规则是要求参加者在一定时间内从一堆木棍中移走一根，不能碰其他木棍。

虽然内容很简单，但需要我集中注意力，具备很好的动作协调能力，目的是教会我情感控制技能。我玩时，父亲可以在一旁以任何方式取笑我，但不能碰我。每取出一根木棍，每人得一分，如果对取笑毫无反应，就得两分。

我认为，此种游戏对教会孩子情感控制技能很有用。孩子在遭到其他人取笑时，光告诉他怎么做是不够的，同时还要告诉他应该学会控制住自己的情感。

训练孩子认识和了解情感在身体上的反应非常重要，这样他就能逐渐学会自我控制。

当孩子生气时，脸色通红，身体发紧，处于过度紧张状态，在姿势、面部表情和体态上都有表现。而这种"平静下来"的成功的训练方法是要孩子首先认识这些标志，然后通过深呼吸、分散注意力等方法，使自己身体平静下来。

有了好的控制能力，孩子就会正确地认识自己，并且对周围的干扰无动于衷，以一种轻松的心情面对一些不好的事情，而不是一怒而起。这对他在学习和生活上都有极好的作用，并能够在将来的生活中协调处理好一切人与人之间的关系。

5. 不要凭自己的喜好去培养孩子

父亲的教育宗旨是培养全面的人才，这一点已在前面叙述过。在我的早期教育中父亲特别强调多方面的培养。只要我愿意，我所想学的他都尽量满足我。只要是对我成长有利的事，他都不会去反对我，也不限制我的某些事情。

很多父母先入为主地希望孩子成为他们想象中的人才，过早地为孩子选定专业方向，凭自己的喜好去培养孩子，这对孩子的健康成长极为不利。

某些父母由于自己喜爱艺术就逼着孩子去学习绘画、音乐，根本就不顾孩子的感受，也不会用有效而正确的方法去引导孩子。这样的做法只能令孩子反感，还有可能将孩子本身就具有的爱好抹杀掉。每当看见那些被父母逼迫着坐到钢琴前的孩子，父亲就感到心痛。他认为，那些孩子根本就不是在受教育，而是在受折磨。从小就在痛苦之中学习，他们怎么能够热爱学习呢？在父母的皮鞭下涂抹颜色的孩子可能成为画家吗？

我在早期教育中学到了大量的知识，也有许多非常有意义的爱好。但这些都是我主动要求学的，并且每做一件事都充满强烈的兴趣。我在学习之中找到了乐趣，在爱好之中享受了美好的童年。

但是，对于我，父亲并没有要求我把所有的知识都学到登峰造极。因为这是不可能的，也是没有必要的。培养全面的人才并不等于造就无所不能的超人。人都有缺点，人不是万能的神，所以不可能面面俱到。

父亲一直鼓励我从事艺术方面的活动。我喜欢画画，喜欢音乐，父亲都给予我支持和鼓励，因为这些爱好有助于增强我的想象力和创造力。但这并不意味着非要把我培养成一个艺术家。当然，如果是出于我的本意，如果我想成为艺术家又是另外一回事了。

当孩子迷上某种与他先天条件不相适应的事物时，父母有责任帮助孩子做出选择。因为多方面培养并非要求面面俱到或平均使用力量，还必须视环境、条件是否许可，尤其是要根据孩子的身心特点、兴趣爱好、发展前景而因材施教。年幼的孩子天生都很自信，即使面对无法逾越的困难和无数次失败，这种自信丝毫不会减弱，这当然是非常好的事。尽管有经验的人早就看出没有可能成功，小孩子却天真地相信只要坚持下去，最终会成功的。父亲认为，孩子有这样坚韧的毅力是令人赞叹的。但是，在孩子不能对自己做出正确的判断的时候，父母应该承担起这一重任。

父亲认为，不能让孩子在没有成功可能性的路上白白耗费宝贵的生命。一旦遇到这种情况，父母应该抓住机会教他学会现实地思考问题。这是孩子逐渐走向成熟的关键所在。

父亲时常对我说，能够争取的就尽量争取，应该放弃的就果断地放弃，因为这是一种智慧，也是很多人时常面临的难题，是对人生的一种考验。

在我学习演奏乐器的时候，因为出发点在于培养我的爱好，让我的手指变得特别灵巧，目的在于通过音乐陶冶我的性情、开发我的智力，所以在我偶尔弹错几个音时并不会遭到责骂，父亲也不会为这些失误而感到失望。如果孩子喜欢练琴，即使弹得不十分完美，也是一件好事。因为这样不仅培养孩子的兴趣，也促进了孩子智力的发展。

记得在我大约八九岁的时候，有一天我突发奇想地告诉父亲，我不想学习语言、数学等知识了，而想成为一个英勇的武士，想成为一个威武的将军。

八九岁的孩子都有成为英雄的欲望，这几乎是每个孩子成长过程中必不可少的情结。我也一样，有这种情结。这个年龄的孩子此时正处在既懂事又不懂事的阶段，他们对未来充满希望而又显得太着急，他们想成功，想征服世界，几乎所有孩子的远大抱负都是从这个时候开始树立的。这个阶段，父母对孩子的正确指导特别重要。否则，孩子会在不成熟的心理状态中做出错误的选择，浪费宝贵的时光。我想当武士，想成为将军就是基于想做英雄的情结。父亲为了让我在内心深处懂得做人的道理，他并没有像一些父母那样简单地否定这种想法，而是先给我讲当武士必需的条件后，再慢慢开导我。

"儿子，你忘了我给你讲过的那些故事吗？那些东方的武士是多么的英勇啊！"

"是啊，我就是想成为那种英勇的武士，行侠仗义，杀富济贫，救助穷人。"我充满憧憬地说。

"可是，你有没有想过他们是怎样成为武士的？"父亲问道。

"他们从小苦练武功，访遍名山拜师求艺，最终成为大英雄。"

"你想当武士很好，但我又不会武艺，在我们这里又没有那些身怀绝技的老师，你怎么学呢？"父亲问道。

"我就去东方，去中国、去日本……"

"那当然好，可是到了东方，你就一定能找到那样的老师吗？找到后他就一定会教你吗？还有更重要的，我给你讲的那些故事毕竟是故事，不一定是真实的。你想想，一个人能够一下跳得几十米高吗？我认为那是不可能的，那是人类的体能极限无法达到的。那些故事是为了使人娱乐，给人想象力。我之所以给你讲那些故事，是为了让你学习那些武士的勇敢精神，并不是一定要让你成为武士。"

这时，父亲看见我的表情显得特别失望，于是又继续开导我：

"再说，现在的时代已经与古代完全不同了。古代的英雄和将军，必须亲自赤膊上阵，必须自己拿着刀剑去战场上拼杀，因为那时的科学比较落后、原始。现在的将军必须要有过人的智慧，必须掌握各种各样的知识，而不是仅仅凭自己的武艺去拼杀。

儿子，你要记住，人都各有所长，也各有自己的缺点。你要牢牢地把握住自己的长处。你看，你的数学、语言、文学都是非常优秀的，干嘛要放弃它们呢？每一个领域里都有英雄，而不单单是在战场上。如果你成为文学家，就会为人类带来极大的精神财富，如果成为发明家，就会为人们创造出很多有用的东西。只要你发挥自己的长处，你就会在不同的领域中成为不同的英雄。一些你不适合做的事，你应该勇敢地放弃。其实，能够真正面对自己的人，才算是真正的大英雄。"

听父亲这样说，我顿时恍然大悟。我这时对英雄的含义有了真正的认识，也懂得了既会争取又会放弃的道理。这对我以后的人生道路起到了极大的积极作用。在以后的日子里，无论面临怎样的境况，我都能够凭自己的理智做出正确的选择。

6. 培养孩子追求真理的精神

对于我的教育，父亲非常注重培养我追求真理的精神。追求真理，就是从愚昧的深渊里走向光明的过程。

很多父母的教育完全无视孩子追求真理的精神和求知欲。他们在自己的无知中把孩子训练成市侩的人、只会些手艺的人，或者是圆滑的店员。他们教育孩子的目的只有一个，就是教育孩子如何赚钱。在父亲看来，这些都是些庸碌之辈。

努力发展自己的智力和品质是每个人应享有的权利。做父母的应该抛弃处世哲学和赚钱术，而把精力放在协助孩子发展追求真理的精神上，培养他们的求知欲望，让他们尽量发展智力。如果真能实施这种教育，孩子们表达出的新思想一定会使那些旧脑筋的人感到愕然。然而，只有真正的教育才能做得到这一点，因为只有这种教育才能积极努力地发展孩子的智力。

有些愚昧的父母不仅不能教育孩子去追求真理，反而把各种乱七八糟的东西都往他们的脑子里灌。这样做的结果，只能使孩子变得愚蠢和无能，不仅没有让孩子学到真正有意义的知识，还损害了他们本来健康的神经。

有些父母为了某种原因，或是为了管教孩子，或是因为闲着无聊，给孩子单纯的头脑中灌输恐怖和迷信的故事，让孩子从小就失去了去探求真理的信心。他们的做法使孩子不能够正确地判断周围的一切事。本来孩子因为幼小而脆弱，他们正处在需要帮助的时候，而那些迷信的认识却将他们的思维引向了歧途。

在幼儿时期灌输到孩子头脑中的恐怖和迷信等，如同病菌一样，会在孩子的内心中恶劣地蔓延，是导致孩子精神异常的病因。所以，父亲坚决反对给孩子讲幽灵、恶鬼、地狱、妖怪之类的故事。用这些故事来恫吓孩子是非常有害的，它直接影响到孩子已形成光明的内心世界，也直接阻碍了孩子的健康成长。

父亲认为，对于那些不良的东西，不仅要预防，还要给孩子采取免疫的办法，让孩子在干干净净、没有病毒的精神世界中健康成长。这样，孩子就会像种上牛痘、打上预防针一样，即使碰到精神病菌，他们受到的毒害也少。

据我所知，一个人精神异常的主要原因之一就是在幼儿时期被灌输了恐怖和迷信的思想，这些东西一直会在人的头脑中作怪，甚至长大成人之后，也会时常受它们的困扰和危害。我曾经就这事请教过精神病专家，他告诉了我外行想不到的数字：有几百万被称之为机能性精神病患者的人，他们的病因大多是在幼儿时期遭到过惊吓，或遇到过恐怖的事情，或是听说过让他永远无法忘记的恐怖故事。他还告诉我，如果小时候教育得法，是可以避免的。而且，得法的教育会使机能性精神病大大减轻。由此看来，除了医学，教育就是拯救人类的主要手段了。

父亲给我讲过许多故事，但从来没给我讲过那些可怕的东西。他只给我讲有益于身心健康的光明的故事，让我在故事中体会人生，让我懂得做人的道理。

良好的教育能够培养起人光明的内心世界，能够树立起孩子的自信心，并能使孩子成为一个快乐的人。而那些愚蠢和无知的教育只会把孩子引向黑暗的深渊。

第十四章
处世艺术

一个人，从另一个人的诤言中所得来的光明比从他自己的理解力、判断力中所得出的光明更为干净纯粹。

在某种程度上，我们每个人都有那么一点点不易察觉的疯狂。每个人的内心深处都是孤寂的，每个人都渴望理解。

1. 在交往中学会倾听

父亲认为，一个再聪明的孩子，如果不懂得如何与人交往，那只能是一个"孤家寡人"。这种孩子不可能在将来有所作为，即使他是个所谓的神童，也不会做出什么惊天动地的事来。因为一个人只限于自己的知识，而不懂得与人相处，那么他的潜能就根本无法施展出来。这样的话，即使是才高八斗学富五车，那也只是个闭门造车的书呆子。

对于我的教育，父亲一直非常注意针对我与他人相处方面的培养。为了我能够与别人相处和睦，为了让我成为有很多朋友的人，父亲曾给我提出必须做到的要求：友爱、协作、大方、开朗、公道、礼貌、自尊、责任心、组织能力等等，目的是让我以这些品质作为与他人相处的准则，让我能够与别人以适当的方式交往。

善于与人交往就会觉得一切都很顺利，反之就会处处碰壁，以至于什么事情都做不成。而且，能够与别人沟通的人永远是快乐的人，不能够与其他人相处的人是孤独和不幸的人。

有一天，父亲的一位朋友对父亲说起他家里的事："我们家有时候会出现问题，可是我们又不愿意实实在在地说出来。部分原因是由于害怕，部分原因是觉得丢脸。大家全都是这样，包括我和妻子，还有我们的孩子。"

父亲告诉他："我建议你们举行一个家庭会议，在会议上每个人都可以发表自己的意见。"

朋友听了父亲的话，他们每人买了一个笔记本，在上面记下所有其他人对自己做错的事情。他们每周固定某一个时间举行会议，每次会议结束时选出一个新的领导，由他来安排所有的事情。

后来朋友告诉父亲，自从有了家庭会议后，家里的气氛好多了。每一次会议他们都像过节一样，大家欢聚一堂。开始时，他们彼此还有所顾虑，有很多矛盾。可是到了后来，大家都敞开心扉，畅所欲言，渐渐地那些矛盾都在不知不觉中跑到九霄云外了。

父亲的朋友说，以前，孩子们不敢与他多说话，妻子也有些害怕他，他自己也确实很不自在。现在，孩子们渐渐地向父母袒露了他们的情感要求，他们希望父母经常晚上陪他们一起玩一会儿，父母毫不犹豫地答应了，但同时也提出了对孩子们的建议，即他们要做到及时上楼、吃饭和洗澡。他们一家人都很赞成这种交谈方式，这使父母与孩子可以轻松地畅所欲言，而且大家都乐于去实施民主做出的决定，家庭的情感沟通、家庭教育都收到了理想的成效。并且，这位朋友和妻子的感情也恢复到了新婚时那样美满。

父亲把这种方法称为自助的家庭教育方式。父亲认为，家庭生活可能会使家人之间产生心理障碍与隔阂，但家庭也同时具备一种积极的力量，应该主动而充分地利用它来解决所遇到的问题。例如，母亲要面对繁杂琐碎的家务，而孩子的不整洁更增添了她的负担；父亲忙碌了一天的工作，回到家却是孩子调皮捣蛋、吵吵闹闹。这时父母也许会容忍下去，但这种做法不仅不利于对孩子的教育，而且会让父母感觉到压抑，甚至觉得世界都对他充满敌意。那么，火冒三丈、大声责骂又怎样呢？这显然也不是明智的举动，而且会产生与孩子情感上的裂痕。

如果父母能够让全家人都坐下来，在家庭会和谐融洽的气氛之中，采取一种积极解决冲突的态度和方法，这样的提议无疑是具有建设性的，而且还会收到令人较为满意的结果。

积极的沟通不仅是父母与孩子对话、教育孩子的重要途径，它本身也是一种教育。受父母的言谈处世的影响，孩子对他所处的环境也能以主动和自信的姿态出现，能够从容理智地解决问题。

父亲从我3岁起就让我加入类似于家庭会议这样的活动，与他和我的母亲以及女佣讨论某个问题。尽管我那时还不能每一个字都懂，但我已经注意到，发生了什么事，别人相互间怎样交谈，解决一个问题需要具有什么样的能力。

家庭会议上会涉及到家庭教育中很多具体而重要的细节，而这些可能是被教育的双方所忽略了的。如母亲表示，她的孩子如果能帮她洗衣服和晒衣服，她会很高兴的；而孩子希望父亲能够多花一些时间陪他玩。对于父母而言，把握了这些孩子所在意的细节，无疑有助于他们更加深入地理解孩子。这种深入的理解令孩子信任父母，更乐于接受父母的教育。

父亲在教育我的过程中，渐渐掌握了一些与我进行沟通的经验，其中之一被他称之为"倾听的艺术"。

父亲和母亲每天在我入睡以前，都要留一段时间听我讲今天发生了哪些事情，于是很多时候我自然就会作出评价，哪些事情做得好，哪些事情做得不好。在叙述的过程中我逐渐习惯了反省自身，而他们也会对我的个性、待人处世有清楚的了解。我认为，做父母的总是希望孩子对自己敞开心扉，希望孩子有什么事都与自己商量，征求自己的意见。但父母应该首先营造真心倾听的氛围，赢得孩子在情感上的信任，才能与孩子达到无拘无束交流的默契。

在与我的交谈中，父亲会注意承认我感觉的真实，但这种理解并不意味着一切由着我。对于我不正确的想法，父亲会给予我及时的指导，并给我讲清楚道理。

有一天，我对父亲说，我不喜欢我们的邻居布劳恩夫人。父亲问我为什么，我说布劳恩夫人很少笑，一点也不亲切。

父亲对我说："你不喜欢布劳恩夫人是因为她看上去不亲切，很少笑。可是另外一些事情你也许不了解，布劳恩夫人的心地很好，如果你对她表示友好，她会很高兴的。你们会和睦相处的。"

晚餐对于我们来说，是一个最美好最重要的时刻。我们时常在餐桌上讨论家庭问题。每当这个时候，父亲都不允许有任何人来打断我们。家里的每个人都有机会讲出自己的想法。我发现，利用这种时刻与大家进行沟通效果确实与平时不大一样。我在此时谈论的事情最能引起父母的注意，我自己也会产生一种得到尊重的满足感。

父亲有时还会专门选择一定时间与我聚在一起，我们一起去田野，一起去树林中野炊，共同分享彼此的情感。在这样轻松愉快的过程中，父亲和我谈心就显得非常自然舒畅。

父亲认为，"倾听"是一种非常好的教育方式，因为倾听对孩子来说是在表示尊敬，表达关心，这也促使孩子去认识自己和自己的能力。如果孩子感到他能自由地对任何事物提出自己的意见，而他的认识又没有受到轻视和奚落，这样就可以促使他毫不迟疑、无所顾忌地发表自己的意见。先是在家里，然后在学校，将来就可以在工作上、社会中自信勇敢地正视和处理各种事情。

父亲认为沟通是一种艺术，有关的时间、地点、环境和方式都要考虑到。比如说孩子有时候希望在心理和情感上保留一些自己的空间或者说他感情波动很大，非常需要安慰，而不是提问题，在这些时候，父母要拥抱、抚摸孩子，传达给他沉默而温暖的信号。有时候，对于某些父母觉得不便用口头表露的情感，他们可以把要表达的意思以书面的形式，写在纸条上，这使它们加重了自身的分量，并显得更加真实可信。

受到父亲教育思想的影响，我也想尽一切办法让我和妻子能和儿子有良好的沟通，这不仅更加加深了我们对儿子的了解和相互的的感情，也能教会儿子怎样去与他人沟通交流，以培养儿子善于与他人交往的能力。

2. 理解万岁

许多家庭问题的发生，如家庭成员之间情感的疏离和冷漠、孩子性格心理上的缺陷等等，都与家庭中的沟通有关，往往起源于相互之间不能很好地理解。

就拿孩子的撒谎行为来说，很多时候就是因为孩子感到与父母处于不平等的地位，经验告诉他们，父母不愿意与孩子共同探讨某些事情该如何对待，不愿意去理解孩子们做的某些事，而会对他们所犯的错误给以严厉的叱责，所以孩子们就选择不把真话说出来。

父亲认为，成功的家庭沟通，应该注意以下因素：理解、关怀、接纳、信赖和尊重。理解要求父母孩子双方能够设身处地地为他人着想；关怀不但存在于内心，更要切实付诸行动；接纳要求考虑到每个人的个性特点，懂得欣赏人们身上的优点；信赖是要做到既信任别人也信任自己；而尊重是指尊重他人特别是孩子的权利，尊重孩子们的意见和选择。

要建立一种积极健康的家庭沟通交流关系，应该改变父母是决策人，孩子是接受者这样僵化的家庭角色的分配。父母在家庭教育中应该懂得进行角色交换，每一个家庭成员都可以对他表述的愿望予以积极的辩解。当孩子能够参与讨论家里的通常是成年人的问题时，他们方能够更好地理解父母；而父母一方面可以调动孩子的主动性，使自己清楚地认识孩子的才干，另一方面也可以得到有关自己教育的反馈信息。

由于某种原因，我叔叔的孩子维尔纳曾来我家住过一段时间。他比我小一岁，是我的弟弟。维尔纳非常可爱，我父母都很喜欢他。由于他住在我们家，父母不想让他有不自在的感觉，所以我母亲对维尔纳极为疼爱。

这样一来，我就觉得母亲的爱都转到了维尔纳身上。

我在一段时间里认定，在我和弟弟维尔纳的争执中，母亲总是偏袒维尔纳。这是小孩子很容易产生的情绪，即认为父母的关怀被弟弟分享而产生的不平衡的心理。我的母亲希望我在与维尔纳的相处当中，学会调整自己的心态和举止，消除对别人的敌意，学会照顾别人，以后才能处理好与别人交往的问题。但是面对我的气恼，母亲并没有直接用道理来教训我，或是问我："为什么要跟比自己小的弟弟过不去？"而是郑重地对我们说："我给你们提个建议，以后你们自己要搞好团结，我不干预，你们已经是有理智的孩子了。卡尔，你是不会在感情上伤害弟弟的，对吗？如果你们俩还不团结，再来找我好了。"这样，母亲就把一个关心、照顾的角色交给了我。在这以后，我和弟弟维尔纳之间有了更加亲密的手足之情。母亲的提醒使我意识到自己的责任，感受到自己是这家里负责任的一员，从而变得渐渐成熟起来。在这以后，我对弟弟维尔纳百般照顾，除了陪他玩还教他读书，并给他讲有趣的故事。

有的时候父亲看到我的问题，希望我可以主动地认识到，并真正地予以纠正，于是也让我来做一个决策者。父亲来问我："现在有这样的麻烦，我们应该怎么办？"父亲认为这样的做法更有利于建立他与我之间的感情，更加有利于增进双方的相互理解。只要双方有了理解，那么一切问题都会迎刃而解。

有一次，我和弟弟维尔纳商量好要到田野中去玩。父亲同意了我们的做法，但是要求必须在傍晚之前回来。可是我们可能玩得太尽兴，天黑之后才回到家。对于我们未在规定时间里准时回来的事，父亲当时并没有说什么。等我们再次提出类似的要求时，父亲对我说："有件事令我和你的母亲很担忧，就是在约定好的时间里你们没有回来。那天可把我们急坏了，不知道究竟发生了什么事，你母亲都快要急哭了。你看应该怎么办呢？"由于我们亲自参与对问题的决定，所以我就会很自觉地按照要求去做。后来，再也没有发生过我不守时的事。

父亲认为，通过一个问题的共同协商，父母最后想让孩子明白的是"理解、信任、承诺、准时"等观念的重要。通过协商的方式，最容易让孩子站在他人的立场上思考，也最容易让孩子养成理解他人的习惯。如果面对上述的那些情况，父亲并没有采用协商的方式，而只是斥责，那么我就很可能不会真正地理解父母的一番苦心，甚至还会向相反的方向发展，会变得越来越不听父母的话。

在一次家庭会议上，我们全家人讨论了我的设想，我计划能够在一个周末搞一次野炊，我想尝试发挥以往由父亲发挥的职能。我选定了野炊的地点，宣布出发的时间，并且对准备的食品提出建议。父亲和母亲有时加以表决，以推动计划的进一步展开，大家还不断地在本子上记下些什么。在家庭会议中，他们对我的想法也有一些不同的意见，但他们并不急于提出批评，而是以某种巧妙的方式，让我自己做出正确的决定。

父亲认为，沟通和理解是最重要的。家庭中对沟通技能、方法的掌握及学习，与孩子未来社会适应能力的高低紧密相连。如果一个孩子从小在家庭中学会了与家庭成员沟通的技巧，当他步入社会时，他也能很快地与他人沟通。

更重要的是，与他人沟通是建立在互相理解的基础上的。如果没有人与人之间的相互理解，那么每个人都固执地从自己的角度出发，认为自己永远对而别人总是错误的。如果人把自己限制在狭小的自我之中，那么他就不可能去理解他人，不可能去发现别人的长处，与他人沟通也就无从谈起。如果孩子长大成人后，不能理解他人，不能与他人达成良好的合作关系，那么即使他是一个三头六臂的超人，也不能顺利地做好每件事，只会为自己设下许多无法逾越的障碍。

能够理解他人是与他人交往的最基本的素质。只有这样，孩子才有可能成为一个全面发展的优秀人才。

第十五章
认识生命的真谛

　　人生的道路就像一条大河，由于急流本身的冲击力，在从前没有水流的地方，会冲刷出崭新的意料不到的河道。

　　人生是一次航行。航行中必然遇到从各个方面袭来的劲风，然而每一阵风都会加快你的航速。只要你稳住航舵，即使是暴风雨，也不会使你偏离航向。

1. 学校教育至关重要

1818年7月19日，对别人来说，它是一个平常的日子，但这天是我满18岁的生日，对我来说意义非常重大，因为从那天过后，我就是大人了。那天，父亲也终于答应让我独自一人出国读书，在这以前，他一直说我太小了。从小到大，我一直待在父亲身边，即使我读大学时，父亲为了方便教育我，我们全家也都搬到了哥根廷。这可以说是我真正第一次离开父亲，独自一人开始生活。尽管父亲不在身边，但是，他关心我的那颗心始终跟随着我，他对我的教育也从来未曾停止过。在那三年时光中，父亲给我写了八十多封信；在信中，他依然像从前在家一样，对我进行教育、指导。从这些信中，我找到了一个幸福人生应具有的一切品德、做人的道理、为人处世的方法、人生的准则等等。下面我挑出几封父亲写给我的信与大家共勉。

亲爱的卡尔：

你来信说你现在在研究但丁，这很不错。如果你以后选择法学作为你的终身事业，我也会同样支持你的。

我思考你的未来是从哥根廷大学毕业后开始的。那时我曾想过，如果让你专门研究某一方面的学问，你可能会很快地在这方面取得成就。但是，经过我慎重的考虑，我没让你这样做，因为这样做，你就会只专注于某一方面，而不能全面发展。我决定让你学法学并不是帮助你选择专业，我是为了让你能学习到更加全面的知识。当年，有一位数学家因此而很失望，他问我为什么这样做，我就告诉了他："如果卡尔18岁时还喜欢数学的话，我会支持他研究数学，因为决定一生的专业应该在18岁以后。"总之，我很希望你能从事自己感兴趣的专业，只有这样，你才能在学习当中得到快乐与幸福。

你一定要重视学校教育，尽管你现在已获得博士学位，并已在进行专门的课题研究。因为我们接受教育的一条必由之路就是学校教育。你没上过中学，大学生活也一直是在我的陪伴下进行的，对人情世故的知识很缺乏。而学校教育不仅能教你知识，还能让你了解周围的环境。所以，现在你独自在意大利求学，这对弥补你这方面的缺失很有帮助。不过，学校教育也有它的不足之处，那就是它和我们的信仰、兴趣没有太大关系，会让人感到失望。但是当你感到学校教育不能忍耐时，一定要有再坚持一会儿的决心，不要马上放弃。因为所有的知识都是一个由量变到质变，最后实现质的飞跃的过程，到时候你就会发现，你已达到了一个新的境界。

做学问必须脚踏实地，一步一个脚印地往前走，不要有急功近利的思想。做学问不可有半点虚假，它没有捷径可走，这一点你一定要注意。

正规教育的作用比你所想象的大得多，放弃它是不明智的，因此，你要花时间和精力去接受学校教育的方式和方法，尽管许多学者都更喜欢进行独立的研究。当然，正规的学校教育只能给你知识的累积，它不能激发你的创造力，因此，要想做出好的成绩来，就要正确地处理好接受知识和独立研究之间的关系。

我对你最大的希望就是让你成为一个富有智慧的人，学习知识的终极目标就是获得智慧。知识是各式各样的，而智慧是少见的。知识能看得见、听得着；智慧是看不见、摸不着的；知识是我们对外部事物的外在认识，而智慧是我们对事物的内部了解。有知识的人不一定有智慧，而有智慧的人一定会有知识，所以你在学习知识时要寻找智慧。而寻找智慧的方法很多，你可以游历四方、寻师访友；也可以独坐斗室，埋首书海，这就是人们常说的"读万卷书，行万里路"。重要的是，生活本身随时随地可以让我们在不知不觉中得到智慧、得到启迪。所以你要做的事是敞开你的胸怀，全心全意地去拥抱它们、吸收它们，不要放弃任何一种学习方式，不论是学校教育还是独立研究。

"幸福的味道就是真理的味道，终生难忘的幸福就是享受真理的幸福。"这是我喜欢的诗人德米在一首诗中所说的。

儿子，真希望你现在正享受着这种幸福。

2. 选择好人生导师

亲爱的儿子：

你已把你几位老师的情况都向我讲得很清楚了。我建议你选择马勒教授做你的指导老师，我认为马勒教授比较适合你。

也许，你会感到不耐烦，在信中也已流露出这种态度。因为你认为你已长大成人，已经能自己处理一切了，况且，你好不容易才从我的羽翼下脱身出来，当然不想再有什么人来管束你。但是，我还是要坚持自己的看法，一个小孩子长成一个大人，这是一个最关键、也是最危险的时期。每个青年人都应该特别小心谨慎地度过这一时期，不应该抛弃导师的指引，独自投身社会。你一定不能这样子，年轻人没有导师的指导是很容易变坏并为所欲为的，你应该特别注意这一点，因为这样的例子很多很多。

我有一个贵族朋友，他有一个儿子。从小，他就给儿子请了一个导师。导师是一个道德高尚的人，在他的严格教育下，小男孩成了一个谦虚、朴实、有礼貌的人。在他16岁时，我去他家拜访，我非常喜欢他，因为那时他真的是一个各方面都很优秀的孩子，不知道你是否还记得这个人？那时我不是常在你面前提起他吗？我还希望你也成为像他那样的一个孩子。

这个孩子满18岁以后，我那个朋友认为他已成人，可以独自走入社会了，于是把他送到巴黎求学，本来导师准备帮他介绍自己在巴黎的几个德高望重的朋友，继续当这孩子的导师，但被婉拒了。于是，这孩子独自去了巴黎；他很快就遇上了另一类的"导师"，一帮游手好闲、吃喝玩乐的贵族子弟。那些"导师"告诉他，他以前所受的那些教育都是用来约束孩子的，现在他已长大了，就应该过一些自由的生活。

于是他那涉世不深的头脑很快就接受了这些罪恶的观点。另外他也发现，他周围人的行为、观念也全都是这样子。在这种罪恶观点的指导下，这孩子很快就往邪路上走去，他跟他们一起开始了自由的生活，喝酒、赌钱，和坏女人鬼混，每天过的都是这种放荡的、没有规律的生活。为了更加表明他和他的那些朋友是一路人，他把他头脑中以前所有的美好品德全都丢得干干净净。他的导师去巴黎时，看见如此堕落的他，痛心疾首，但是这时任何美好的东西都已装不进他那肮脏的灵魂里去了。导师没有办法，只好通知他的父亲。但是等他父亲赶到时，已经太晚了！这时的他，由于过度的放纵，已身染梅毒，躺在医院的病床上奄奄一息。由于赌博，他不但身无分文，还欠下了一大笔的赌债，在他最穷困、最无助的时候，他的"人生导师"呢？他们这时不但不帮他，反而欺负他、嘲讽他。这时，他才恍然大悟，那些"人生导师"之所以引诱他堕落，他们的目的无非是让他做他们的走狗，好让他们操纵，所以这些人叫他不要再过以前的生活，叫他放弃自己原来美好的品德。

一个本有着美好前途和光明未来的孩子就这样堕落了，最后还弄得声名扫地、疾病缠身、穷困潦倒！你一定要引以为戒。后来他的导师去看他时，他痛悔地说："要是当初我听您的话去接受别的导师的教导，我就不会落到今天的下场了！"

在这十八年中，我已教给了你许多的东西。但是，还是有一些我没教给你，因为那时我认为你还小，某些东西教给你并不适合。所以，你还需要继续学习；如果你不选择马勒教授做你的导师，选择其他人也可以。总之，只要他具备以下两个基本条件：一个是深知礼仪，一个是懂得人情世故，他就是一个合格的年轻人的导师。

要想懂得世间人情，必须得有导师的指导，光靠读书或思考是不能得到的，因为它含有极大的智慧，也是人世间最难掌握的知识。总之，我对你只有两个要求，如果你都能做到，我就可以放心了：一是找到一位合适的导师，一是小心谨慎地选择朋友。

3. 到外面的世界去寻找灵魂的升华

亲爱的卡尔：

从来信中知道你身体健康，我和你母亲都放心了。特别是你母亲，老是担心你的饮食、你的身体。我一直叫她不要担心，谁不知道意大利是著名的美食之都？但我还是担心你会沉迷于美食当中，忘记了你的学习课业。不过现在看来，这一切的担心都是我多虑了。

除了注意饮食之外，坚持体育锻炼对身体的健康也是很有帮助的。有些人只看见体育运动不好的一面，就妄自批评体育运动。其实体育运动对于整天待在家中做学问的人是非常有益处的。我希望你能找到一项适合自己的体育运动，并投身其中，这样你将体会到不同于做学问的另一种乐趣，一种与大自然融为一体的乐趣。古希腊之所以出现那么多的运动健将和哲学家，就是因为他们崇尚体育运动。在古奥林匹克运动会上，裸体健美的人都会得到人们的欢呼和赞美。

旅行不但能锻炼我们的身体，也能磨炼我们的意志，还能学到许多从书本中学不到的知识，要想享受到这许许多多的乐趣，就必须得有强壮的身体。

你6岁时就成为我们村里见闻最广的孩子，这也是因为从小我们就带你四处去旅行的缘故。

后来有些无知的人说，我就是因为到处带你去旅行，所以花费了太多金钱，以至于后来连你读大学的学费我都不能供应；另外有些人说，如果不这样浪费，把这些钱用来买书，作用肯定会更大一些。

其实我认为，我这样做是值得的，我一点也不后悔。虽然我只是一个贫穷的乡村牧师，为了我们能出门旅行，全家常常得节衣缩食，旅行时也只能住在最便宜的旅馆里。但那些胡乱批评我们的人，他们整天像青蛙一样待在家中，坐井观天，从来没有看过到外面的世界，他们当然不能理解我们的行为。对我们来说，心灵上的呼唤，就是探险的热情和对奇迹的渴望，也是对高山远处的向往。你年少时不也是听着这些呼唤，遵循着自己心灵的渴望而去旅行的吗？

以前旅游时，你总是和我一起。现在你已经长大，应该独自出发了，哪怕只有几天时间，你也要试一下，这将会给你的人生经历添上光辉的一页。

从我下面这一次的旅行中，你一定会明白它带给人的极大乐趣。

我还是一个神学院的学生时，一年冬天，我跟几个同学外出旅游，我们来到了达圣布鲁斯山的山口。这时，漫天的大雪挡住了我们的视线，到处都是白茫茫的一片。圣布鲁斯修道院的修士对我们说："你们不能向前走了，前面是一个山谷，那儿摔死过不少人；过了山谷，是150英里的无人区，那儿只有灰熊才能生存。这么大的雪，也可能还要下一两天。"我们都是热血男儿，大家一致决定一直向前，决不后退！于是，我们就出发了。山路结了冰，路很滑，下面又是万丈深渊，稍不注意，山谷中又会多几具枯骨。牛车在山路上艰难行走，我们蜷缩在角落，一动也不敢动，都认为自己不能活着走出这个峡谷了。有好几次车轮都滑到悬崖边，幸亏车夫奋力抢救才又回到正路。可是，突然间，我们冲出了暴风雪，天空变得十分晴朗，凛冽的寒风也停止呼啸，周围是一片白茫茫、波浪一般起伏不定的山脉，前方是一眼望不到边的平原。阳光透过变幻不定的彩云，照射在万丈平原上。这景色如此气势磅礴，既安静又热闹，如同天上的仙境。在上帝的伟大力量的感召下，我们全都向着太阳情不自禁地跪下了。在这一瞬间，我感到自己与上帝是如此接近，我几乎已经看见了他，就在那一刹那，我决定了自己一生所追求的事业，我愿意将我的一生都奉献给上帝。

这就是旅行的魔力，在旅行中，你会看到美丽的、变幻莫测的世界，你会看到千姿百态的生活方式，会遇到一些想象不到的人、一些出乎意料的事。

但是，有些人一味地怕苦怕累，他们只是到处走马观花，以为这就是旅游。其实那样做他们根本什么也看不见、什么也得不到，那不是真正的旅行。真正的旅行是从事艰难的冒险，只有这样，你才能体会到站在古迹上的怀旧之情、才能看到大自然的壮丽雄伟、才知道世界上还有许多奇异的生活方式、才真正知道生命的可贵！

对一个人来说，旅行是不可缺少的。现在，大学里有许多的"书呆子"，他们不去探寻未知的世界，整天只知道呆坐在书房里，他们的感觉变得越来越迟钝、眼界变得越来越小、神情变得越来越木讷、目光变得越来越呆滞。如果你也选择过这样一成不变、稳定、死板的生活，那么，当某一天醒来时，你会发现，你已经没有了梦想、没有了想象力。不要成为那样的人，儿子，勇敢地上路吧！你会发现你经历的风险与苦难在你获得极大智慧的面前，它将会显得如此的微不足道。最后再提醒你，一定要注意安全。

4. 树立正确的爱情观

亲爱的儿子：

谢谢你对我的信任。你来信向我讲述了你对爱情的苦恼，连你妈看完信后都哭了，她一直认为你还是一个小孩子，没想到一转眼间，你已长成一个大人了。你确实长大了，我的感觉就是在和一个真正的成人讲话，讲的是成人的事。可能为人父母的都有这样的感觉，昨天还环绕膝下的孩子，今天已成了一个大人，开始自己的生活了。

爱情怎么说呢？爱情可以说是上帝的花朵，既神秘又甜美。它的力量是巨大的，就看你如何看待它。它可以带你进入天堂，也可以让你跌进地狱。爱情是什么？什么时候来？为什么要来？谁也说不清，它是人世间最大的谜。古希腊神话中说："只要管爱情的小神丘比特用他的金箭射中了两个人，那么这两个人就会产生爱情。但是丘比特是个瞎子，常常乱放箭，所以爱情的产生往往不可思议。"其实在现实生活中，爱情的情形也是如此，你应该了解并接受爱情的这项特点。如果你发现你已爱上了一个人，但对方并不爱你，这不是你的错，也不是你不够好，你应该好好地爱惜自己，这只是因为丘比特的箭还未射中她而已。如果丘比特快要发现你时，可能某一个女孩会爱上你，但你却不爱她。这时，你也不要骄傲或沾沾自喜，婉转地谢绝她吧！你要知道，丘比特是一个瞎子呀！最好的情形是你爱的人也爱你。但是，你也应该有心理准备，爱情并不都是永恒的，当爱情离去时，你就接受它，不要去挽留或责备对方，让她走吧！因为你要明白，这是谁也无能为力的。

我的儿子，请记住，是爱情选择你，而不是你选择爱情。许多不明白这个道理的人，很容易在这方面犯错误。下面我谈一谈我的两个朋友的故事。

和我从小一起长大的一个朋友叫汉斯，他的家境很好，大学毕业后就进了家族的银行做事，这个银行也是他准备继承的。他爱上了一位贵族小姐，这位小姐身边不乏追求者。在众多追求者中，这个小姐对汉斯却情有独钟，选择了他。于是，汉斯得到了极大的幸福，所以他全心投入地去爱她。可是，这种幸福快乐的日子太短暂了，他们的爱情也很短暂。不久，那位小姐告诉汉斯，她已不再爱他，她爱上了别人。

这个事实使汉斯跌入了痛苦的深渊！他不相信爱情会这么快就离他而去，他不能放弃。于是又一次，他对那位小姐发起了猛烈的爱情攻势，可是，那位小姐态度坚决，明确地告诉汉斯，她已不再爱他，她现在只爱她的未婚夫，况且他们也快要结婚了。汉斯崩溃了，他无法接受这个事实。

从小到大，他就是要什么就有什么，他不能忍受他要的东西却得不到。结果，有一天，他偷偷地去了那个小姐家，用剑杀死了小姐的情人、小姐及他自己。

另外一个不常见面的朋友叫温斯顿，可能正因为不常见面，所以他很愿意向我讲述他的一切。我对他的生活情况也很熟悉。温斯顿在少年时就对爱情充满了幻想，那时，他就在心中勾画出了一个完美的情人，他心中时时想的也是如何才能找到这个完美的情人。终于有一天，他的梦中情人出现在他的面前，他们相爱，然后结婚了。

但是随着时间的逝去，在他们共同的日常生活中，初恋的激情慢慢的不见了。温靳顿发现，他的妻子离他原来梦中的影子越来越远，她变得不那么好，变得爱发脾气，还有不少的坏习惯，越来越世俗。当然，他也常惹她生气、不满。他发现他的妻子已变得枯燥无味，而别的女人则更像他的梦中情人，于是，他们开始吵架、争执，最后终于离婚了。不久，温斯顿找到了另一个"梦中情人"，他们相爱了，但不久之后，又像前一个那样吵闹、分手了。

就这样，温斯顿的"梦中情人"一个接一个地来到他的身边，但很快地又一个一个地离去，温斯顿一直都找不到他真正的完美情人，所以他还在永不停息地找下去。

这两个朋友都陷入了爱情的迷雾之中，都没得到幸福。其实，爱情的迷雾还有许多种，只要你能小心地避开它，你就能得到幸福。办法很简单，当丘比特的箭射中你时，张开你的双臂、敞开你的胸怀去欢迎它，把你的爱送给带给你爱情的那位女孩，也让你周围的人来分享你的爱与幸福；当爱情离去时，理智地去接受这个事实，不管它是从你的心中或是从女孩的心中离去。

你要坚信，只要心胸开阔，爱神还会再次降临，最重要的是，对待爱情要慎重，既不要轻易地交出你的爱情，也要有冒险精神敢于去寻找真正的爱情。

还要提醒一点，不要因为爱情而耽误学业。

以上就是我对你的建议。

祝你好运！

5. 乐观生活，珍爱生命

亲爱的卡尔：

希望你已从痛苦中解脱出来。你这么年轻就面对死亡，面对好朋友的去世，确实让人难受。不过，面对死亡是我们每一个人都会经历的事情，总有一天，我也会离你而去，而你也会在将来的某一天离开人间，进入黑暗的世界。

你刚刚才遭遇丧友之痛，我又来说这些，似乎太残忍无情了。可是这确实是没有什么可害怕的，任何时候都不要害怕面对死亡。因为你一直很伤心，所以我没有告诉你，其实，上个月我也参加了米拉尔波老爷爷的葬礼。现在，我想是应该告诉你这个事实的时候。

小时候，你很喜欢米拉尔波老爷爷，他也很喜欢你，他有满脑子的故事。那时候，你经常要我带你去他森林中的小屋听他讲故事。米拉尔波老爷爷是洛赫村里最长寿的老人，他活了95岁。他见到的事情最多、经历的事情也最多，我也常常带你去听他讲故事，每次他都会穿得整整齐齐地站在门口，热情地欢迎我们的到来。在他去世的前半年，他的身体状况急剧恶化，村里专门请了人去照顾他；但是，他无视一天比一天坏的身体，仍然每天都很高兴地给孩子们讲故事。

他是如此乐观安详地面对死亡，我从没看见过有人能够如此坦然平静地面对死亡，在死亡面前保持做人的尊严。你真应该回来看一看。

我还想告诉你一些我的关于死亡的体会。

记得许多年前，我刚满二十岁时在尼德姆小城得了致命的传染病。当时，那里发生了一种极可怕的传染病，城里死了许多人。因为人死得太多，根本无法一一埋葬，只好挖一个大坑，把死人全部推进去，用土掩盖。那情形是如此的可怕，我认为我自己也一定会死去。一天早晨，我静静地等待着死神的降临，心里非常难过，因为我是如此年轻，真正的生活还没开始呢！我乞求上帝来拯救我。这时发生了日食，黑暗一点一点地把太阳吞没，大地变得一片死静，马儿不再嘶叫，牛一动也不动，鸟儿都停止了鸣叫。当月亮把太阳完全遮住时，黑暗仿佛把世间万物都吞噬了，除了那日食之后的一点点余光，太阳似乎已弃我们而去，留给我们的只有无边无际的黑暗。大地上没有一丝风，也没有任何声音。但就在那一瞬间，在我心中发生了某种神奇的变化，直到现在，我也无法形容我那时所受到的触动，这对任何一个其他人都是难以理解的。只能说，在那一刻，我超脱了死亡、黑暗，我的灵魂已得到了升华，我得救了！我不再害怕死亡，不再害怕黑暗，不再乞求上帝的拯救。

死亡，确实是一件让人痛苦的事，它会带走你所爱的人，带走唯一可以了解你的人的生命。我知道以你现在的年纪，死亡是你不想面对也不想谈论的，可是这有什么可怕的呢？死亡是一种回归，它并不是一种痛苦。我们每个人不都是从上帝那里来的吗？最后，我们又都回到上帝那儿去。死亡的力量就像上帝的力量一样强大，你难道会怕上帝吗？

儿子，最后我给你的忠告是：不要害怕死亡，但是要珍爱生命。